SCHEITERN

WERKSTATT*GESCHICHTE 71*
24. Jg., Mai 2016, 3/2015

ANFRAGEN AN DIE REDAKTION
Silke Törpsch
toerpsch@gmx.de

REZENSIONSREDAKTION
Dietlind Hüchtker
Geisteswissenschaftliches Zentrum
Geschichte und Kultur Ostmitteleuropas e. V.
an der Universität Leipzig
Specks Hof (Eingang A)
Reichsstraße 4–6
D-04109 Leipzig

FILMKRITIK
Ulrike Weckel
ulrike.weckel@uni-giessen.de

HOMEPAGE
www.werkstattgeschichte.de

TITELBILD
Pfandleihe in Detroit, 2010. Wir danken dem Fotografen Thomas Hawk (San Francisco, USA) für die freundliche Überlassung dieses Bildes

Klartext Verlag
Jakob Funke Medien Beteiligungs GmbH & Co. KG
Friedrichstr. 34–38, D-45128 Essen
Tel.: +49 (0)201/804-8240
Fax: +49 (0)201/804-6810
info@klartext-verlag.de
www.klartext-verlag.de

Verlag: Klartext Verlag, Essen
Umschlag- und Innengestaltung:
Michael Herold, Itzehoe
Realisation: Satzzentrale GbR, Marburg
Druck: Majuskel Medienproduktion, Wetzlar
1. Auflage Mai 2016

ISBN 978-3-8375-1684-5
ISSN 0942-704X

WERKSTATT*GESCHICHTE*
erscheint dreimal im Jahr und kostet im Abonnement
37,00 € (drei Hefte im Jahr bei 10,25 € pro Heft)
14,00 € Einzelheft

Editorial

Scheitern

»Deutschland noch weit von positiver Kultur des Scheiterns entfernt«, hieß es im August 2015 in einer Pressemitteilung der Universität Hohenheim. Eine Studie des Lehrstuhls für Unternehmensgründungen und Unternehmertum habe gezeigt, dass nur jede/r zweite Deutsche gegenüber »unternehmerischen Fehlschläge[n]« tolerant sei und etwa bei einem »bereits gescheiterten Unternehmer« Waren ordern würde. Dabei gelte es, eine »positive Haltung« gegenüber dem Scheitern, nicht nur dem unternehmerischen, zu entwickeln und einen Wertewandel hin zu mehr Akzeptanz von Misserfolgen zu fördern. Scheitern markiert hier demnach kein Ende, vielmehr fungiert es als eine lehrreiche Ressource für zukünftigen Erfolg, als »potenzielle Quelle zur Selbstreflexion und Rückbesinnung«, die einer zweiten Chance den Weg bereitet.[1] Solche positiven Konzeptionen von Scheitern reüssieren mittlerweile unter dem Slogan vom »Scheitern als Chance« zuhauf in der populären Ratgeberliteratur.[2] Inzwischen dürfte Richard Sennetts vielzitierte Aussage von der gesellschaftlichen Nichtthematisierung des Scheiterns daher überholt sein: »Failure is the great modern taboo. Popular literature is full of recipes for how to succeed but largely silent about how to cope with failure.«[3]

Was die nun scheinbar ubiquitäre Beschäftigung mit dem Scheitern allerdings überdeckt, ist die Frage, wer oder was überhaupt scheitern kann. Wenn Scheitern gekoppelt ist an eine zuvor ergriffene Chance, an etwas, das überhaupt erst die Möglichkeit des Scheiterns eröffnet – wie z. B. eine Unternehmung –, dann ist Scheitern prinzipiell an den Zugriff auf gesellschaftliche Ressourcen gebunden, über den viele Menschen nicht oder nur eingeschränkt verfügen. Lässt sich mithin davon sprechen, dass jemand oder etwas erst scheiterfähig sein oder werden muss? Kann also nur der/diejenige scheitern, der/die Zugang zu gesellschaftlichen Ressourcen hat bzw. hatte? Ist diese Frage einmal gestellt, so erhält der Begriff des Scheiterns eine sozialgeschichtliche Kontur. Der Begriff der »Scheiterfähigkeit« könnte überdies auf die Frage verweisen, ob und inwiefern mit dem Reklamieren des Scheiterns wiederum kulturelles Kapital bereitgestellt werden kann.[4]

1 Universität Hohenheim: »Pressemitteilung: Studie belegt: Deutschland noch weit von positiver Kultur des Scheiterns entfernt«, 25.8.2015, https://www.uni-hohenheim.de/pressemitteilung?&tx_ttnews[tt_news]=28724&cHash=aabcd57543 (letzter Zugriff 10.2.2016).

2 Jörg-Peter Schröder, Scheitern als Chance. Selbsttraining für den erfolgreichen Neuanfang, Berlin 2010; siehe z. B. auch: Louis Schützenhöfer, Vom Charme des Scheiterns. Krisen für einen Neustart nutzen, Wien 2011; Doris Märtin, Mich wirft so schnell nichts um. Wie Sie Krisen meistern und warum Scheitern kein Fehler ist, Frankfurt a. M. 2010; Ute Lauterbach, Lässig scheitern. Das Erfolgsprogramm für Lebenskünstler, München 2007.

3 Richard Sennett, Failure, in: ders., The Corrosion of Character: The Personal Consequences of Work in the New Capitalism, New York 1998, S. 118–135, hier S. 118.

4 Stefan Zahlmann und Sylka Scholz benutzen den Begriff der Scheiterfähigkeit in einem anderen Sinn, als Fähigkeit, über das eigene Scheitern sprechen und damit umgehen, es also »produktiv [...] nutzen« zu können: Stefan Zahlmann, Sprachspiele des Scheiterns – Eine Kultur biographischer Legitimation, in: ders./Sylka Scholz (Hg.), Scheitern und Biographie. Die andere Seite moderner Lebensgeschichten, Gießen 2005, S. 7–31, hier S. 9.

Die historische Forschung hat Scheitern bisher vielfach aus der Perspektive der Formierung des Selbst und von individuellen bzw. kollektiven Identitäten erfasst: Am Beispiel von Geschäftsleuten in den USA des 19. Jahrhunderts analysiert etwa Scott Sandage, wie ein ökonomischer Bankrott von einem individuellen, traumatischen Ereignis zu einem Zeichen für ein verpfuschtes Leben wurde. Sandage kennzeichnet dies als einen Wandel »from ordeal to identity«.[5] Erst mit dieser Bedeutung von Scheitern als Ausdruck eines gescheiterten Selbst seien auch andere Bevölkerungskreise als weiße Geschäftsleute scheiterfähig geworden: Frauen, Arbeiter/innen, African Americans.[6]

Auch Stefan Zahlmann und Sylka Scholz interessieren sich für das Selbst im Scheitern. Mit ihrer Anthologie *Scheitern und Biografie* verweisen sie darauf, dass erst mit dem modernen, individualisierten Menschen Scheitern interessant werde.[7] Die Beiträge in dem jüngst erschienenen Sammelband *Fiasko – Scheitern in der Frühen Neuzeit* von Stefan Brakensiek und Claudia Claridge dagegen fordern diese zeitliche Beschränkung heraus. Mit ihrem Blick in die Frühe Neuzeit erweitern sie die historische Perspektive auf individualistische und reflexive Verständnisse von Scheitern.[8]

Trotz dieser ersten spannenden Vorstöße und trotz eines Historikertags 2014 zum Thema »Gewinner und Verlierer« geht es in den Geschichtswissenschaften auch heute noch vor allem um die Beschreibung von Ereignissen, Zusammenhängen und Wandlungsprozessen, die irgendwohin führten, eine Entwicklung aufzeigten oder das im Großen erkennbar Gewordene erklären wollen. Programmatisch wurde von den Organisator/innen des Historikertags jedoch darauf hingewiesen, dass vermeintlich gescheiterte Projekte und Biografien aus einem anderen Blickwinkel zu betrachten seien und auch methodisch neue Wege erfordern würden als ein diametrales Denken: »Nicht realisierte Möglichkeiten, Seitenwege und vermeintliche Sackgassen in der Geschichte aufzuspüren, erfordert einen methodischen Ansatz, der um die heuristische Problematik der Einteilung in ›Gewinner und Verlierer‹ weiß.«[9]

Eine solch andere Perspektive könnte es sein, den vermeintlichen Ausnahmecharakter des Scheiterns zu hinterfragen. Schließlich benötigen Vorstellungen von Erfolg stets auch Vorstellungen von Scheitern. Die steten Aufforderungen zur rechten Selbstführung etwa, die in den historischen Studien zur Gouvernementalität erforscht werden, produzieren gleichzeitig Individuen und Gruppen, die als gescheitert gelten.[10] Wenn wir Scheitern damit nicht als Ausnahme, sondern als regelhaftes Moment betrachten, was gerät dann in den Blick? Und was bedeutet dies für Geschichten vom Scheitern von Projekten, Unternehmungen und Institutionen? Werden Abbrüche oder

5 Scott A. Sandage, Born Losers. A History of Failure in America, Cambridge, MA 2005, S. 4. Zu wirtschaftlichem Scheitern s. auch Ingo Köhler/Roman Rossfeld (Hg.), Pleitiers und Bankrotteure. Geschichte des ökonomischen Scheiterns vom 18. bis 20. Jahrhundert, Frankfurt a. M. 2012.

6 Sandage, Born Losers, S. 4.

7 Zahlmann/Scholz, Scheitern und Biographie. Dazu auch René John/Antonia Langhof (Hg.), Scheitern – Ein Desiderat der Moderne?, Wiesbaden 2014.

8 Stefan Brakensiek/Claudia Claridge (Hg.), Fiasko – Scheitern in der Frühen Neuzeit. Beiträge zur Kulturgeschichte des Misserfolgs, Bielefeld 2015. Die Bezugnahme auf andere Begrifflichkeiten des Scheiterns – wie hier der Misserfolg – verweist zudem auf die unterschiedlichen Semantiken des Scheiterns, S. auch den Tagungsbericht »Hoffen – Scheitern – Weiterleben: Enttäuschung als historische Erfahrung in Deutschland im 20. Jahrhundert«, 28.–30.9.2015 München, in: H-Soz-Kult, 15.12.2015, http://www.hsozkult.de/conferencereport/id/tagungsberichte-6285 (letzter Zugriff 12.12.2015).

9 Call for Papers zum 50. Deutschen Historikertag 2014, http://www.historikerverband.de/historikertag/50-deutscher-historikertag-2014.html (letzter Zugriff 6.4.2016).

10 Siehe z. B. Nicolas Rose, Governing the Soul. The Shaping of the Private Self, London/New York 1989; Jürgen Martschukat, Eine kritische Geschichte der Gegenwart, in: WerkstattGeschichte 61, 21 (2012) 2, S. 15–27.

Sackgassen dann als Scheitern erkennbar, wenn sie einen Wendepunkt darstellen, aus dem etwas anderes erwächst?[11]

Die Beiträge im Themen- und ausnahmsweise auch im Debattenteil sowie der Expokritik dieses Heftes kreisen um Probleme wie diese. Sie widmen sich epochenübergreifend den Fragen, was als Scheitern gilt, wie Scheitern überhaupt bemessen und gesellschaftlich markiert wird und welche Konsequenzen diese Markierungen haben können.

Simon Karstens vergleicht die zeitgenössische und geschichtswissenschaftliche Rezeption zweier als gescheitert dargestellter Expeditionen bzw. Expeditionsleiter aus Frankreich respektive England im 16. Jahrhundert. Anhand von Jacques Cartier und Martin Frobisher, die beide ihre Eroberungsversuche im heutigen Kanada abbrachen, hinterfragt Karstens den Sinn und Zweck von Scheitern als über die Jahrhunderte hinweg beschreibende Kategorie der Differenz zwischen Erwartung und Ergebnis. Es wird deutlich, dass zwar stets die Individuen im Mittelpunkt der Deutungen der gescheiterten Expeditionen standen, jedoch nicht deren vermeintlich persönliches Versagen als Ursache angesehen wurde.

Marietta Meier untersucht, wer oder was in der Psychiatrie im 20. Jahrhundert scheitern konnte, nachdem die Einführung der »großen somatischen Kuren« um 1920 scheinbar neue therapeutische Möglichkeiten, damit aber auch neue Dimensionen des Scheiterns eröffnet hatte. Anhand der Fallgeschichte einer Patientin, die fast 55 Jahre in der Psychiatrie verbrachte, zeigt Meier auf, wie sich Scheitern von einer »Figur des Dritten« zu einer »Subjektivierungspraxis« entwickelte: Zunächst scheiterten Dinge oder Handlungen ohne Subjekt, nämlich Therapien, Kommunikationsversuche oder Maßnahmen; erst seit den 1970er Jahren wurde auch persönliches Versagen der Akteure thematisiert.

Um den Zusammenhang von Scheitern, Moral und Erinnerung an die NS-Vergangenheit geht es im Beitrag von Kobi Kabalek. Er widmet sich filmischen und literarischen Werken, in denen die Rettung von Juden in der NS-Zeit fehlschlägt. Kabalek arbeitet heraus, welche Intentionen diesen Darstellungen gescheiterter Hilfsbemühungen zugrunde liegen; dabei werden die Funktionen deutlich, die fiktionales Scheitern im Kontext der zögerlichen Auseinandersetzung mit den NS-Verbrechen sowie der angestrebten Umerziehung und moralischen Erneuerung in beiden deutschen Gesellschaften hatte.

Felix Krämer untersucht, wie Jimmy Carter in und durch Fernsehnachrichten als scheiternder und gescheiterter US-Präsident präsentiert wurde. Er zeigt, dass Carter an einem gerade auch medial inszenierten Ideal von *moral leadership* gemessen wurde, das erst dadurch Kontur gewann, dass es dem Präsidenten zunehmend abgesprochen wurde. Hier zeigt sich beispielhaft, wie Scheitern erst *in actu* entstehen bzw. als Scheitern Bedeutung annehmen kann.

Im Debattenteil diskutiert Natascha Vittorelli die Figur der gescheiterten Historikerin. Sie analysiert die Mechanismen des Wissenschaftsbetriebs, die den Ausstieg aus der Wissenschaft scheinbar losgelöst von strukturellen, persönlichen und fachlichen Rahmenbedingungen als wissenschaftliches Scheitern darstellen. Um der Außenperspektive des beruflichen Scheiterns etwas entgegenzusetzen, geht Vittorelli auf private Ausstiegsgründe und das subjektive Empfinden mehrfacher Scheitererlebnisse ein und eröffnet damit einen neuen Blickwinkel auf die Kategorie Scheitern.

In der Filmkritik von Bernhard Groß zu dem Film *1860* (Italien 1934) von Alessandro Blasetti stellt der Autor einen spezifisch filmwissenschaftlichen Zugang zum Verhältnis von Film und Geschichte vor. In der Kritik geht es zum einen um die historischen Ereignisse, die der Film

11 Verhinderte Meisterwerke. Gescheiterte Projekte in Literatur und Film, 21.10.2015 Bamberg, in: H-Soz-Kult, 23.10.2015, http://www.hsozkult.de/event/id/termine-29275 (letzter Zugriff 12.12.2015).

repräsentiert (die Einigungsbewegung Italiens um 1860), zum anderen um seine Herstellung als Propagandafilm im faschistischen Italien der 1930er Jahre. Schließlich untersucht Groß die Frage, wie der Film seine Zuschauer adressiert. Aus dieser Perspektive wird eine Wahrnehmungsästhetik aus dem Propagandafilm herausgearbeitet, die eine demokratische Adressierung des Zuschauers, wie sie den italienischen Neorealismus der 1940er Jahre bestimmt, schon andeutet.

Die Expokritik von Sabine Stach nimmt das Leitthema des Hefts noch einmal auf. Sie führt durch das Museum des Warschauer Aufstands in der polnischen Hauptstadt und zeigt die Intention der Ausstellungsmacher/innen auf, den äußerlich gescheiterten Aufstand als moralischen Sieg zu deuten, der sich mit dem Fall des Eisernen Vorhangs 1989 letztgültig erfüllt habe. Insbesondere die didaktische Praxis führt Stach letztlich zu einer kritischen Bewertung.

Julia Kleinschmidt, Nina Mackert, Georg Wamhof und die Redaktion

■ Simon Karstens

Frobishers falsches Gold und Cartiers falsche Diamanten

Über das Scheitern transatlantischer Expansionsprojekte im 16. Jahrhundert

Im Fokus dieses Beitrages stehen zwei Expeditionen, die im Jahr 1541, beziehungsweise 1578, von Europa aus Kurs auf das heutige Kanada nahmen. Für die erfahrenen Befehlshaber, den Franzosen Jacques Cartier wie auch den Engländer Martin Frobisher, war dies ihre jeweils dritte transatlantische Expedition. Beide hatten bei ihrem Souverän, König Franz I. von Frankreich respektive Königin Elisabeth I. von England, die Hoffnung auf immense Edelmetallfunde in Nordamerika geweckt und daraufhin den Befehl erhalten, einen Stützpunkt zu errichten, um diese Reichtümer zu sichern.

Cartier und Frobisher brachen jedoch, von Packeis, Stürmen und der langen Dauer des kanadischen Winters getroffen, ihre Expeditionen ab, ohne Soldaten oder Kolonisten zurückzulassen. Zum Ausgleich dafür brachten sie Gestein und Erz nach Europa, dessen Wert – so hofften sie – allen Aufwand rechtfertigen würde. Doch die kanadischen Diamanten Cartiers und das arktische Gold Frobishers erwiesen sich als wertlos und »faux comme un diamant du Canada« wurde zum geflügelten Wort.[1]

Beide transatlantischen Expansionsprojekte werden in der englischen, französischen, US-amerikanischen und kanadischen Historiografie eindeutig als »gescheitert« bewertet. Dies zeigt sich sowohl im Falle Cartiers wie auch Frobishers, der plakativ als »one of history's great might-have-beens« bezeichnet wurde.[2] Maßgeblich für derartige Beurteilungen ist, dass keine dauerhafte Besitznahme des Landes erfolgte und der erhoffte Profit ausblieb. Hierbei wirkte auch die gerade in Überblickswerken zur Geschichte der europäischen Expansion verbreitete Prämisse, dass alle kolonialen Projekte gescheitert seien, die nicht zur Gründung einer bis heute bestehenden Siedlung führten.[3]

In diesem Beitrag, der einen Vergleich beider Unternehmungen zum Ziel hat, geht es nicht um eine weitere, an solchen Vorannahmen orientierte detaillierte Rekonstruktion beider kolonialer Expeditionen, sondern um auf diesen Arbeiten aufbauende, weiterführende Fragen. Erster Schritt hierfür ist, die eindeutige Bewertung »Scheitern« in Frage zu stellen. Dies bedeutet nicht, aus beiden Expeditionen Erfolgsgeschichten zu machen, sondern »Scheitern« als eine mögliche, aber keineswegs zwingende Zuschreibung zu verstehen, die zeitgenössische oder nachfolgende Akteure

1 Über die Redewendung berichtet zeitgenössisch André Thevet, Cosmographie Universelle, Paris 1575, 1009v. u. 1010r.

2 Reginald Auger, Martin Frobisher Was a Crook Thinks Reginald Auger. The Career of One of History's Great Might-Have-Beens, in: British Archaelogy 53 (2000), S. 12–17. Zur Bewertung Cartiers vgl. William John Eccles, The Canadian Frontier 1534–1760, Albuquerque 1999, S. 17 und Marcel Trudel, Histoire de la Nouvelle-France. Les vaines tentatives 1524–1603, Montreal 1963, S. 167f.

3 So bspw. bei Margaret Pickett/Dwayne Pickett, The European Struggle to Settle North America. Colonizing Attempts by England, France and Spain 1521–1608, Jefferson, N.C. 2011.

in ihrer Kommunikation über die Differenz zwischen Erwartung und Ergebnis vornehmen. Diese Grundannahme führt dazu, nicht Gründe für das Scheitern, sondern die Entstehung der Bewertung »Scheitern« und deren kontextabhängige Durchsetzung und Rezeption zu untersuchen.[4]

Hierfür ist zunächst ein Überblick über beide Expeditionen unverzichtbar. Die Analyse im engeren Sinne erfolgt, darauf aufbauend, in drei Schritten; erstens eine Betrachtung der unmittelbaren Reaktion auf die Rückkehr Cartiers und Frobishers, insbesondere der weiteren Karriere der beiden; zweitens eine Untersuchung zur Rezeption der Expeditionen im England und Frankreich des 16. Jahrhunderts, die den Schwerpunkt auf zeitgenössische Publikationen, speziell Textsammlungen und Erörterungen zu Chancen und Risiken kolonialer Expansion, legt; drittens ein Ausblick auf die Historiografie des 19. und 20. Jahrhunderts. Letzterer erfolgt angesichts der Materialmenge erneut mit einem Fokus auf die Führungspersönlichkeiten Cartier und Frobisher. Diese Sondierung ermöglicht es, exemplarisch Leitlinien der historiografischen Deutung der beiden untersuchten Projekte nachzuzeichnen. In allen drei Untersuchungsschritten ist zu beachten, ob und wie die jeweils vorherigen Bewertungen nachwirkten oder umgeschrieben wurden und ob eine Kontinuität oder Diskontinuität der scheinbar unveränderlichen Zuschreibung »Scheitern« vorliegt.

Ein derartiger Vergleich beider Projekte führt einerseits zu Einblicken in das nachrangig behandelte Thema gescheiterter europäischer Expansionsversuche im 16. Jahrhundert. Andererseits wird die Rezeption des Scheiterns der zu ihrer Zeit sowohl in Frankreich wie in England größten transatlantischen Expansionsprojekte hier als eine Sonde benutzt, um zum Verständnis von Scheitern – oder besser zur Entstehung, Veränderung und Instrumentalisierung der Zuschreibung »Scheitern« – in einer breiteren historischen Perspektive beizutragen.

Planung und tatsächlicher Verlauf der beiden Expeditionen

Englische und französische Seefahrer hatten bereits seit der Wende zum 16. Jahrhundert die Nordostküste Amerikas besucht, und Fischer aus beiden Ländern frequentierten jedes Jahr Fanggründe vor Neufundland.[5] Sowohl Cartier als auch Frobisher ließen jedoch bereits mit ihren ersten und zweiten Expeditionen die bekannten Seegebiete hinter sich.[6] Cartier hatte den St.-Lorenz-Strom

4 Für die Geschichte der frühen transatlantischen Expansion Englands hat die Literaturwissenschaftlerin Mary C. Fuller anhand ausgewählter Druckschriften ähnliche Fragen verfolgt: Mary C. Fuller, Voyages in Print. English Travel to America 1576–1624, Cambridge 1995. Aus geschichtswissenschaftlicher Perspektive hat sich Susanna Burghartz mit »Scheitern« und seiner argumentativen Verwendung beschäftigt: Susanna Burghartz, Erfolg durch Scheitern? Zur Konstruktion von Überlegenheit im kolonialen Diskurs um 1600, in: Renate Dürr (Hg.), Expansionen in der Frühen Neuzeit, Berlin 2005, S. 307–324.

5 Vgl. Henry Biggar, The Precursors of Jacques Cartier 1497–1534. A Collection of Documents Relating to the Early History of the Dominion of Canada, Ottawa 1911, S. VI–XXXI; Gillian T. Cell, English Enterprise in Newfoundland 1577–1660, Toronto/Buffalo 1969, S. 3–38; David Beers Quinn, Frobisher in the Context of Early English Northwest Expansion, in: Thomas Henry Bull Symons/ Stephen Alsford (Hg.), Meta Incognita. A Discourse of Discovery. Martin Frobisher's Arctic Expeditions 1576–1578, Hull 1999, S. 7–18.

6 Der Zusammenfassung der Expeditionen liegen folgende Darstellungen zugrunde. Für Cartier: Trudel, Histoire, S. 119–166; ders, The Beginnings of New France. 1524–1663, Toronto 1973, S. 34–52; Eccles, Frontier, S. 12–17; David Beers Quinn, North America from Earliest Discovery to First Settlements. The Norse Voyages to 1612, New York 1977, S. 169–189; Allaire, Bernard, La rumeur dorée. Roberval et l'Amérique, Montreal 2013, S. 73–91 u. S. 109–125; Fernand Braudel (Hg.), Le monde de Jacques Cartier, Montreal 1984. Für Frobisher: James McDermott, Martin Frobisher. Elizabethan Priva-

befahren und als erster Europäer im Gebiet des heutigen Quebec überwintert; Frobisher war westlich von Grönland in die Arktis vorgedrungen und berichtete als erster Engländer von einer Seefahrt zwischen Packeis und Eisbergen.

Durch ihre ersten und zweiten Erkundungsreisen hatten Cartier und noch deutlicher Frobisher soziales Prestige erworben. Beide entführten indigene Amerikaner nach Europa, deren Erscheinen dort Aufsehen erregte und dem abstrakten Phänomen einer Entdeckung greifbare Realität verlieh. Hinzu kam im Falle Frobishers der Fund eines Narwalstoßzahns, der – als Horn eines See-Einhorns bezeichnet – Elisabeth I. als Geschenk überreicht wurde und einen Ehrenplatz neben den Juwelen der Königin erhielt.[7]

Als beide Männer ihre dritte Expedition vorbereiteten, lagen den Beratungen über ihre Pläne in England und Frankreich drei ähnliche Annahmen zu Grunde: Man glaubte erstens, eine Passage nach Asien finden zu können, wenngleich dies im Vergleich zu den vorherigen Fahrten an Bedeutung verloren hatte. Zweitens vermutete man in Nordamerika kostbare Ressourcen, speziell Edelmetalle und Edelsteine, denen die Hauptaufmerksamkeit galt. Im Falle Frobishers sollten die Schätze in freier Natur abgebaut, im Falle Cartiers aus mutmaßlich vorhandenen Minen entnommen werden, die eine mächtige indigene Zivilisation kontrolliere. Drittens gingen die Expeditionsleiter und ihre Geldgeber davon aus, dass Gebiete gleicher geografischer Breite ein ähnliches Klima hätten. Daher erwartete Frobisher trotz seiner persönlichen Erfahrung auf der Baffin-Insel für den Winter Wetterbedingungen wie in Südschweden.

Neben den genannten Parallelen sind auch drei zentrale Unterschiede zu beachten. Der erste betraf die indigene Bevölkerung. Cartier hatte bereits Kontakt zu den Bewohnern des St.-Lorenz-Tales geknüpft. Handelsbeziehungen und ihm geleistete Hilfe ließen ihn auf eine langfristige Kooperation mit den Einheimischen hoffen. Dieser Eindruck verstärkte sich durch den Aufenthalt des von Cartier nach Europa verschleppten Oberhauptes der indigenen Siedlung Stadacona, der als König bezeichnete Donnacona.[8] Jener schilderte König Franz I. und dessen Ratgebern die angeblichen Reichtümer des Königreichs Saguenay, zu dem er und sein Volk die Franzosen führen würden, wenn man ihn nach Hause brächte.[9] So entstanden in Frankreich Pläne für eine franco-indigene Zusammenarbeit unter Annahme einer eigenen moralischen, theologischen und technologischen Überlegenheit. Die neue Kolonie sollte sowohl die Kontrolle über die Goldvorkommen sichern, als auch die Christianisierung der Verbündeten voranbringen, um neue Untertanen für die französische Krone zu gewinnen. In England hingegen weckten die Inuit, die Frobisher entführt hatte, keine entsprechenden Erwartungen, nicht zuletzt weil sie zu früh verstarben, um Eng-

teer, New Haven 2001, S. 204–246; ders. The third Voyage of Martin Frobisher to Baffin Island 1578, London 2001, S. 1–55; Vilhjálmur Stefansson/Eloise McCaskill (Hg.), The Three Voyages of Martin Frobisher, London 1938, S. CI–CXVI; Ann Savours, A Narrative of Frobisher's Arctic Voyages, in: Symons/Alsford (Hg.), Meta Incognita, S. 19–54; Taliesin Trow, Sir Martin Frobisher. Seaman, Soldier, Explorer, Barnsley 2010, S. 93–109.

7 Zum Prestige Frobishers vgl. McDermott, Frobisher, S. 190f. Zum Narwalzahn siehe die Beschwerde seines Partners Michael Lok, laut der Frobisher ihn eigenmächtig statt im Namen der *Company* überreicht habe, um seinen eigenen Ruf bei Hofe zu verbessern, Michael Lok, The Doyings of Martin Frobisher 1579, ediert in McDermott, Voyage, S. 71–102, hier S. 82.

8 Vgl. Cook, Voyages, S. IX–XLI; Trudel, Histoire, S. 112f.

9 Diese Gespräche sind nur durch den Bericht eines portugiesischen Navigators an seinen König vom 22. Januar 1539 belegt, der den Schilderungen und dem Kolonialprojekt kritisch gegenüberstand, in: Henry Biggar, A Collection of Documents Relating to Jacques Cartier and the Sieur de Roberval, Ottawa 1930, S. 75–81.

lisch zu lernen und zu kommunizieren.[10] Sie wurden in einigen Druckschriften als Kannibalen und Wilde bezeichnet, mit denen keine weitere Interaktion möglich und wünschenswert sei. Zwar steht in den Anweisungen für Frobisher, dass die Soldaten, welche die Minen und den Stützpunkt schützen, sie nicht provozieren sollten, mit dem französischen Vorhaben war dies jedoch nicht zu vergleichen. Als zweiter Unterschied ist festzuhalten, dass Frobisher von seiner zweiten Expedition bereits eine große Menge mutmaßlich goldhaltiges Erz mitgebracht hatte, das während der Vorbereitung seiner dritten Fahrt noch immer aufwändig untersucht wurde, während Cartier nur die Erzählungen des entführten Donnacona vorzuweisen hatte. Frobisher weckte somit stärkere Erwartungshaltungen und fand neben der Krone andere Geldgeber, die ihn und seine Partner allerdings zu einer streng Profit orientierten Unternehmung drängten. Als dritter Unterschied fällt die mediale Aufarbeitung der ersten beiden Expeditionen auf. Während von Cartiers Fahrt vorerst nur ein Bericht in Form eines Manuskripts kursierte, waren in England bereits Druckschriften über Frobishers Entdeckungen und die meist gewaltsam verlaufenen Begegnungen mit der indigenen Bevölkerung erschienen.[11] In einem als Vorwort zu Dionyse Settles Reisebericht gedrucktem Gedicht wurde Frobishers Leistung gelobt, die der Odysseus' und Iasons entspräche, und sein »right heroicall heart of Britanne blood« gepriesen.[12] Den mahnenden Einwand zu den noch nicht abschließend untersuchten Edelmetallfunden, »all is not golde that glistereth«,[13] verbarg Settle hingegen im Fließtext.[14]

Blickt man auf die Voraussetzungen für die konkrete Organisation beider Expeditionen, fällt ein gleichermaßen starker Einfluss des jeweiligen Herrschers und seines Rates auf. Im Falle Cartiers hatte Franz I. dem erfahrenen Seemann zunächst ein Patent als Kommandant der Flotte und Befehlshaber der Kolonie ausgestellt, verwarf diesen Plan dann aber.[15] Cartier erhielt einen Vorgesetzten, den adeligen Hugenotten François de LaRoque, Sieur de Roberval, der als Grundbesitzer und verdienter Militär höheres soziales Prestige und das Vertrauen des Königs besaß.[16] Ihm kam es

10 Die mangelnde Kommunikation verfestigte geografische Fehleinschätzungen. So gingen Frobisher und andere Navigatoren davon aus, dass die Südseite der Hudsonstraße Amerika sei, die nördliche hingegen Asien. Dies vermutete auch der Zar von Russland, der einen Brief an die englische Königin Elisabeth I. richtete und sie aufforderte, seine entführten Untertanen zurück nach Sibirien zu bringen. McDermott, Voyage, S. 239.

11 Hierbei ist der Bericht von Settle herausragend: Dionyse Settle, A True Reporte of the Laste Voyage into the West and Northwest Regions by Capteine Frobisher, London 1578. Von ihm sind mehrere Auflagen in England und Übersetzungen auf Deutsch und Französisch erschienen.

12 Settle, Reporte, Zitat vor Seitenzählung.

13 Settle, Reporte, S. 16.

14 Die genaue Prüfung der Erzproben ist Gegenstand historischer Forschung gewesen. Zentrale Bedeutung hatte dabei die Frage, ob und wenn ja wem vor der dritten Reise die Wertlosigkeit des Erzes bekannt war. Vgl. Bernard Allaire, Methods of Assaying Ore and their Application in the Frobisher Ventures, in: Symons/Alsford, Meta Incognita, S. 477–504 und Robert Baldwin, Frobisher's Metallurgists, in: ebd., S. 401–476; Quellen hierzu in: Stefansson/McCaskill, Voyages, Bd. 2.

15 Beleg für die Reichweite von Cartiers Plänen ist ein im September 1538 vermutlich von ihm verfasstes Dokument, das die Zahl der Kolonisten unterschiedlicher Berufe, die Vorräte und weitere praktische Überlegungen für eine dauerhafte Besiedlung erörtert. Dies gilt als erstes dezidiert kolonialpolitisches Programm Frankreichs, Edition in Biggar, Collection, Nr. LXXIII S. 70–74, vgl. die korrigierte Neuausgabe durch Ramsay Cook, The Voyages of Jacques Cartier, Toronto 1993, S. 126–130; zur Bewertung Trudel, Histoire, S. 161f.

16 Das Patent für Cartier ist ediert bei Biggar, Collection, Nr. LXXXIX, S. 128, das Patent für Roberval ebd. Nr. CXII, S. 178–185; vgl. Cook, Voyages, S. 135–138 u. S. 144–151. Zur Person Robervals, speziell zu seiner Karriere vor 1540 vgl. Allaire, Rumeur, S. 17–51.

zu, die Kolonie zu gründen, die Einwohner des Landes zu missionieren und die Minen zu erobern. Cartier blieb nur die Rolle eines Befehlshabers zur See, der sich den Entscheidungen Robervals zu fügen hatte. Roberval erhielt das von Cartier erkundete Land zu erblichem Lehen und zahlreiche Privilegien, für die er im Gegenzug einen Teil der Kosten aufbringen musste. Im Falle Frobishers stand eine Gesellschaft von Finanziers hinter dem Projekt – die *Company of Cathay*, [17] benannt nach dem ursprünglichen Ziel der ersten Erkundungsfahrt. Zu ihren Teilhabern gehörten die Königin sowie beinahe der gesamte *Privy Council*. Da allerdings, abgesehen von Elisabeth I., viele Mitglieder abwarteten und ihre vorgesehenen Zahlungen schuldig blieben, übernahm Michael Lok, Frobishers Partner seit der Vorbereitung der ersten Expedition und inzwischen Geschäfts- und Rechnungsführer der *Company*, mit seiner Unterschrift persönlich einen Großteil des Risikos.[18] Das königliche Patent sah für Frobisher keine dauerhafte rechtliche Stellung im Sinne einer Statthalterschaft vor, sondern vielmehr eine zeitlich begrenzte Expeditionsleitung.[19] Primäres Ziel angesichts der hohen Außenstände der *Company* war es, goldhaltiges Erz abzubauen und nach England zu bringen. Außerdem erhielten 100 Männer die Aufgabe, für ein Jahr in einem vorgefertigten Blockhaus vor Ort zu bleiben und: »to remayne and to inhabit«. Sie sollten die Umgebung erkunden, die zukünftige Ausbeutung der Bodenschätze vorbereiten und primär den englischen Besitzanspruch sichern. Da dieser erhebliche Aufwand nur wenig finanziellen Nutzen versprach, zeigt sich, dass die Expedition auch politische Ziele zu erfüllen hatte. **II**

Beide Expeditionen begannen und verliefen anders als geplant. Im Falle Cartiers waren weniger Schiffe und Personen als vorgesehen zur Stelle, da Roberval auf wichtige Ausrüstung und Personal warten musste und beschloss, mit den Kolonisten später nachzufolgen.[20] Cartier brach daher ohne ihn auf, um bereits ein erstes Fort zu errichten und einen Weg zum Goldreich Saguenay zu finden.

Den Berichten zufolge erreichte Cartier sein Ziel im Gebiet der heutigen Stadt Québec im August 1541. Er begann mit der Erkundung des Umlandes und sandte im September ein Schiff zurück, um Roberval zu berichten und um Verstärkung zu bitten. Er und seine Männer überwinterten unter schweren Bedingungen ohne Nachricht aus Frankreich. Angesichts der Ressourcenknappheit verschlechterte sich das anfänglich gute Verhältnis zu den Bewohnern benachbarter indigener Siedlungen und Cartier berichtete von täglichen Angriffen. Als im Frühjahr noch immer keine Nachricht aus Frankreich eingegangen war, beschloss er mit seinen Männern, die ja keine Kolonisten sondern temporär angeworbene Soldaten und Seeleute waren, das Projekt abzubrechen. Er ließ allerdings zuvor seine Schiffe mit, so schien es, Edelsteinen und goldhaltigem Erz beladen.

17 James McDermott, The Company of Cathay. The Financing and Organization of the Frobisher Voyages, in: Symons/Alsford, Meta Incognita, S. 147–178.

18 Zur zentralen Rolle Michael Loks, der bereits an der ersten Expedition als Organisator und Finanzier beteiligt war, siehe James McDermott, Michael Lok. Mercer and Merchant Adventurer, in: Symons/Alsford, Meta Incognita, S. 119–146.

19 So der Entwurf von Michael Lok ergänzt von Lord Burgley, in: McDermott, Voyage, S. 58–63.

20 Zwei Berichte liegen vor, die der englische Herausgeber Richard Hakluyt in eine Sammlung von Reiseberichten aufnahm. Hinzu kommt bereits bei Hakluyt der Brief eines Neffen von Cartier. Vgl. Richard Hakluyt, Third and Last Volume of the Voyages, Navigations, Traffiques and Discoveries of the English Nation, London 1600, hier verwendet der Nachdruck London 1927, S. 440–449 u. 456–460. Vgl. die Neuausgaben: Biggar, Voyages, S. 248–270 und Cook, Voyages, S. 96–113. Eine quellenkritische Übersicht über unterschiedliche Textfassungen und Editionen bietet: Bernard G. Hoffman, Cabot to Cartier: Sources for a Historical Ethnography of Northeastern North America 1497–1550, Toronto 1961, S. 131–161.

Roberval hatte inzwischen seine Vorbereitungen vorangetrieben, verschob seinen Aufbruch aber bis ins Frühjahr. Ihm fiel es schwer, genügend Siedler anzuwerben, bis er die Erlaubnis erhielt, strafgefangene Männer und Frauen zur Migration zu zwingen. Deren Transport zum Hafen war wiederum zeitaufwändig und bot Roberval Gelegenheit, Kaperfahrten durchzuführen.[21] Der Befehlshaber und sein erster Kapitän trafen daher erst im Juni 1542 bei Neufundland ungeplant wieder aufeinander.

Roberval befahl eine gemeinsame Weiterfahrt nach Kanada, um die geplante Kolonie zu gründen. Cartier verweigerte diesen Befehl jedoch, ließ bei Nacht Segel setzen und kehrte nach Frankreich zurück. Als Motiv hierfür gab der Verfasser von Robervals Reisebericht an: »because they would have all the glory of the discoverie of those partes themselves.«[22]

Roberval setzte die Fahrt fort und errichtete aus den Überbleibseln von Cartiers Fort eine befestigte Siedlung.[23] Auch er musste dort unter schweren Bedingungen überwintern und verlor zahlreiche Kolonisten durch Skorbut. Mehrere Hinweise deuten auf Spannungen in der Kolonie und strenge Disziplinarmaßnahmen hin, was sich durch die Zwangslage erklären lässt, in der die strafgefangenen Männer und Frauen sich befanden. Im Frühjahr, als Roberval Wege zum Königreich Saguenay erkundete, verlor er weitere Siedler. Auf seine dringende Bitte um mehr Männer, Frauen und Ressourcen reagierte der König zwar mit der Entsendung einer Verstärkung, doch Roberval brach angesichts der für eine weitere Überwinterung schlechten Versorgungslage und der schlechten Aussichten für weitere Expeditionen das Projekt ab.[24]

Ein Vergleich des Verlaufs der Cartier/Roberval-Expedition mit der Fahrt Frobishers im Sommer 1578 zeigt erhebliche Unterschiede.[25] Frobisher stach mit weitaus mehr Schiffen in See als

21 Zur Überstellung von Strafgefangenen siehe Trudel, Histoire, S. 138–141; vgl. Allaire, Rumeur, S. 69–71, 152f., der ihre sorgfältige Auswahl betont. Zur möglichen Verzögerung durch Freibeuterei siehe Lionel Adolphe Groulx, La découverte du Canada. Jacques Cartier, 2. Aufl., Montréal/Paris 1966, S. 160f.

22 Biggar, Voyages, S. 265; Cook, Voyages, S. 109.

23 Aufgrund der schlechten Quellenlage ist dieser Siedlungsversuch meist nur oberflächlich beschrieben, vgl. Trudel, Histoire, S. 154–163; Allaire, Rumeur, S. 109–125. Neuere archäologische Forschung folgt seit der Entdeckung des Siedlungsortes im Jahr 2005. Vgl. Richard Fiset/Gilles Samson, Charlesbourg-Royal and France-Roy (1541–43). France's first Colonization Attempt in the Americas, in: Post-Medieval Archaeology 43 (2009), S. 48–70 und mit einer klaren Bewertung der Kolonie als wichtige Erfahrung des Scheiterns: Hélène Côté, The archaeological collection from the Cartier-Roberval site (1541–43). A remarkable testimony to French colonization efforts in the Americas, in: Post-Medieval Archaeology 43 (2009), S. 71–86.

24 Biggar, Collection, Nr. CCXVIII, S. 471. Königlicher Befehl vom 26. Januar 1543, auf zwei Schiffen Verstärkung und Versorgungsgüter nach Kanada zu bringen. Das Dokument erwähnt keinen Befehl zur Rückkehr Robervals oder zum Abbruch der Unternehmung.

25 Fünf Berichte sowie zwei Berichtsfragmente sind überliefert. Hinzu kommen Auswertungen durch Mitglieder der *Company of Cathay*. Wichtigste Sammlungen dieser Quellen sind: McDermott, Voyage und Stefansson/McCaskill, Voyages. Einen kurzen Vergleich der fünf Berichte bietet Trow, Frobisher, S. 96–106. Demnach verfassten Christopher Hall und Edward Fenton Logbücher; George Best schrieb eine heroisierende Propagandadarstellung; Thomas Ellis schrieb einen Bericht seiner eigenen wundersamen Erlebnisse und Edward Sellmann, Vertreter Michael Loks, einen vermutlich im Nachhinein überarbeiteten, gegenüber Frobisher kritischen Text. Von diesen erschienen im Druck: George Best, A True Discourse of the Late Voyages of Discoverie for the Finding of a Passage to Cathataya by the Northwest under the Conduct of Martin Frobisher, London 1578 und Thomas Ellis, A True Report of the Third and Last Voyage Into meta incognita, atchieved by the worthie Capteine Martin Frobisher, London 1578. Hier wurde die Textsammlung von McDermott verwendet. McDermott, Voyages, S. 132–244, verglichen mit und ergänzt aus Stefansson/McCaskill, Voyages.

ursprünglich geplant. Zum einen fuhren neben den Schiffen der *Company* auch von Investoren gecharterte mit, zum anderen schlossen sich mehrere frühere Weggefährten Frobishers an, wohl ohne Rücksprache mit der Krone oder dem Geschäftsführer Lok. Insgesamt brach somit eine Flotte von 15 Schiffen unter seinem Befehl in die Arktis auf, was beinah zehn Prozent der englischen Handelsflotte ausmachte.[26] Schon bei der Ankunft im arktischen Ozean westlich von Grönland herrschten extrem schlechte Wetterbedingungen, die beinahe den gesamten Aufenthalt über anhielten. Die Autoren aller Berichte verzeichnen – teilweise in dramatischer Schilderung – Sturm, Nebel, Packeis und Eisberge, die Mensch und Material extrem belasteten. Besonderen Raum nehmen dabei Beschreibungen der Versuche ein, die Schiffe mit Muskelkraft und improvisiertem Schutz von den Eisbergen fernzuhalten. Im schweren Wetter sank ein Schiff und die Mitglieder der Flotte verloren einander aus den Augen, sodass sie in verschiedenen Gruppen mit der Minenarbeit auf den kahlen Felseninseln begannen. Erst nachdem die versprengten Gruppen zueinander gefunden hatten, berief Frobisher einen Rat ein, mit dem er den Aufbau des Stützpunktes besprach. Dieses Ziel war jedoch aufgrund des Verlusts von Baumaterial auf dem gesunkenen Schiff und von Vorräten auf einem weiteren vermissten Schiff unerreichbar. Obwohl der vorgesehene Kommandant des Forts betonte, bleiben zu wollen, kam man angesichts skeptischer Einschätzungen durch die mitgereisten Handwerker überein, keinen Außenposten zu errichten.[27] Die Männer setzten daraufhin den Abbau des Erzes unter extremen klimatischen Bedingungen mit großer Eile fort, bis die Flotte im September nach England aufbrach.

Festzuhalten ist, dass beiden Expeditionen die befohlene tatsächliche Besitznahme in Nordamerika nicht gelang. Ebenso gemeinsam ist ihnen, dass die mühsam gesammelte Ausbeute sich als wertlos erweisen sollte. Im Falle Cartiers, der das Gold gewissermaßen zum Ausgleich für seinen Rückzug mitbrachte, während noch die Möglichkeit eines Erfolgs von Roberval bestand, war dies sicherlich weniger gravierend als für Frobisher und seine verschuldete *Company of Cathay*, deren Spekulationsmodell in sich zusammenfiel, als jede neue Untersuchung des Erzes geringere Ausbeute versprach.

Berichterstattung und die weiteren Karrieren Cartiers und Frobishers

Bei beiden Expeditionen lässt sich eine klare Differenz zwischen formulierten Zielen und dem tatsächlichen Resultat erkennen. Dies erschloss sich den Zeitgenossen allerdings nicht unmittelbar, sondern erst nach und nach. So erwiesen sich zwar Cartiers Edelmetalle kurz nach seiner Rückkehr als wertlos, aber die Expedition Robervals gab den Versuch zur Koloniegründung und Entdeckung Saguenays erst ein Jahr später auf. Im Falle Frobishers wiederum war der Abbruch der kolonialen Pläne zwar offensichtlich, aber die Prüfung des Erzes zog sich Monate hin.[28]

In Frankreich blieb die Reaktion auf die Rückkehr Cartiers und Robervals verhalten. Keine Druckschriften erschienen, auch wenn die Berichte über beide Expeditionen, die Richard Hakluyt um 1600 in England publizierte, sicherlich früher in Manuskriptform kursierten.[29] Es muss eine

26 Zur Flottengröße siehe Thomas Henry Bull Symons, The Significance of the Frobisher Expeditions of 1576–1578, in: Symons/Alsford, Meta Incognita, S. IX–XXXIV, hier S. IX, der sie als größte Arktisexpedition bis ins 20. Jahrhundert bezeichnet. Vgl. McDermott, Voyage, S. 13–18 u. Ian Friel, Frobisher's Ships, in: Symons/Alsford, Meta Incognita, S. 299–352.

27 Hier weicht die Darstellung Michael Loks von den Berichten George Bests und des Befehlshabers der geplanten Kolonie Edward Fenton ab, da nur er die Aufgabe des Projektes als Willkürentscheidung Frobishers darstellt, so beobachtet McDermott, Voyage, S. 265.

28 Vgl. Baldwin, Metallurgists u. McDermott, Voyage, S. 46

29 Nachweise siehe Anm. 20.

offene Frage bleiben, inwiefern dies daran lag, dass kein unmittelbares Interesse von Seiten eines Publikums am Ausgang der Expedition bestand, oder dass keine Autoren daran interessiert waren, über die bescheidenen Resultate zu schreiben. Zu beachten ist, dass die erste und zweite Fahrt Cartiers durchaus in einem Reisebericht gewürdigt wurden, der auch mehrfach übersetzt wurde.[30]

In den beiden erst nach 1600 durch Hakluyt unvollständig überlieferten Berichten finden sich wiederum keine Hinweise auf den eigentlichen Ausgang der Expedition und nur ein knapper Vorwurf gegenüber Cartier. Dieser bezieht sich auf dessen Abreise von Neufundland und steht nicht in Zusammenhang mit dem Abbruch von Robervals Kolonialversuch. In beiden Texten ist das Verhalten der Anführer und ihrer Begleiter mit knappen, eher neutralen Worten beschrieben. Als Hindernisse werden Angriffe oder ein Handelsboykott durch die Indigenen, hartes Klima und Krankheiten genannt, mithin keine Umstände, für die Cartier oder Roberval Verantwortung trugen. Diese Einschätzung bestätigt auch die Notiz auf einer 1550 erstellten Weltkarte, wonach Roberval das Land angesichts von dessen »austerité, intempérance et petit proffit (!)« aufgegeben habe.[31]

Betrachtet man die Reaktion der Obrigkeit auf den Ausgang der Expedition, ist auffällig, dass Cartiers Abreise keine Sanktionen nach sich zog. Sein Verhalten beeinträchtigte seinen Ruf als Seemann und sein Ansehen offenbar kaum.[32] Als im Jahr 1544 an ihn die Aufforderung erging, Rechenschaft über die Verwendung der Finanzmittel für die Expedition abzulegen, wurde er im Schreiben des Königs an die zuständige Admiralität als »nostre cher et bien amé Jacques Cartier«[33] bezeichnet. Die Untersuchung ergab, dass Cartier mit einer erheblichen Summe in Vorleistung getreten war, die ihm zu erstatten sei.[34] Er habe die Mittel wie befohlen eingesetzt und sich nichts zu Schulden kommen lassen.

Im Vergleich hierzu hatte die dritte Expedition Martin Frobishers ein umfangreiches Nachspiel. Die *Company of Cathay* war bei seiner Rückkehr bereits mit hohen Außenständen belastet, zu denen die Kosten für die Besoldung der Seeleute und die Chartergebühren kamen. Als Einnahmen ausblieben und sich die Hinweise auf die Wertlosigkeit des Erzes verdichteten, sah sich Michael Lok als Geschäftsführer Vorwürfen ausgesetzt, er habe dies durch sein Management zu verantworten.[35] Er wurde von Seiten des Hofes seines Amtes enthoben und es erging der Befehl zu einer Buchprüfung. Lok reagierte mit Eingaben an den Hof, in denen er Frobisher vorwarf, durch eigenmächtiges Verhalten den Misserfolg verantwortet zu haben.[36] So habe Frobisher willkürlich den Plan verworfen, einen Stützpunkt zu errichten und durch schlechte Auswahl der

30 Jacques Cartier, Brief recit & succincte narration de la navigation faicte es ysles de Canada, Hochelage & Saguenay & autres, Paris 1545. Dieser Bericht ist Ursache dafür, dass viele Darstellungen des 16. und 17. Jahrhunderts nur von zwei Reisen Cartiers ausgehen.

31 Karte des Pierre Desceliers, zitiert nach: Derek Hayes, Strait to Cathay. Jacques Cartier and the French Claim to North America, in: Mercator's World 7 (2002), S. 26–33, hier S. 32. Roberval selbst wird in der Anmerkung ausdrücklich gelobt. Gegen den bisherigen Forschungskonsens betont hingegen Allaire, dass Roberval aufgrund eines königlichen Befehls sein Siedlungsprojekt beendet habe: Allaire, Rumeur, S. 125–127.

32 Dagegen spricht Allaire ohne Beleg von einer desaströsen Rufschädigung für Cartier, Allaire, Rumeur, S. 111 u. 132.

33 Anweisung des Königs an den Rat und Leutnant der Admiralität, die Abrechnungen Cartiers zu prüfen, in: Biggar, Collection, Nr. CCXXVI vom 3. April 1543/44, S. 477.

34 Zur Abrechnung vgl. Biggar, Collection, Nr. CCVXXVIII vom 21. Juni 1544, S. 480–484 und Cook, Voyages, S. 171–175.

35 McDermott, Voyage, 47.

36 So Michael Lok in seinem Text: The Doyings of Martin Frobisher, in: McDermott, Voyage, S. 71–102.

Erzadern wertloses Gestein nach England gebracht. Weiterhin warf Lok seinem ehemaligen Partner gestiegene Kosten durch die ungeplante Vergrößerung der Flotte und Untreue im Umgang mit der Ausrüstung vor. Frobisher erwiderte dies nur mit wenigen Zeilen und konzentrierte sich vielmehr darauf, gemeinsam mit einigen Seeleuten, Lok zur Zahlung ausstehender Gehälter zu drängen. Die *Company of Cathay* war angesichts dieser finanziellen Lasten nicht zu retten, die Untersuchung der Buchführung brachte jedoch das Ergebnis, dass keinem Beteiligten ein sträfliches Fehlverhalten oder eine Täuschung nachgewiesen werden könne.

Dies war für den angegriffenen Michael Lok sicherlich bedeutsamer als für Frobisher, dessen Leistungen als Kapitän zu dieser Zeit in zwei neuen und einer nachgedruckten älteren Druckschrift gefeiert wurden.[37] Bei der medialen Aufarbeitung der dritten Expedition handelte es sich in Umfang und Qualität um ein neuartiges Phänomen, das John Parker als »nucleus« einer frühen britisch-imperialen Literatur bewertete.[38] Die Berichte wurden verfasst, bevor die Wertlosigkeit des Erzes erkannt wurde, gingen aber darauf ein, dass die befohlene Gründung eines Minenstützpunktes ausgeblieben war. Sie vermitteln ihren Lesern hierzu zugleich Deutungsangebote, die auch in nachfolgenden Jahrhunderten aufgegriffen wurden.[39] Hierbei lassen sich drei miteinander verwobene Darstellungsformen unterscheiden: Erstens deuteten Autoren die Ereignisse transzendental. Angesichts der nahezu unüberwindlichen Gefahren durch Eis und Sturm, sei das bloße Überleben der Seeleute Beweis für ein Eingreifen Gottes.[40] Demnach wären auch alle Rückschläge, wie der Verlust von Proviant oder Bauteilen für die geplante Befestigung im Sturm, auf dessen Vorsehung zurückzuführen und könnten keiner beteiligten Person angelastet werden. Zweitens war jedoch das Überleben angesichts der immensen Widrigkeiten nach Ansicht der Autoren keineswegs vom Handeln der Expeditionsteilnehmer unabhängig.[41] In den Berichten nimmt der dramatisch geschilderte Kampf der Seeleute gegen die Elemente einen zentralen Platz ein, so dass das Überleben in der lebensfeindlichen Arktis als Verdienst und vorbildliche Leistung erscheint.[42] So schrieb Christopher Hall, die Männer seien bereit gewesen, ihre gefährliche Mission auszuführen, »with most willing heartes, venturous mindes, stoute stomachs, & singular manhood.«[43]

37 Siehe Anm. 25.

38 John Parker, Books to Build an Empire a Bibliographical History of English Overseas Interests to 1620, Amsterdam 1965, S. 75–102, hier S. 75.

39 Vgl. hierzu grundlegend die Analyse von George Bests Reisebericht durch Mary C. Fuller, Remembering the Early Modern Voyage. English Narratives in the Age of European Expansion, New York 2008, S. 23–106; vgl. Sophie Lemercier-Goddard, George Best's Arctic Mirrors. A True Discourse of the Late Voyages of Discoverie of Martin Frobisher (1578), in: Frédéric Regard (Hg.), The Quest for the Northwest Passage. Knowledge, Nation and Empire 1576–1806, London 2013, S. 55–70.

40 So heißt es, die Seeleute wären sicherlich gestorben, »had not the great goodnesse of God bene miraculously shewed to us.« George Best, True Discourse, zitiert nach: Stefansson/McCaskill, Voyages, S. 44. Vgl. McDermott, Voyage, S. 214 u. 219; siehe ähnliche Passagen in anderen Berichten: Edward Fenton, ebd. S. 143f., 147f. u. 152; Charles Jackman, ebd. S. 132–134; Edward Sellman, ebd. S. 181 u. Thomas Ellis, ebd. S. 197 u. 199.

41 George Best schildert die Ambivalenz von göttlichem Eingreifen und menschlichem Handeln anhand einer Szene, in der ein Teil der Männer gegen das Eis gekämpft und der andere Teil sich dem Gebet gewidmet habe. Beide hätten so das Überleben gesichert. Vgl. Best, Discourse, in: McDermott, Voyage, S. 213 u. die Interpretation des Herausgebers, ebd. S. 23. Anhand anderer Beispiele beschreibt dies auch Burghartz, Erfolg.

42 So benennt George Best in seinem Bericht die geringe Todeszahl von 40 als herausragender Leistung, Best Discourse, in: McDermott, Voyage, S. 238, vgl. Lemercier-Goddard, Mirrors.

43 Thomas Ellis' Reisebericht, in: McDermott, Voyage, S. 20; siehe auch Bests Reisebericht, ebd., S. 213 u. 222f. Abweichend ist nur Sellmans unpubliziertes Journal, in dem von Pöbeleien berichtet wird, ebd., S. 184f.

Hier zeigt sich, dass die Autoren mit der Heroisierung der ausschließlich männlichen Expeditionsteilnehmer zugleich Idealbilder maskulinen Verhaltens in Gefahrensituationen vermittelten. Die Taten und der Charakter der Seeleute erhöhten somit unabhängig vom materiellen Ergebnis der Expedition »the renown of our nation«.[44]

Noch weitaus zentraler als die Leistung seiner Untergebenen erscheint das Handeln Frobishers, der in den Texten mit antiken Heroen verglichen wird.[45] Als Anführer der Expedition sprachen die Autoren ihm das Verdienst zu, die Mannschaften motiviert und so alle Gefahren überwunden zu haben. Nur ein Verfasser, ein von Lok beauftragter Notar, schrieb kritisch über Frobisher und warf ihm vor, seine Ruhmsucht habe die Initiative anderer Kapitäne gehemmt und somit die Entdeckung der Nordwestpassage und die Gründung eines Außenpostens verhindert. Diese unpublizierte Einschätzung verblasst aber vor den veröffentlichten, geradezu panegyrischen Berichten.

Als dritte Form der Darstellung lässt sich eine Hervorhebung von konkreten Errungenschaften ausmachen, die als Grundlage für weitere Expansionsprojekte dienen können. Besonders deutlich ist dies bei George Best, der zu Beginn seines Reiseberichtes aufzählt, was aus seinem Text zu lernen sei:[46] Notwendige Vorbereitungen für eine Seefahrt, das richtige Verhalten auf See, speziell im Packeis und an fremden Küsten, der Umgang mit unbekannten Völkern und schließlich Kenntnisse auf den Gebieten der Geografie und Navigation. Diese Themenfelder gruppieren sich um die zentrale – noch vor der abschließenden Untersuchung des mitgebrachten Erzes verfasste – Aussage, Best werde zeigen »how pleasant and profitable« Entdeckungsfahrten seien.[47]

Neben diesen Erkenntnissen wird als wichtiger Ertrag der Frobisher-Expeditionen von Best wie auch anderen die Besitzergreifung der Insel Frizeland genannt.[48] Da es sich hierbei um eine fälschliche Lokalisierung der Südspitze Grönlands handelte und die Insel nicht existiert, tendieren heutige historische Darstellungen dazu, dies nachrangig zu behandeln.[49] Für die Zeitgenossen jedoch war die Besitznahme ein wichtiger Anknüpfungspunkt für zukünftige Expeditionen.

Sucht man nach der Zuschreibung von Schuld und Verantwortung für das Ergebnis der beiden dritten Expeditionen, so ist festzuhalten, dass sich in den Quellen im Falle Cartiers keine und im Falle Frobishers nur in zwei widersprüchlichen, nicht publizierten Darstellungen entsprechende Vorwürfe finden. Dies deutet darauf hin, dass die seemännischen Fähigkeiten und Leistungen

44 George Best, Discourse, in: McDermott, Voyage, S. 213; zur Bedeutung der Reiseberichte für die Formierung einer Identität durch Imagination eines positiven Nationalcharakters und negativer Fremdheitszuschreibung gegenüber den Inuit siehe Fuller, Remembering, S. 26–43 und ähnliche Schlussfolgerungen bei Lemercier-Goddard, Mirrors.

45 Nach Thomas Ellis übertraf er sogar das Vorbild: »Not as Ulysses aged and unknowne, But Gallant like arrive among thine own«, zitiert nach: Stefansson/McCaskill, Voyages, S. 36. Vgl. Parker, Books, S. 83; Lemercier-Goddard, Mirrors, S. 58f.

46 Siehe Best, Discourse, in: Stefansson/McCaskill, Voyages, S. 4. Eine Zusammenfassung bietet Fuller, Remembering, S. 6. Zur Bedeutung der von Best entworfenen Lektionen vgl. ebd., S. 23–106 u. Parker, Books, S. 83–85. Diese Deutung findet sich auch in anderen, von der Forschung eher vernachlässigten Berichten, bspw. Edward Fentons Journal, der das Vergraben einiger Vorräte und den Bau eines kleinen Hauses als Experimente für spätere Expeditionen darstellt, Fenton, Journal, in: McDermott, Voyage, S. 165.

47 Best, Discourse, in: Stefansson/McCaskill, Voyages, S. 4.

48 Die Besitzergreifung erwähnt nur George Best explizit, siehe McDermott, Voyage, S. 210. Die anderen Autoren berichten lediglich von einer Erkundung, wobei Edward Selman noch eine Umbenennung in »West England« vermerkt, McDermott, Voyage, S. 178.

49 Zur Entdeckung Frizelands und den Nachwirkungen dieser Fehleinschätzung vgl. McDermott, Voyage, S. 51f. und Richard I. Ruggles, The Catographic Lore of the Northwest Passage. Its Real and Imaginery Geography, in: Symon/Alsford, Meta Incognita, S. 179–256.

beider Männer langfristig unangefochten blieben, wie auch ihr weiterer Werdegang vermuten lässt. Jacques Cartier erhielt die ausstehenden Gelder erstattet und Schiffe überschrieben, die er aber nicht mehr selbst kommandierte.[50] Er richtete seinen Lebensabend in seinem Heimatort St. Malo ein, wo er bis zu seinem Tode 1557 blieb und gelegentlich als Berater für Marinefragen und Expeditionen herangezogen wurde.[51] Sein Befehlshaber Roberval hatte hingegen finanzielle Verluste durch die Expeditionen erlitten und war in mehrere Gerichtsverfahren verwickelt, die bis zur Konfiskation seines Anwesens reichten.[52] Seine Beziehungen zum Hof halfen ihm aber, denn er bekleidete weiterhin militärische Funktionen und übernahm schließlich die Leitung des französischen Montanwesens.[53]

Martin Frobisher fuhr hingegen bald wieder zur See, wenn er auch für mehrere Jahre nur mit nachrangigen Projekten betraut war.[54] Erst 1585 tat er sich als Francis Drakes Vizeadmiral auf dessen Kaperfahrt in die spanische Karibik hervor. Diese Erfahrung und sein hervorragender Ruf als Seemann brachten ihm schließlich eine Stellung als Vizeadmiral und Kommandant des größten englischen Schiffes bei der Abwehr der spanischen Armada im Jahr 1588 ein. Somit war sein Name mit einem Ereignis verbunden, das, als Triumph inszeniert, immense propagandistische Bedeutung für Zeitgenossen und nachfolgende Generationen hatte. Frobisher setzte seine militärische Karriere im Krieg gegen Spanien bis zu seinem Tode im Jahr 1594 fort. Sein ehemaliger Partner Michael Lok, der ihm zuletzt schwere Vorwürfe gemacht hatte, trug trotz der Tadellosigkeit seiner Buchhaltung die persönliche Verantwortung für die Schulden der *Company of Cathay*.[55] Binnen drei Jahren musste er acht Mal in Schuldhaft gehen. Erst später kehrte er in sein ursprüngliches Metier als Händler zurück und war im Ausland für die *Levante Company* tätig, die im vorderen Orient handelte.

Über die beteiligten Personen hinaus ist festzuhalten, dass die Quellen generell nicht explizit von einem Scheitern der Missionen sprechen. Teilweise mag dies dem lückenhaften Kenntnisstand der Autoren zuzuschreiben sein. Dennoch war ihnen allen zweifellos bekannt, dass eine Differenz zwischen Erwartung und Ergebnis bestand, die sie in ihren Darstellungen verarbeiteten und im Falle Frobishers auch explizit begründeten. In der zeitnahen Darstellung überlagerten die Vorzüge und Leistungen der Beteiligten aber diese Differenz.[56] Statt von einem klaren »Scheitern« zu sprechen, wie in der Mehrzahl späterer historischer Darstellungen, scheint vor dem Hintergrund der Quellen die Einordnung als »Versuch« der unmittelbaren zeitgenössischen Eigenwahrnehmung

50 Alan Gordon, The Hero and the Historians. Historiography and the Uses of Jacques Cartier, Vancouver 2010, S. 23.

51 Auf eine Anfrage bezüglich der Stärke der Marine in der Bretagne an ihn verweist Gordon, ebd. Weiterhin behauptete der königliche Kosmograf André Thevet, seine Werke über Nordamerika auf Gespräche mit Cartier zu stützen und nennt ihn »un de mes meilleurs amys«, so in: Thevet, Cosmographie, 1009v. Auch an zahlreichen anderen Stellen seiner Werke über Nordamerika versucht er, seinen Ausführungen durch Verweis auf Cartier Autorität zu verleihen, vgl. Hoffmann, Cabot, S. 173. Dies ist ein deutlicher Widerspruch zu Allairs Theorie von Cartiers' ruiniertem Ruf, vgl. Allaire, Rumeur, S. 111 u. 132.

52 Üblich ist in der Literatur ein Verweis auf seinen finanziellen Ruin durch die Kosten der Expedition, wie bei Groulx, Découverte, S. 167 und R. La Roque de Roquebrune, La Rocque de Roberval, Jean-Francois de, in: Dictionary of Canadian Biography, Toronto 2003, http://www.biographi.ca/en/bio/la_rocque_de_roberval_jean_francois_de_1E.html (letzter Zugriff 12.08.2014).

53 Allaire, Rumeur, S. 129–143.

54 Zur späteren Karriere grundlegend: McDermott, Frobisher, S. 257–433.

55 McDermott, Mercer, S. 119–146.

56 Vgl. am Beispiel von Bests Bericht: Parker, Books, S. 85 u. Fuller, Remembering, S. 23–65.

näher zu kommen.[57] Inwiefern sich dies für die folgenden Jahrzehnte, in denen weitere koloniale Projekte entworfen, beworben und unternommen wurden, im synchronen und diachronen Vergleich änderte, bleibt zu klären.

Zur Rezeption kolonialer Projekte in Frankreich und England

Auf die Rückkehr Robervals und Cartiers – so ist im Vergleich mit England auffällig – gab es keine unmittelbare Reaktion in Druckschriften oder ähnlichen Medien.[58] Zu beobachten ist lediglich, dass weitere Expeditionen in den folgenden Jahren nicht an Cartiers Erfahrungen anknüpften, sondern versuchten – wenn auch vergeblich – Kolonien in Brasilien und Florida zu gründen.[59] In der Rezeption dieser Kolonialprojekte zeigen sich wiederum zwar Hinweise auf nützliche Erfahrungen für zukünftige Unternehmungen, aber auch eine starke, negative Interpretation kolonialer Ambitionen, die durchaus auch auf Cartiers und Robervals Projekt anwendbar war. So schrieb ein Siedler aus der 1565 von spanischen Soldaten vernichteten Floridakolonie, der Angriff sei Gottes Strafe für Männer gewesen, die ihre Heimat und Familien verlassen hätten.[60] Auch der Untergang der Kolonie in Brasilien wurde nicht nur als Quelle von Erfahrungen gesehen, sondern auf charakterlicher Ebene zum Ausgangspunkt scharfer konfessioneller Kritik. Protestantische und katholische Mitwirkende warfen sich gegenseitig vor, durch ihr Verhalten das Scheitern verursacht zu haben.[61] Eine Heroisierung der Mitwirkenden wie im Falle Frobishers fand nicht statt. Die teilnehmenden Franzosen erschienen in Berichten, in denen die beiden Befehlshaber in Florida und Brasilien sich selbst zu entlasten bemüht waren, sogar oft als disziplinlos und kriminell.[62] In Berichten über Brasilien heroisierten die hugenottischen Kolonisten zwar ihre vom Befehlshaber wegen angeblicher Meuterei getöteten Glaubensgenossen als Märtyrer, verteufelten aber im Gegenzug den Kommandanten der Unternehmung und sein Gefolge.

Die Erfahrungen in Florida und Brasilien fanden ebenso wie Cartiers Expeditionen nach Kanada Eingang in die umfassende Weltbeschreibung des königlichen Kosmografen André Thevet von 1575, welche als umstrittenes, aber dennoch wichtiges französisches Überblickswerk seiner Zeit zu Amerika gelten kann.[63] Thevet lobte darin die prinzipielle Eignung Kanadas für eine Kolonisierung und verwies mehrfach auf diesbezügliche Gespräche mit Cartier und dessen Erfah-

57 So untertitelte Marcel Trudel sein Handbuch mit »les vaines tentatives«, Trudel, Histoire.

58 Zur zeitgenössischen Bewertung vgl. die kurzen Einschätzungen von Philip Boucher, Les Nouvelles Frances. France in America, 1500–1815. An Imperial Perspective, Providence 1989, S. 5; William J. Eccles, The French in North Amercia, 3. Edition, East Lansing 1998, S. 8.

59 Zu weiteren Kolonialprojekten vgl. Trudel, Histoire; Quinn, America, S. 240–260 u. 465–490; Eccles, Frontier; Éric Thierry, La France de Henri IV en Amérique du Nord. De la création de l'Acadie à la fondation de Québec, Paris 2008.

60 Boucher, Frances, S. 16.

61 Zentral sind hier der Bericht des katholischen Kosmografen Thevet und die gegen ihn und den Befehlshaber der Kolonie kritischen Schriften des calvinistischem Geistlichen Jacques de Lery über die Brasilienkolonie 1555. Vgl. pointiert: Boucher, Frances, S. 13f.; grundlegend: Frank Lestringant, Le huguenot et le sauvage. L'Amérique et la controverse coloniale, en France, au temps des guerres de religion (1555–1589), 3. Aufl., Genf 2004. Zur konfessionell motivierten Auseinandersetzung siehe Frank Lestringant, L'Expérience Huguenot au Nouveau Monde (XVIe Siècle), Genf 1996, S. 55–139; vgl. ders., André Thevet, cosmographe des derniers Valois, Genf 1991 u. Roger Schlesinger u. Arthur Phillips Stabler (Hg.), Andre Thevet's North America. A 16th Century View, Kingston 1986, S. I–XL.

62 Eine Sammlung von Verweisen bietet: Tabitha Renaud, Rivalry and Mutiny. The Internal Struggles of Sixteenth Century North American Colonization Parties, in: Terrae Incognitae 43 (2011), S. 24–38.

63 Zu Nordamerika siehe Thevet, Cosmographie, 1008v.–1018r.

rungen.[64] Bezüglich möglicher Edelmetalle vermeidet er klare Aussagen.[65] Allerdings beschreibt er ausführlich – wenn auch ohne direkten Bezug zu Cartier oder Roberval – die falschen Diamanten und warnt somit vor überzogenen Erwartungen.[66] Dieser negative Eindruck verstärkt sich durch wiederholte Verweise auf den harten Winter in der Region, der aber durch Nutzung der indigenen Überlebenstechniken (Schneeschuhe, Pelze) und genügend Willen von Seiten der Europäer zu überwinden sei.[67] Eine Glorifizierung des Überlebens unter diesen harten Bedingungen, wie in den Quellen zu Frobisher, findet sich nicht.

In Frankreich verstärkte sich die tendenziell negative Bewertung der Aussichten auf Profit durch alternative, konkurrierende Aktivitäten. Fischerei bei Neufundland, Handel an der Küste Brasiliens und Freibeuterei versprachen auch ohne Kolonien Profit.[68] Im Zeitraum zwischen 1562 und 1598 standen außerdem die französischen Religionskriege einem größeren kolonialen Engagement der Krone zunehmend entgegen. Dies änderte sich sowohl durch das Ende der Kriege als auch durch den erheblichen Anstieg der Nachfrage nach nordamerikanischen Pelzen Ende des 16. Jahrhunderts.

Wissen um die Expeditionen Cartiers war zu dieser Zeit nur wenig verbreitetet.[69] Neben Thevets Kosmografie verwies vornehmlich eine Episode in der Geschichtensammlung *L'Heptamerone* auf die versuchte Koloniegründung. Darin ging es allerdings nicht um das Projekt selbst, sondern um eine Adelige, die Roberval angeblich aufgrund einer unangemessenen Liebesbeziehung auf einer von Dämonen heimgesuchten Insel ausgesetzt habe.[70]

Als Ausdruck eines nach wie vor bestehenden Interesses an Nordamerika kann die 1578 erfolgte Übersetzung des Berichts von Dionyse Settle über die Frobisher Reisen ins Französische gelten.[71] Der Übersetzer stellt in seinem Vorwort die immensen Reichtümer der Region vor, beschwört aber zugleich eine Verpflichtung, die Bevölkerung des Landes zu missionieren. Eine Unternehmung, die nur auf Profit ausgelegt sei, könne nicht auf göttliche Unterstützung hoffen. Davon abgesehen erkennt der Übersetzer durch die Frobisher-Expedition einen Anspruch Englands auf die Region ebenso an, wie er für Frankreich auf die südlichere *Nouvelle-France* bestehe.

Diese Anregungen wurden allerdings kaum aufgegriffen. Erst angesichts des durch den Pelzhandel neu erwachten Interesses an Nordamerika erschien 1598 ein Nachdruck des Berichts über

64 Ebd., 1009v.

65 So gibt er an, die Bevölkerung habe kein Wissen um Gold- und Silbervorkommen, ebd., 1010v., schließt aber zukünftige Funde nicht aus.

66 Ebd., 1009v. u. 1010r. Laut Thevet wurde seitdem die Entdeckung der Wertlosigkeit einer Sache mit dem Sprichwort: »Voilà un Diament de Canada« umschrieben, ebd., 1015r.

67 Ähnliche Thesen vertritt Thevet auch in anderen Werken, in denen er Nordamerika thematisiert, vgl. die Übersicht bei Schlesinger/Stabler, North America.

68 Zur Bedeutung des Handels, speziell mit Pelzen, vgl. Olive Patricia Dickason, The Myth of the Savage and the Beginnings of French Colonialism in the Americas, Edmonton 1984, S. 235–250 u. Trudel, Histoire, S. 213–269.

69 Charles-André Julien, Les Voyages de découverte et les premiers établissements (XVe–XVIe siècles), Paris 1947, Nachdruck mit Vorwort von Pierre Chaunu, Paris 1979, S. 331.

70 Durch die zahlreichen Neuauflagen des *Heptamerone* kann diese Geschichte als am weitesten verbreiteter Text über die Expedition gelten. Unmittelbare Belege für die geschilderte Episode gibt es keine, vgl. Groulx, Découverte, S. 168–170; Allaire vermutet einen wahren Kern der Legende, Allaire, Rumeur, S. 112–115. Dies postuliert auch Thevet, der angeblich mit der Adeligen einige Jahre nach ihrer Rückkehr nach Frankreich gesprochen habe, siehe Thevet, Cosmographie, 1019r–1020r.

71 Nicolas Pithou, La navigation du capitain Martin Forbisher [!] Anglois, és regions de west & Bordwest, en l'année M. D. LXXVII, s.l. 1578, Vorwort S. 1–10; vgl. Lestringant, L'Expérience Huguenot au Nouveau Monde, S. 38f.

die erste und zweite Expedition Cartiers. Dies machte einerseits das gewonnene Wissen neu verfügbar und festigte andererseits den damit verbundenen Besitzanspruch, ohne auf das spätere, erfolglose Projekt einzugehen.[72]

Gestützt auf die von Cartier erworbenen Ansprüche folgten neue Initiativen zur Gründung einer Kolonie, die durch ein Monopol auf den Pelzhandel finanziert werden sollten. Dies provozierte jedoch den Widerstand gerade der erfahrenen Seeleute und saisonalen Pelzhändler, die für die Durchführung eines solchen Projekts wichtig gewesen wären.[73] Mehrere Unternehmungen wurden abgebrochen, bevor es gelang, Außenposten bei Quebec und Port Royal zu gründen. Der Historiograf Marc Lescarbot verarbeitete seine Erfahrungen auf diesen Expeditionen in seiner *Histoire de Nouvelle France* zu einer Bewertung des bisherigen französischen Vorgehens.[74] Er analysierte das vorherige Scheitern und leitete daraus konkrete Lektionen ab. Er betonte beispielsweise die Notwendigkeit, Ackerbau über kurzzeitigen Profit zu stellen und anstatt Gefangener Freiwillige mitzunehmen, die ein gemeinsames Ziel hätten. Seine Thesen verwob er mit einer Kritik an der französischen Gesellschaft, die nur wenige Männer hervorbringe, die wie die Befehlshaber der Expeditionen, an denen er beteiligt war, für solche Aufgaben geeignet seien.

Dass die Einschätzung von Nutzen und Notwendigkeit kolonialer Projekte zu Beginn des 17. Jahrhunderts gespalten und tendenziell eher negativ war, illustriert auch eine Erklärung des einflussreichen Marschalls und Beamten Maximilien de Béthune, Graf von Sully, die Gründung von Kolonien sei »disproportionnée au naturel et à la cervelle des Français, que je reconnais à mon grand regret, n'avoir ni la pérséverance ni la prévoyance pour telles choses.«[75]

Betrachtet man vergleichend die Rezeption von Versuchen zur kolonialen Expansion in England, zeigt sich ein anderes Bild.[76] Zentrale Bedeutung hatten hier die in London 1582 gedruckte und ab 1598 erheblich erweiterte Textsammlung Richard Hakluyts, in der auch die Berichte über Cartier und Roberval überliefert sind. Durch Auswahl, Kombination und stellenweise auch Veränderung durchliefen Reiseberichte aller europäischen Mächte darin eine Bedeutungstrans-

72 Zur langen Wirkung von Cartiers Rechtsanspruch als Entdecker, vgl. Groulx, Découverte, S. 173. Die Neuausgabe basierte auf einer italienischen Übersetzung von 1556. Vgl. Gordon, Hero, S. 31f.; Groulx, Découverte, S. 103f.; Hoffman, Cabot, S. 131–160.

73 Trudel, Histoire, S. 213–269.

74 Marc Lescarbot, Histoire de la Nouvelle-France, Paris 1609. Vgl. zur Einordnung: Éric Thierry, Marc Lescarbot (vers 1570–1641). Un homme de plume au service de la Nouvelle-France, Paris 2001 u. Saliha Belmessous, Greatness and Decadence in French America, in: Renaissance Studies. Journal of the Society for Renaissance Studies 26 (2012) 4, S. 559–579, hier S. 566–568.

75 Brief Sullys an Pierre Jeannin, den einflussreichen Ratgeber Heinrichs IV., vom 26. Februar 1608, zitiert nach: Joseph Michaud, Nouvelle collection des mémoires pour servir à l'histoire de France, depuis le XIIIe siècle jusqu'à la fin du XVIIIe: précédés de notices pour caractériser chaque auteur des mémoires et son époque; suivis de l'analyse des documents historiques qui s'y rapportent, Bd. 2,4: Les négociations du Président Jeannin, Paris 1837, S. 280–282, hier S. 280. Zur Einordnung vgl. Bernard Barbiche, Henry IV et l'outre-mer un moment décisif, in: Raymonde Litalien (Hg.), Champlain. La Naissance de L'Amérique francaise, Paris 2004, S. 24–32; Groulx, Découverte, S. 172; Denis Vaugeois, Champlain et Dupont Gravé en contexte, Québec 2008, http://www.septentrion.qc.ca/blogue/champlain-et-dupont-grave-en-contexte; zu ähnlicher Deutung durch Michel de Montaigne vgl. Boucher, Frances, S. 16; Belmessous, Greatness, S. 585; sowie zur Gesamteinschätzung Julien, Voyages, S. 417–429.

76 Für die folgenden Ausführungen vgl. grundlegend Fuller, Voyages; Parker, Books; Peter Cooper Mancall, Hakluyt's Promise. An Elizabethan's Obsession for an English America, New Haven 2007; Francisco J. Borge, A New World for a New Nation. The Promotion of America in Early Modern England, Oxford 2007.

formation mit klar propagandistischer kolonialer Absicht.[77] Hakluyt war selbst an der Planung von Kolonialprojekten beteiligt und setzte sich dafür ein, Geldgeber und Fürsprecher zu gewinnen. Die englischen Unternehmungen unter anderem in Neufundland, Virginia und Südamerika blieben jedoch bis zur Gründung von Jamestown 1607 ohne Erfolg. Werbung für ein weiteres koloniales Engagement musste diese mehrfach erlebte Differenz von Erwartung und Ergebnis verarbeiten und zugleich hohe Gewinne versprechen. Wie in Frankreich galt außerdem Piraterie als Aktivität, die bis zum 1604 mit Spanien geschlossenem Frieden mit weniger Aufwand hohe Profite versprach und Kapitäne zu gefeierten Helden machen konnte.

Nach Hakluyt lag in der Kolonisierung der neuen Welt der Ausweg aus allen Problemen der englischen Monarchie. Die immensen Vorzüge hätten jedoch einen Wettbewerb der Europäer um die Erkundung und Besitzergreifung in der neuen Welt zur Folge, in dem die Engländer sich beweisen müssten. Daher ist der Vergleich der englischen Errungenschaften zur See mit denen anderer Völker, unter gleichzeitigem Nachweis eines angeblich höherwertigen englischen Anspruchs auf die Neue Welt, der Leitgedanke hinter Hakluyts Textsammlung. Die noch vor Hakluyts Sammelwerken erschienenen Berichte über Frobishers Expeditionen boten für diesen Zweck deutliche Anknüpfungspunkte: Zum einen durch die Besitzergreifungen in Frizeland und der Antarktis, zum anderen in den glorifizierenden Beschreibungen über die Tüchtigkeit und Tapferkeit der Seeleute. Im Vergleich mit Spaniern und Portugiesen gelte: »[T]he englishman [...] is nothing inferior: and for his hard adventures, and valiant resolutions, greatly superior«.[78]

Das Scheitern von Frobishers Kolonial- und Minenprojekt thematisierte Hakluyt in dem Vorwort zu seinem ersten Sammelwerk von 1582 zwar als solches, fand aber eine Begründung, die wie später bei Lescarbot zur Mahnung der Zeitgenossen diente. Demnach sei Frobisher aufgrund seiner kurzsichtigen Suche nach Profit gescheitert: »Certes if hetherto in our owne discouveries we had not been led with a preposterous desire of seeking rather gain then Gods glorie, I assure my self that our labours had taken far better effecte.«[79] Dies als Ursache zu benennen kann – wie Mary Fuller nachgewiesen hat – gewissermaßen als roter Faden der frühen Rezeption von Kolonialprojekten gelten, die ihre Ziele nicht erreichten.[80] In seiner Einschätzung verschweigt Hakluyt allerdings, dass das Projekt der *Company of Cathay* vom Wert der Goldfunde abhängig war und eine Kolonialgründung nur sekundär zum Ziel hatte.

Ein wichtiger Bestandteil von Hakluyts Nachweis der englischen Ansprüche und Leistungen war der vergleichende Blick auf andere Seemächte, so auch auf die Expeditionen Cartiers und Robervals. Er konnte sich hierbei auf seinen Vorgänger Richard Eden stützen, der in seiner Textsammlung *Decades of the Indies* bereits 1555 Berichte über die Entdeckungen der Franzosen am

77 Pointiert bei Fuller, Remembering, S. 7.

78 Mit den Berichten über die herausragenden Leistungen der englischen Seeleute war ein lange wirksames Argument für die Konstruktion einer britischen Empire-Idee geschaffen worden. Vgl. Thomas Reimer, Before Britannia Ruled the Waves. Die Konstruktion einer maritimen Nation, Diss. München 2006, zu Berichten über Frobisher S. 73–75, Best ebd. zitiert, S. 74, http://edoc.ub.uni-muenchen.de/10310/1/Reimer_Torsten.pdf (letzter Zugriff 14.08.2014); vgl. zur Einordnung des Zitats Jeffrey Knapp, An Empire Nowhere. England, America and Literature from Utopia to the Tempest, Berkeley 1992, S. 75. Zur argumentativen Nutzung von (potentiellem) Scheitern als Element zur Hervorhebung eigener Leistung im Kontext europäischer Expansion vgl. Burghartz, Erfolg, S. 308–310.

79 Richard Hakluyt, Divers Voyages Touching the Discoverie of America and the Ilands adiacent vnto the same made first of all by our Englishmen and afterwards by the French and Bretons, London 1582, darin Vorwort und Widmung an Sir Philipp Sidney, S. 5–11, Zitat: Haklyut, Divers Voyages, S. 8.

80 Fuller entwickelt diese These am Beispiel eines anderen Berichts, vergleicht diesen dann mit Hakluyts Text, Fuller, Voyages, S. 35.

St. Lorenz aufgenommen hatte.[81] Edens Sammelwerk war ebenfalls als Appell für eine englische Kolonialpolitik gedacht, wie sich besonders in der Präsentation Cartiers zeigt. Eden legt ihm einen fiktionalen Aufruf an die christlichen Herrscher in den Mund, das von ihm entdeckte reiche und fruchtbare Land zu kolonisieren.[82]

Hakluyt griff Edens Vorarbeit auf, unterstützte eine Übersetzung des italienischen Berichtes über die ersten beiden Fahrten Cartiers ins Englische und gab diese 1582 unverändert als Anhang seiner ersten Textsammlung neu heraus.[83] Bemerkenswert sind dabei die Widmung »to animate and encourage the English Marchants« und das Vorwort. Darin schildert mutmaßlich Hakluyt selbst die immensen Vorzüge des von Cartier erkundeten Landes und die Leichtigkeit, mit der dort Kolonien gegründet werden könnten. Bezüglich des Profits wird angedeutet, dass nicht nur das Königreich von Saguenay in Reichweite liege, sondern auch, dass die Franzosen die Entdeckung einer Passage nach Cathay nur knapp versäumt hätten.[84] Somit empfehle das Scheitern der Franzosen und das Desinteresse der Portugiesen und Spanier diese Region als Standort einer englischen Kolonie.[85] Als Ursache für das Scheitern der Franzosen nennt der Autor des Vorwortes mangelnde Vorbereitung für den Winter, speziell unzureichende Vorräte. Auf diese Weise wird das Scheitern anderer offen thematisiert, in eine Handlungsaufforderung überführt und mit praktischen Vorschlägen zur besseren Durchführung ergänzt.

Eine weitere Deutung des Scheiterns von Kolonialprojekten anderer Nationen in Nordamerika legte der Kolonialpromotor Edward Hayes vor, dessen Text wiederum Richard Hakluyt in seine umfangreiche Textsammlung von 1598–1600 aufnahm.[86] Hayes, der selbst ein Projekt in Neufundland plante, führte, wie schon andere Autoren, den ausbleibenden englischen Erfolg auf unlautere, nicht gottgefällige Motive zurück.[87] Er ging jedoch weiter und deutete die vergeblichen Versuche der Spanier und Franzosen als Teil der göttlichen Vorsehung. Hayes proklamierte einen göttlich legitimierten Anspruch der Engländer auf Nordamerika, und beschreibt diesen Weltteil als: »strongly defended on our behalf by the almighty hand of god withstandig the enterprises of other nations«.[88]

81 Hierbei handelte es sich entgegen dem Titel nicht um eine Übersetzung der Decaden des Petrus Martyr von Anghierra, sondern um eine Sammlung unterschiedlicher Quellen und Übersetzungen. Richard Eden, Decades of the New World or West India, London 1555. Zur Einordnung des Werkes vgl. Parker, Books, S. 36–45 u. John Parker, Richard Eden. Advocate of Empire, Minneapolis 1991; zum Vergleich Hakluyts und Edens: Mary C. Fuller, Making Something of it. Questions of Value in the Early English Travel Collection, in: Peter C. Mancall (Hg.), Bringing the World to Early Modern Europe. Travel Accounts and Their Audiences, Leiden 2007, S. 11–38.

82 Eden, Decades, S. 254.

83 Die Übersetzung wurde von John Florio unternommen. Hakluyt besorgte die Finanzierung und gilt als mutmaßlicher Autor des neuen Vorworts, vgl. Parker, Books, S. 104. Die Übersetzung fand Aufnahme in Hakluyts Sammelwerk: Divers Voyages 1582, darin das Vorwort, S. 121–129, der Reisebericht S. 129–208.

84 Ebd., S. 126 zur Passage und S. 127 zu Saguenay. Dies hat auch Richard Eden angedeutet, in: Eden, Decades, S. 254f.

85 Hakluyt, Divers Voyages, S. 127.

86 Siehe zu Edward Hayes Bericht Fuller, Voyages, S. 33–38 u. David Beers Quinn, England and the Discovery of America, 1481–1620. From the Bristol Voyages of the Fifteenth Century to the Pilgrim Settlement at Plymouth; the Exploration, Exploitation, and Trial-and-Error Colonization of North America by the English, London 1974, S. 225–236.

87 Auf diese Gemeinsamkeit verweist Fuller, Voyages, S. 36.

88 Edward Hayes, A Report of the Voyage attempted in the Jear 1583 by Sir Humphrey Gilbert, London 1583. Hier zitiert nach: Ian W. Archer/F. Douglas Price (Hg.), English Historical Documents 1558–

Bemerkenswert ist bei dieser Deutungsart, dass Kolonisten fremder Mächte wenig Einfluss auf Gottes Wirken haben, die englischen aber durch ihr Verhalten entweder seinen Zorn auf sich ziehen oder seine Gnade gewinnen können. Frobisher und Cartier haben somit beide einen Platz in einer von Richard Hakluyt und anderen englischen Autoren verbreiteten Erzählung vom englischen Aufstieg zur Kolonialmacht zugewiesen bekommen, während ein vergleichbarer französischer Blick auf die englischen Expansionsprojekte bis 1600 ausblieb.

Historiografischer Ausblick

In der Historiografie zu Cartier, Frobisher und ihren Expeditionen lässt sich eine klare Tendenz ausmachen. Das Scheitern wird als solches benannt, aber relativiert. Hierfür führen Autorinnen und Autoren einerseits Sündenböcke an, um die in ihren Werken als Protagonist fungierende Führungsperson nicht zu diskreditieren – so im Falle Cartiers durch Schuldzuweisung an Roberval.[89] Andererseits kann Scheitern auch durch Hervorheben von Leistungen des Protagonisten relativiert werden. James McDermott, Experte für Frobisher und dessen Expeditionen, folgt beispielsweise weitgehend der Gesamtwertung der zeitgenössischen Reiseberichte.[90] Das Befahren gefährlicher arktischer Gewässer und die Rückkehr unter geringen Verlusten sieht er als herausragende Leistung, der er in seiner bis heute maßgeblichen Monografie offene Anerkennung nicht versagt. Da das Klima als Ursache des Scheiterns sich der Handlungsmacht Frobishers und Cartiers entzog, lassen sich beide von persönlicher Verantwortung freisprechen.

So konnten beide Akteure schon im 19. Jahrhundert als heroische Figuren in übergreifende Narrative eingebunden werden. Die kanadische Historiografie im Québec machte Cartier zu einer katholischen, frankophonen Identifikationsfigur, was sich im 19. Jahrhundert in einer zeitweiligen *Cartiermania* niederschlug.[91] Martin Frobisher wiederum stand zwar im Schatten von Francis Drake und Walter Raleigh, nahm aber seinen Platz unter den *Sea Dogs* ein, die als erfolgreiche Freibeuter und Verteidiger gegen die spanische Armada zum Anknüpfungspunkt einer Geschichte Englands als See- und Kolonialmacht wurden. Hierfür spielte sicherlich eine Rolle, dass Frobisher durch Hakluyts Textsammlungen und deren Neuauflagen stetig präsent blieb. Diese Texte werden als zentrale Beiträge und Bezugspunkte zur Genese einer prokolonialen Leitidee bewertet: »They made England want to become the British Empire.«[92] Für beide Akteure ist bezeichnend, dass die zeitgenössischen Reiseberichte, in mehreren Neuauflagen verbreitet, bis in die Gegenwart die

1603, London 2011, S. 602. Der Volltext ist in einer älteren Ausgabe verfügbar: David Beers Quinn, Voyages and Colonising Enterprises of Sir Humphrey Gilbert, Bd. 2, London 1940, S. 385–423. Eine ähnliche Interpretation von Walter Raleghs Reiseberichten bietet Burghartz, Erfolg, S. 313–316.

89 Vgl. bspw. Charles Bourel de La Roncière, Jacques Cartier, Paris 1984, S. 36; Trudel, Histoire, S. 167f. u. S. 175. Vgl. die populärwissenschaftlichen Biografien: Andre Berthiaume, Jacques Cartier, L'inaccessible Royaume, Montreal 1996; Mario Beunat/Claude Mossé/Hortense Chabrier, Jacques Cartier, L'aventurier exemplaire, Paris 1984; vgl. die negative Darstellung Robervals im Dictionary of Canadian Biography, Vol. 1, 1966. Dies ist nach Gordon, Hero, S. 115, typisch.

90 James McDermott, »A Right Heroicall Heart«. Sir Martin Frobisher, in: Symons/Alsford, Meta Incognita, S. 55–118, hier S. 80 u. McDermott, Voyage, S. 19–54, speziell S. 51f.

91 Gordon, Hero, S. 6f. u. 36.

92 Trow, Frobisher, S. 109. Zur Verortung der Frobisher Reisen und ihrer Rezeption in einer Geschichte des britischen Empiregedankens siehe die auf eine breite Quellengrundlage gestützte Studie: Reimer, England, S. 73–75 u. Parker, Books, S. 75–102.

Grundlage für biografische Darstellungen bilden, teilweise mit Anspruch auf historische Genauigkeit, teilweise auch mit Zeichnungen im Comicstil oder fiktionalen Szenen ausgeschmückt.[93]

Die verbreiteten positiven Deutungen wurden im 20. Jahrhundert von einer zunehmend professionalisierten Geschichtswissenschaft zwar kritisch beleuchtet, doch zu einer wirklichen Neubewertung kam es kaum. Erst in den letzten zehn Jahren ist eine Gegenbewegung erkennbar, deren Protagonisten die bisherigen Wertungen anzweifeln und aufgrund der bekannten Quellengrundlage entweder Roberval rehabilitieren oder Frobisher als Betrüger entlarven wollen.[94] Problematisch ist allerdings in beiden Fällen, dass sie noch immer auf die Führungspersonen der Expeditionen fokussiert sind.

Fazit

Scheitern nicht als Tatsache, sondern als kontextabhängige Zuschreibung zu betrachten, war die Prämisse dieses Beitrages. Es zeigte sich, dass bereits die unmittelbaren Reaktionen auf beide oft pauschalisierend als gescheitert bewerteten Expeditionen unterschiedliche Deutungen aufweisen, je nachdem ob Vorwürfe erhoben, Rechtfertigungen gegeben oder Leistungen herausgestellt werden sollten. Die Expeditionen wurden nie zweckfrei thematisiert, sodass sich auch im synchronen und diachronen Vergleich verschiedene und veränderliche argumentative Strategien erkennen lassen. Zu diesen gehörte eine transzendentale Deutung der Ereignisse, die jedoch vom Handeln der Akteure nicht immer unabhängig war und den Reisenden die Wahl zwischen richtigem und falschem Verhalten zuschrieb. Schon zeitgenössisch trat dabei eine Fokussierung auf Individuen in den Vordergrund, die durch die Schilderung ihres Verhaltens in gefährlichen Situationen heroisiert wurden.

Insgesamt erscheint das koloniale Unternehmen Frobishers in der englischen Selbsteinschätzung als Versuch, der Grundlagen für zukünftige Erfolge gebracht habe.[95] Dies bot für die spätere Geschichtsschreibung zur englischen Kolonialgeschichte wiederum Anknüpfungspunkte, die bis ins 20. Jahrhundert hinein aufgegriffen wurden. Fremdes Scheitern hingegen wurde von englischen Autoren klarer als solches benannt und zur Untermauerung eigener Kolonialprojekte argumentativ nutzbar gemacht.

Vergleicht man dies mit der französischen Rezeption, fällt zunächst die wesentlich schmalere Quellengrundlage auf. Dies betrifft aber nicht nur die Expeditionen selbst, sondern auch die Menge an Schrifttum, das sie auswertet und in argumentative Kontexte einbettet. Es scheint, dass die Cartier/Roberval-Expedition lange auf ihr negatives, sprichwörtliches Ergebnis reduziert blieb und in der Wahrnehmung hinter ihren beiden Vorläufern zurücktrat. Weitere Rückschläge an anderen Orten verdichteten diesen negativen Eindruck im Verlauf des 16. Jahrhunderts zu einem Gesamtbild, das nicht durch eine mit England vergleichbare Promotionsliteratur gebrochen wurde. Dies blieb allerdings nicht so, denn im 17. Jahrhundert erhielten Cartiers Expeditionen eine wichtige Rolle in der Begründung eines französischen Anspruchs auf Nordamerika und als Lektion in den Schriften Marc Lescarbots.

93 Vgl. exemplarisch die populärwissenschaftliche Arbeit von Peter Dawlish, Martin Frobisher, London 1956 und die Darstellung mit fiktionalen Elementen: Robert Steven Ruby, Unknown Shore. The Lost History of England's Arctic Colony, New York 2001.

94 So Allaire, Rumeur, S. 15 u. S. 145–147; vgl. Auger, Crook, S. 12–17 und Alan Haynes, Walsingham. Elizabethan Spymaster and Statesman, Sutton 2007, S. 38.

95 Zur Präsentation von »Scheitern« als Grundlage zukünftiger Erfolge siehe: Burghartz, Erfolg.

Der Rezeption beider Expeditionen ist gemeinsam, dass die Differenz zwischen Erwartung und Ergebnis kaum ursächlich auf den primären Akteur bezogen wurde. Als Ursache benannten die Autoren Umstände, die sich der Handlungsmacht des Protagonisten entzogen, wie das Wetter, oder sie führten einen Sündenbock ein. Dies war gerade für spätere Biografen anschlussfähig, die so eine offenbar gescheiterte Expedition in ihre Darstellung aufnehmen konnten, ohne ihren Protagonisten zu kritisieren.

Abschließend ist festzuhalten, dass ein Blick auf Scheitern als kontextgebundener Zuschreibung neues Licht auf Quellen werfen kann, die bereits seit langem als Grundlage zur Rekonstruktion von Ereignissen verwendet werden. So lassen sich unterschiedliche Narrationen oder Deutungen scheinbar offensichtlichen Scheiterns sowie darauf aufbauende historiografische Traditionen erkennen.

■ Marietta Meier

Endstation

Scheitern in der Psychiatrie

1917 infizierte Julius Wagner-Jauregg neun Patienten der Niederösterreichischen Landesheil- und Pflegeanstalt für Nerven- und Geisteskranke mit dem Blut eines Malariakranken. Die Patienten litten alle an Progressiver Paralyse, einem Spätstadium der Syphilis, die sich in fortschreitender Demenz, Wahnvorstellungen und Persönlichkeitsstörungen manifestierte. Da die Therapie, die die körpereigenen Abwehrkräfte gegen die syphilitische Infektion stimulieren sollte, weit positivere Effekte zeigte als frühere Behandlungsversuche, setzte sie sich in den psychiatrischen Kliniken Europas und Nordamerikas schnell durch. Bald wurde die Methode auch bei anderen Diagnosen angewandt.

Nach der Malariakur wurde eine ganze Reihe weiterer Therapien entwickelt, die schwere psychische Störungen heilen sollten. Die Einführung dieser »großen somatischen Kuren« war ein Meilenstein, vertrieb sie doch den »therapeutischen Nihilismus«, der sich seit dem Ende des 19. Jahrhunderts in der Psychiatrie breitgemacht hatte. »An die Stelle des Dogmas von der Unheilbarkeit der Geisteskrankheit, an Stelle des resignierten Hütens und Pflegens der Kranken« trat nun, wie es noch in einem Handbuch von 1952 heißt, »der Glaube an therapeutische Möglichkeiten«.[1]

Seit der Zwischenkriegszeit sollten also psychiatrische Kliniken für immer weniger Patientinnen und Patienten Endstation bedeuten. Was aber, wenn Behandlungen doch nicht die erwünschte Wirkung zeigten, wenn jemand in der Anstalt bleiben oder stets aufs Neue eingewiesen werden musste? Wann hielt man eine Therapie für gescheitert, wann galt ein Patient als »unheilbar«, eine Situation als hoffnungslos? Was veränderte sich, wenn eine neue Therapie aufkam?

Der folgende Beitrag geht von der These aus, dass sich mit neuen medizinischen Behandlungsoptionen nicht nur die Formen und Bedingungen des Scheiterns wandeln, sondern auch die Art und Weise, wie Scheitern wahrgenommen und gedeutet wird. Mit der Einführung der Malariakur hat sich Scheitern in der Psychiatrie grundlegend verändert. Scheitern heißt, dass etwas misslingt. Misslungen ist aber nur, was als misslungen gilt. Die Unterscheidung zwischen Zeichen und Interpretation wirkt im medizinischen Kontext schnell zynisch: Wenn ein Patient an den Folgen einer Operation stirbt, scheint es problematisch zu fragen, ob der Eingriff gescheitert sei. Das Selbstbild der Medizin gründet auf Therapie. Heilsversprechen und Heilung, sie sind die Triebfedern ärztlichen Handelns. Niemand will, dass medizinische Bemühungen scheitern. Trotzdem kann nur gelingen, was auch scheitern kann. Ebenso wenig, wie sich Leben ohne Tod oder Gesundheit ohne Krankheit denken lässt, gibt es in der Medizin Therapien, die stets gelingen und keine Nebenwirkungen aufweisen. Für ein Individuum hat medizinisches Scheitern deshalb oft schwerwiegende, manchmal gar tödliche Folgen. Auf einer übergeordneten Ebene lässt sich allerdings, so die Erwartung, aus Misserfolgen lernen und neues Wissen gewinnen. Ob etwas als Erfolg oder Misserfolg bezeichnet wird, hängt also nicht nur vom Bewertungs-, sondern auch vom Beobachtungsmaßstab ab.

1 Max Müller, Die körperlichen Behandlungsverfahren in der Psychiatrie. Ein Lehr- und Handbuch, Bd. I: Die Insulinbehandlung, Stuttgart 1952, S. III.

Dass Scheitern auch in der Medizin mit Wertvorstellungen, Machtverhältnissen, Selbst- und Fremdbildern zusammenhängt,[2] zeigt sich in der Psychiatrie besonders deutlich. Noch mehr als die anderen medizinischen Disziplinen sei die Psychiatrie, so eine medizinische Fachzeitschrift von 1959, durch ein sich wandelndes Menschenbild geprägt, das sie ihrerseits wieder »mitbeding[e]«. Schließlich sei ihr Untersuchungsgegenstand, »die menschliche Psyche, [...] ja nicht ein körperliches Organ, auch nicht ein experimentell erfassbares Funktionssystem, sondern [...] letzten Endes der Mensch selber in seiner Eigenschaft, sich als soziales Wesen zu bewähren oder zu versagen«.[3] Dieser Hinweis macht deutlich, dass aus zeitgenössischer Sicht in der Psychiatrie nicht nur Therapien, sondern auch Existenzen und Menschen scheitern konnten. Aus historischer Sicht gilt es deshalb zu analysieren, was Scheitern meinte: Wer entschied aufgrund welcher Kriterien, was misslang und was gelang? Welchen Lauf nahm ein Prozess, der im Nachhinein als Scheitern bezeichnet wurde? Welche Folgen hatte er? Wie veränderten sich die Bedingungen, die Formen, die Wahrnehmungs- und Deutungsmuster des Scheiterns im Wandel der Zeit?

Im Folgenden werden diese Fragen aus drei Perspektiven analysiert. In einem ersten Schritt wird die Krankengeschichte einer Patientin erzählt, die 1940 in eine psychiatrische Klinik eingewiesen wurde. Judith Kramer konnte die Anstalt nach kurzer Zeit wieder verlassen, wurde aber bald darauf ein zweites und schließlich ein drittes Mal hospitalisiert. Obwohl eine Malariakur und viele weitere Therapien durchgeführt wurden, verschlechterte sich ihr Zustand schnell. Judith Kramer entwickelte sich zu einer »unheilbaren«, »schwierigen« Patientin und verbrachte den Rest ihres Lebens in der Psychiatrie.

Im zweiten Teil wird untersucht, wie Judith Kramers Lebens- und Krankengeschichte beurteilt wurde – was die Patientin, ihre Familie, ihre Ärzte und Pflegerinnen für geglückt oder misslungen hielten, worauf sie Erfolg und Misserfolg zurückführten, welche Folgen ihr Urteil hatte und wie sich die Ergebnisse dieser Analyse kontextualisieren lassen.

In einem dritten Schritt wird die Entwicklung der psychiatrischen Therapeutik skizziert. Nach einem Überblick über die Behandlungsverfahren, die von der Zwischenkriegszeit bis zum Ende der 1960er Jahre angewandt wurden, wird untersucht, wie die Folgen therapeutischer Bemühungen beurteilt, dargestellt und begründet wurden.

Der letzte Teil fragt nach Wandlungsprozessen. Judith Kramer verbrachte fast 55 Jahre in der Psychiatrie. Wird ihre lange Krankengeschichte mit anderen Fällen verglichen, fällt auf, dass man bis zu den 1960er Jahren nur über das Scheitern von Dingen und Drittpersonen sprach. Persönliche Fehlschläge wurden erst ab den 1970er Jahren thematisiert, erst dann wurde Scheitern Teil einer ›normalen‹ Lebensgeschichte und des eigenen Selbst. In der Psychiatrie entwickelte sich also Scheitern im Laufe des 20. Jahrhunderts – so das Fazit des Beitrags – zunehmend von einer Figur des Dritten zu einer Subjektivierungspraxis.[4]

2 Stefan Zahlmann, Sprachspiele des Scheiterns. Eine Kultur biographischer Legitimation, in: ders./Sylka Scholz (Hg.), Scheitern und Biographie. Die andere Seite moderner Lebensgeschichten, Gießen 2005, S. 7–31, hier S. 7.

3 Gaetano Benedetti, Wandlungen des Menschenbildes in der Psychiatrie, in: Schweizerische Medizinische Wochenschrift 89 (1959), S. 751–755, hier S. 751. Für neuere Publikationen von Psychiatern zum Thema Scheitern siehe beispielsweise Christian Scharfetter, Scheitern. In der Sicht auf Psychopathologie und Therapie, Sternenfels 2012; Daniel Hell, Besser scheitern, in: Tages Anzeiger, 22.10.2013, http://www.tagesanzeiger.ch/leben/gesellschaft/Besser-scheitern/story/14766138 (letzter Zugriff 10.10.2014).

4 Unter Subjektivierung werden im Folgenden Prozesse verstanden, in denen sich Individuen als Subjekt konstituieren bzw. konstituiert werden. Siehe dazu S. 40.

Judith Kramer: Von der »hochintelligenten« Studentin zum »schizophrenen Defektzustand«[5]

Am 27. Juni 1945 kam eine neue Patientin in die Rheinau – eine psychiatrische Heil- und Pflegeanstalt, die auf einer Rheininsel im Norden der Schweiz lag. Judith Kramer wurde von einer Pflegerin aus Basel begleitet. Der Arzt, der die beiden in Empfang nahm, legte eine Akte an und hielt unter der Rubrik »Aufnahmestatus« fest:

> *»Pat.[ientin] ist ein kleines, schmächtiges, blass aussehendes Persönchen, das an ihrem Plätzchen ganz gleichgültig dasitzt und erst als man sich an sie wendet ziemlich lebhaft zu sprechen anfängt. Sie sei schon wieder in eine Anstalt verbracht, obwohl sie seit Jahren für ihre Freiheit kämpfe. Sie werde nicht arbeiten, sie möchte ihre Bücher haben und weiter ihre Philologie studieren. Trotzdem sich Pat.[ientin] gegen die Verbringung nach Rheinau äussert, geht sie ohne weiteres auf die Abteilung. Man hat den Eindruck, es wird sich um eine recht schwierige Pat.[ientin] handeln.«*[6]

Judith Kramer kam 1900 in Hamburg zur Welt. Sie war das letzte Kind einer begüterten jüdischen Kaufmannsfamilie. Nach dem Abitur begann sie auf Wunsch des Vaters Jura zu studieren, entschied sich dann aber für ein Sprachstudium, um später als Lehrerin zu arbeiten. 1932 kam sie von diesem Plan ab. Sie setzte ihr Studium fort, schloss jedoch nie ab. Als Judith Kramers Eltern 1934 aus Angst vor den Nationalsozialisten auswanderten, ließ sich die jüngste Tochter in Basel nieder. Sie wurde von einem Onkel finanziell unterstützt, brauchte das Geld aber vor allem für Arztrechnungen. Der Onkel fand seine Nichte »faul« und versuchte, sie »an eine praktische Arbeit zu gewöhnen«. Er meldete sie 1939 für einen Säuglingspflegekurs an, »wo sie sich gar nicht einfügte und nach 8 Tagen zurückgenommen werden musste«. Dann sollte Judith Kramer eine Kochfachschule besuchen. Dort engagierte sie sich kaum und nahm nicht regelmäßig am Unterricht teil, schnitt jedoch beim Schlussexamen trotzdem recht gut ab. Kurz darauf fehlte Judith Kramer eines Morgens am Frühstückstisch. Als eine Dienstbotin nachsah, erklärte sie, sie fühle sich schlecht und könne nicht essen.[7]

Da Judith Kramer eine ganze Woche nichts zu sich nahm, wurde sie ins Bürgerspital Basel und von dort zwei Tage später in die Psychiatrische Universitätsklinik Friedmatt eingewiesen, wo sie

5 Psychiatrische Klinik Rheinau, KA-Nr. 9411. Der Fall wurde anonymisiert, der Name der Patientin ist ein Pseudonym. Die Einsicht in die Aktenbestände der Psychiatrischen Klinik Rheinau und weiterer psychiatrischer Kliniken erfolgte mit einer Bewilligung der Expertenkommission für das Berufsgeheimnis in der medizinischen Forschung, der Gesundheitsdirektion des Kantons Zürich sowie der betreffenden Kliniken. Die Akten wurden im Rahmen einer Studie zur Geschichte der Psychochirurgie untersucht. Vgl. Marietta Meier, Spannungsherde. Psychochirurgie nach dem Zweiten Weltkrieg, Göttingen 2015. Judith Kramers Akte wurde für diesen Beitrag ausgewählt, weil die Patientin über einen sehr langen Zeitraum hinweg hospitalisiert blieb. Die Fokussierung auf einen Einzelfall bot den Vorteil, die komplexe Fragestellung im Rahmen eines Aufsatzes verfolgen zu können, ohne ständig weitere Fälle und Zitate aus anderen Krankenakten und publizierten Quellen aus verschiedenen Sprach- und Kulturräumen anzuführen. Zur Reduktion der Komplexität wurde auch darauf verzichtet, auf die möglichen Einflüsse von sozialen Kategorien wie Geschlecht oder Schichtzugehörigkeit einzugehen. Im letzten Abschnitt des Beitrags wird ein zweiter Fall skizziert, der Judith Kramers Fall in gewissen Punkten sehr ähnlich ist, sich in anderen hingegen deutlich von diesem unterscheidet. Siehe dazu S. 41.

6 Psychiatrische Klinik Rheinau, KA-Nr. 9411, S. 1, Eintrag vom 27.6.1945.

7 Ebd., S. 5f., Auszug aus der Krankenakte der Heilanstalt Friedmatt, Basel.

»zur Appetitanregung täglich Insulin« erhielt. Laut Krankengeschichte wehrte sich Judith Kramer sehr gegen die Injektionen. Sie habe »das Gefühl, als sollte sie hier schizophren ausgebildet werden, um sie für die Anstalt zuzurichten. [...] Man bezwecke wohl damit eine Bewusstseinsänderung, die sie ev. in ganz gegenständlichem Sinne normalisieren solle, die sie aber de facto von ihrer eigenen Wirklichkeit abbringe.« Die Ärzte kamen zu dem Schluss, dass Judith Kramer seit vielen Jahren an einer »Schizophrenia simplex« leide, die nun »in eine akutere Phase [...] mit Stupor, Sperrungen« und »paranoiden Reaktionen« eingetreten sei.[8]

Im Anamnesegespräch erzählte Judith Kramer, dass sie immer gearbeitet habe; als sie nach einem Zerwürfnis mit den Eltern ausgezogen sei, habe sie sogar Nachhilfestunden gegeben. Die Kochschule habe sie nur besucht, weil der Onkel seine Zahlungen eingestellt habe und ihr Freunde klar gemacht hätten, dass sie ohne Geld und Arbeitserlaubnis bald Probleme mit der Fremdenpolizei bekommen werde.[9]

In der Anstalt war die Patientin laut Krankengeschichte »anfänglich schwer zu halten«. Judith Kramer »lag im Bett, verweigerte jede Nahrungsaufnahme, musste mit der Sonde gefüttert werden, gegen die sie sich mit aller Energie und Kraftaufwand wehrte, weinte, schrie.« Nach einiger Zeit begann sie zwar etwas zu essen, ließ sich aber »von den Pflegerinnen nichts sagen, kommandierte sie recht arrogant, behandelte die Abteilungsärztin als jüngeres Mädchen (›Liebes Kind, das verstehen Sie nicht‹), beklagte sich über allzu grobe, allzu einfache Behandlung, sie sei an eine differenziertere gewohnt, stünde auf einer ganz anderen Ebene als die Ärzte und das Personal, arbeitete nichts.«[10]

Als Judith Kramer nur noch 40 Kilogramm wog, entschieden sich die Ärzte für »eine konsequente Sondenfütterung«. Nachdem die Patientin an Körpergewicht zugenommen hatte, führte man eine Insulinkur durch. Judith Kramer wurde »psychisch freier, zugänglicher, affektiv lebhafter, sichtlich verändert«, fiel aber nach einigen Tagen »wieder in ihren alten katatonen Zustand zurück, nässte das Bett, schwamm oft direkt im Urin.« Sie war »auf die meisten Pflegerinnen paranoid eingestellt, [v]erweigerte deshalb meist die Nahrung, [...] überschüttete die Pflegerinnen mit den unflätigsten Schimpfnamen, kratzte, kniff und teilte Fusstritte aus.« Da Judith Kramer dem Stationsarzt erklärte, »dass sie in diesem Milieu vollständig verblöde«, an einem anderen Ort aber »ganz anders sein« könnte, wagten die Ärzte nach sechs Monaten eine Entlassung. Anfang Juli 1940 kehrte Judith Kramer in ihre Unterkunft zurück.[11]

In der Pension ging es Judith Kramer ein paar Monate »ganz ordentlich«. An einem Morgen stand sie jedoch plötzlich wieder nicht mehr auf. Sie wurde in eine private psychiatrische Klinik eingewiesen, wo man eine Katatonie diagnostizierte – eine Form von Schizophrenie, die sich vor allem durch psychomotorische Störungen äußert. Nach einer Insulin- und einer Elektroschockkur wurde die Patientin »etwas zugänglicher«. Im Frühling 1941 drängte ihr Onkel auf eine Entlassung – er war überzeugt, er könne die »schlechten Gewohnheiten« seiner Nichte »erzieherisch beseitigen«. Judith Kramer mietete sich bei einer Witwe ein. Einige Tage später wurde sie im militärischen Sperrgebiet der Reichsbahn aufgegriffen und im Juni 1941 erneut in die Friedmatt eingewiesen.

In der Klinik zeigte Judith Kramer laut Krankengeschichte einen »schwer katatone[n] Zustand«. »Im Stupor war die Pat.[ientin] völlig erstarrt in einer stereotypen Pose einer Denkerin.« Die Ärzte behandelten sie mit Elektroschocks, die sich positiv auswirkten. Dennoch sprach man

8 Ebd., S. 6–9.
9 Ebd., S. 8f.
10 Ebd., S. 9.
11 Ebd., S. 9f.

sechs Monate nach dem dritten Klinikeintritt von einem »chronische[n] Defektzustand«; Judith Kramer galt nun als »unheilbar«. Die Patientin war »völlig uneinsichtig, autistisch« und ließ sich »verwahrlosen«. In »akute[n] Zustände[n]« blieb sie im Bett, »verweigerte die Nahrung, war unzugänglich, aggressiv, zupfte beständig an den Mitpat.[ientinnen] herum, riss ihnen Haare aus, warf ihnen Gegenstände an, zog sich nackt aus, kroch stundenlang nackt auf dem Boden herum, schmierte, war ausgesprochen unrein.« In besseren Zeiten »fügte sich« Judith Kramer »der Anstaltordnung«, aß, arbeitete und nässte nicht ein. Sie hatte keinen Kontakt mit anderen Patientinnen oder Pflegerinnen, wollte aber ausführliche Gespräche mit den Ärzten führen.[12]

Im Sommer 1942 unterzog man Judith Kramer einer Schlaf- und einer Malariakur, die keinen Erfolg zeigten. Eine Zeit lang wurde die Patientin konsequent zur Arbeit angehalten. Da sie jedoch nur unter strenger Aufsicht arbeitete und keine befriedigenden Resultate erzielte, gab man auch diesen Versuch wieder auf. Mit Ausnahme der Elektroschocks, die bei stuporösen Zuständen zum Einsatz kamen, wurden in den folgenden drei Jahren keine Therapien mehr durchgeführt. Judith Kramer galt als »schwierige und undankbare« Patientin mit »wechselnde[m] Zustandsbild«: »hie und da explosiv, unrein, schwer zu halten, dann wieder etwas freier, freundlicher, zugänglicher«. 1944 konnte sie einige Wochen Urlaub bei einer Verwandten verbringen; nach ihrer Rückkehr war sie laut Krankengeschichte »wieder schwierig« und »[v]erblödete zusehends immer mehr«.[13]

Ende Juni 1945 wurde Judith Kramer von Basel in die Heil- und Pflegeanstalt Rheinau verlegt. Eine Woche später vermerkte ein Arzt in der Krankengeschichte, die Patientin wolle ihm keine Auskunft geben. Sie schimpfe nur, wenn man ihr Fragen stelle, und gehe nicht einmal auf Themen ein, die sie früher interessiert hätten: »Alle Freundlichkeit nützt nichts.« »Es handelt sich« – so sein Fazit – »um eine bereits sehr abgebaute, stark negativistische, autistische Schizophrene, die auf bisherige Behandlung kaum angesprochen hat.«[14]

Im Herbst 1947 heißt es in der Krankengeschichte:

> *»Patientin, die zur Zeit zu den am meisten gequältesten Geschöpfen unserer Anstalt gehört. Fühlt sich geknutet, gefoltert, gerädert, zerschlagen. Missmutig den ganzen Tag. Möchte immer die Abteilung wechseln, fühlt sich von den jeweiligen Pflegerinnen verfolgt. Dabei keine Spur von Einsicht. Nässt das Bett, den Boden neben dem Nachtstuhl und sogar Strümpfe und Schuhe. Absolut unbeeinflussbar. Jedes aufmunternde Gespräch fasst sie als gemeine Neckerei auf, so dass auch ein an sich ihren Fähigkeiten entsprechender intellektueller Kontakt nicht aufzunehmen ist.«*[15]

In den folgenden Jahren blieb Judith Kramers Zustand »im grossen ganzen unverändert«. Die Patientin wirkte verängstigt und lehnte jeden Kontakt ab, was auch ihre Behandlung erschwerte. Nach einer Lungenentzündung wurde vermerkt, sie sehe »schlecht« aus. Als sich die Armenpflege Basel 1950 erkundigte, ob die Patientin nach Deutschland zurückkehren könne, lehnten die Ärzte ab. Sie fanden, Judith Kramer sei zu schwach und in der Schweiz besser aufgehoben; zudem habe sie in Deutschland keine Verwandten mehr.[16]

Im Mai 1951 notierte der Stationsarzt, Judith Kramer sei »eine der am meisten geplagten und leidenden Pat.[ientinnen]«, sie fühle sich offenbar ständig verfolgt. Nach einem Gedankenstrich

12 Ebd., S. 10f.
13 Ebd., S. 11f.
14 Ebd., S. 12f., Eintrag vom 5.7.1945.
15 Ebd., S. 13, Eintrag vom 16.9.1947.
16 Ebd., S. 14, Einträge 23.9.1948–23.12.1950.

fügte er an, vielleicht lasse sich »dieser tragische Zustand durch eine Leukotomie beheben«.[17] Zwei Monate später wurde Judith Kramer in der Neurochirurgischen Klinik des Universitätsspitals Zürich zur Operation angemeldet. Der überweisende Arzt schrieb dem Klinikdirektor, der Zustand der Patientin lasse sich »von keiner Seite her« beeinflussen, »alle Compensationsmassnahmen« seien »erschöpft«; »selbst eine allgemeine Passivierung wäre »bereits als Erfolg anzusehen«.[18]

Ende Juli 1951 wurde Judith Kramer einer präfrontalen Leukotomie unterzogen, einem operativen Eingriff, bei dem Verbindungen zwischen Stirnhirn und Thalamus durchtrennt wurden. Einige Monate später vermerkte der Arzt in ihrer Krankengeschichte, die Patientin sei seit der Operation vielleicht »etwas ruhiger« geworden. Ansonsten lasse sich aber kein positiver Effekt erkennen, »die affective und intellectuelle Seite der psychotischen Alteration« hätten sich nicht verändert.[19]

Gemäß Krankengeschichte zeigte Judith Kramer in den nächsten Jahren wenig Antrieb. Sie wurde nun mit Neuroleptika behandelt, litt aber nach wie vor unter Halluzinationen, gelegentlich auch unter Erregungszuständen. Noch in den 1980er Jahren vermerkten die Ärzte, Judith Kramer sei eine »[s]ehr zurückgezogene Pat.[ientin], die immer in ihrer abgekapselten Welt« lebe und offenbar weiterhin halluziniere. Wenn man sie anspreche, antworte sie »nur kurz, meist inadäquat und unverständlich«.[20] Im einzigen Eintrag aus dem Jahr 1987 heißt es: »Typisch katatone Pat.[ientin], die zwar hochdeutsch spricht, sich aber nicht so anreden lassen will. Die frühere Philologin scheut ebenfalls das Wasser und riecht, ebenso wie ihr Zimmer, dementsprechend. Daneben lebt sie von täglichen kleinen Zankereien mit der Tischnachbarin«.[21] 1993 wurde an einer Teamsitzung »die Biographie und die Krankheitsgeschichte der Pat.[ientin] aufgerollt« und entschieden, die Psychopharmaka abzusetzen. Judith Kramers Zustand blieb stabil. Als sie im Alter von 95 Jahren starb, hatte sie fast 55 Jahre in der Psychiatrie verbracht.

Was scheitern kann: Die Figur des Dritten

In Judith Kramers Krankengeschichte ist viel von Misserfolg, aber kaum von Erfolg die Rede. Der Onkel der Patientin war der Meinung, die Erziehung seiner Nichte sei gescheitert, weil die Eltern ihre Tochter zu sehr verwöhnt hätten. Aus seiner Perspektive war Judith Kramer eine gescheiterte Frau aus gutem Haus, die nicht geheiratet und keine Ausbildung abgeschlossen hatte und es für selbstverständlich hielt, dass sie finanziell unterstützt wurde, das Geld aber in erster Linie für unnütze Arztbesuche ausgab. Als sich Judith Kramers Zustand während des zweiten Klinikaufenthalts nicht deutlich besserte, fand der Onkel, die Ärzte hätten versagt, und wollte seiner Nichte die »schlechten Gewohnheiten« selbst austreiben.

Obwohl die Psychiater den Onkel als wichtigste »Referenzperson« für Judith Kramers Anamnese betrachteten, hielten sie ihn ab diesem Moment für »völlig uneinsichtig«. Auch sie waren allerdings der Meinung, Judith Kramer habe versagt, weil sie – »interesse- und ziellos« –[22] ihr Studium nicht beendet hatte und ihren Lebensunterhalt nicht selbst bestritt. In der Klinik versuchten die Ärzte und das Pflegepersonal über Jahre hinweg, die Patientin in die »Anstaltsordnung

17 Ebd., Eintrag vom 10.5.1951.

18 Ebd., S. 15, Eintrag vom 24.7.1951; Schreiben eines Assistenzarztes an den Chefarzt der Neurochirurgischen Klinik des Universitätsspitals Zürich, 24.7.1951.

19 Ebd., S. 15, Eintrag vom 12.12.1951.

20 Ebd., S. 24, Eintrag vom 28.3.1983.

21 Ebd., S. 25, Eintrag vom 1.1.1987.

22 Ebd., Aktennotiz vom 4.11.1976.

einzupassen«, sie zum Essen zu bringen, zur Arbeit anzuhalten und mit ihr Kontakt aufzunehmen. Diese Bemühungen schlugen immer wieder fehl. Die Psychiater schätzten Judith Kramer als »ursprünglich hochintelligent«[23] ein und versuchten in Gesprächen an Themen anzuknüpfen, die sie früher interessiert hatten, konnten die Patientin aber für nichts begeistern. Judith Kramer bereitete in der Klinik schwere Probleme; in der Krankengeschichte wird sie oft als unfreundlich, »uneinsichtig« und überheblich bezeichnet.

Die Patientin selbst vertrat einen völlig anderen Standpunkt: Den Gesprächsprotokollen zufolge sah sie nicht ein, weshalb der vermögende Onkel Mühe damit bekundete, sie finanziell zu unterstützen, weshalb sie eine Ausbildung abschließen und einer praktischen Erwerbsarbeit nachgehen sollte. In ihren Augen hatte sie weder an der Universität noch im Beruf Schiffbruch erlitten. Dass sie ihr Studium nicht abgeschlossen hatte, führte sie auf die politische Situation in Deutschland zurück. »Völlig resigniert« habe sie, wie es in der Anamnese heißt, »erst seit der Machtergreifung des Nationalsozialismus«: »Es sei ja damals allen so gegangen, man habe von einem Tag auf den andern leben müssen. Studierte einfach weiter und dachte, irgendwann einmal ein Examen zu machen. Einen festen Termin hatte sie sich nicht vorgenommen.«[24]

Einen klaren Fehlschlag stellten für Judith Kramer hingegen die Hospitalisierungen dar. Abgesehen davon, dass sie gegen ihren Willen in die Klinik gekommen war, hielt sie die meisten Ärzte für inkompetent. Die Pflegerinnen erfüllten ihre Erwartungen erst recht nicht, die Mitpatientinnen stießen sie ab. Aus den Notizen der Psychiater geht deutlich hervor, dass sich Judith Kramer von niemandem verstanden fühlte. Die Patientin verfasste auch mehrere Briefe, in denen sie über das Leben in der Anstalt klagte. »Ich krepiere hier nur noch«, schrieb sie 1945 beispielsweise an eine Verwandte in England.[25] Ihres Erachtens wurde nicht einmal ihre Furcht vor dem Nationalsozialismus verstanden. Die Ärztin, die im Januar 1940 die erste psychiatrische Anamnese aufnahm, vermerkte zwar, dass Judith Kramers Angst einen realen Hintergrund habe, fügte jedoch bei, die Patientin projiziere die Verbrechen der Nationalsozialisten auf sich selbst. Im Protokoll des Gesprächs heißt es, Judith Kramer glaube, sie werde von Kräften zerbrochen, die »vom Nationalsozialismus« ausgingen: »Es sei ja möglich, dass dies nicht ganz stimme, aber man müsse begreifen, dass die nationalsozialistischen Kräfte für sie eine furchtbare Realität seien.« »Erzählte dann« – so der Kommentar der Ärztin – »ganz anschaulich von Raufereien in der [...] Universität, wie sie kurz vor und nach dem Umschwung wirklich an der Tagesordnung waren, in die sie aber weder aktiv noch passiv verwickelt war, sondern die sie als Zuschauerin erlebte.«[26]

Vergleicht man Judith Kramers Fall mit anderen Krankenakten, lassen sich zwei Muster herausarbeiten:[27] Erstens verstand sich keineswegs von selbst, was in der Psychiatrie als Erfolg oder

23 Ebd., Schreiben eines Assistenzarztes an den Chefarzt der Neurochirurgischen Klinik des Universitätsspitals Zürich, 24.7.1951.

24 Ebd., S. 5, Auszug aus der Krankenakte der Heilanstalt Friedmatt, Basel.

25 Ebd., S. 13, Abschrift eines Briefes der Patientin vom 18.8.1945.

26 Ebd., S. 8, Auszug aus der Krankenakte der Heilanstalt Friedmatt, Basel. Im Laufe der Jahre fühlte sich die Patientin nicht mehr von den Nationalsozialisten bedroht, sondern – unter anderem – von ihrem Onkel und weiteren Verwandten. Auf die Frage, wie man in psychiatrischen Kliniken der Schweiz auf jüdische Patienten und Patientinnen aus Deutschland reagierte, kann im Rahmen dieses Beitrags nicht weiter eingegangen werden. Eine ausführliche Schilderung eines Einzelfalls findet sich bei Gregor Spuhler, Gerettet – zerbrochen. Das Leben des jüdischen Flüchtlings Rolf Merzbacher zwischen Verfolgung, Psychiatrie und Wiedergutmachung, Zürich 2011.

27 Der Vergleich beruht auf der Analyse von über 300 Krankenakten aus verschiedenen psychiatrischen Kliniken der Schweiz, die im Rahmen eines Projekts zur Geschichte der Psychochirurgie durchgeführt wurde. Vgl. Meier, Spannungsherde.

Misserfolg galt, worauf dieser beruhte und wo die Grenze zwischen Misserfolg, Versagen und Scheitern lag. Die Ansichten konnten weit auseinandergehen und sich auch diametral widersprechen. Auf den ersten Blick mögen Dissonanzen zwischen Patienten ohne »Krankheitseinsicht« und deren Umfeld vielleicht weniger überraschen als Meinungsunterschiede zwischen Angehörigen, Klinikpersonal und Behörden – einem Akteur, der im Fallbeispiel zwar kaum in Erscheinung tritt, seit dem Ende des 18. Jahrhunderts in der Psychiatrie aber insgesamt viel Gewicht hatte. Auf den zweiten Blick wird jedoch klar, dass Scheitern auch in der Psychiatrie eine Frage der Perspektive war (und ist). Was als Norm und als Abweichung gilt, welchem Ziel eine Therapie oder ein Klinikaufenthalt dienen soll und welche Erwartungen Ärztinnen, Pfleger, psychisch Kranke und deren Angehörige erfüllen sollen, versteht sich nicht von selbst. Zweitens fällt auf, dass in psychiatrischen Krankenakten meist vom Scheitern Dritter die Rede ist: Judith Kramers Onkel erklärte dem Arzt, seine Nichte sei von ihren Eltern »verwöhnt« worden, Judith Kramer beklagte sich bei den Psychiatern über die »allzu grobe, allzu einfache Behandlung« der Pflegerinnen, die Ärzte fanden den Onkel »völlig uneinsichtig«, das Pflegepersonal teilte den Ärzten mit, Judith Kramers Arbeiten seien »unbrauchbar«.

In der Psychiatrie sprach man also in der Regel über das Versagen anderer. In Krankengeschichten, Briefen oder Gutachten finden sich zahllose Stellungnahmen von Ärzten, Behörden, Pflegerinnen, Patienten, Verwandten und weiteren Akteuren, die das Leben und Verhalten anderer beurteilten und diese für Fehlschläge verantwortlich machten. Von eigenen Misserfolgen hingegen ist in psychiatrischen Krankenakten kaum die Rede. Den Quellen zufolge konfrontierte man andere auch selten mit ihrem Misserfolg. So fand Judith Kramers Onkel beispielsweise, die Ärzte könnten nicht mit seiner Nichte umgehen, bemerkte diesen gegenüber jedoch nur, er werde ihr die »schlechten Gewohnheiten [...] schon erzieherisch« austreiben.[28] Und das Klinikpersonal vermied offenbar, Judith Kramer auf Misserfolge in ihrem Leben anzusprechen, für die es sie Dritten gegenüber verantwortlich machte.

Akten aus psychiatrischen Kliniken vermitteln somit nicht den Eindruck, dass man Scheitern im 20. Jahrhundert per se tabuisiert hätte, sondern dass es lange ungewohnt war, mit oder vor anderen über eigene Fehlschläge zu sprechen. In Judith Kramers umfangreichem Dossier gibt es nur eine Stelle, in der jemand direkt mit dem Vorwurf konfrontiert wurde, versagt zu haben. Als Judith Kramer im Januar 1940 zum ersten Mal in eine psychiatrische Klinik kam, wurde ihre Anamnese erhoben. Die Ärztin, die das Aufnahmegespräch führte, stellte der neuen Patientin zunächst drei Fragen zu ihrem Lebenslauf und Gesundheitszustand. Nachdem Judith Kramer berichtet hatte, seit wann sie sich krank fühle, erkundigte sich die Ärztin als viertes, was ihr »jetziges Versagen verursacht« habe.

An dieser Stelle lässt sich im Gesprächsprotokoll ein klarer Bruch erkennen. Im Vergleich zu den ersten Fragen wirkt die Frage zu Judith Kramers Versagen völlig vage und unvermittelt. Keine der Frauen ging jedoch näher auf das angebliche Versagen ein. Aus dem Protokoll geht hervor, dass sich die Patientin keineswegs als gescheitert bezeichnete. Trotzdem wies sie die Frage nicht zurück, sondern begann genau an diesem Punkt, von den nationalsozialistischen Kräften zu sprechen.

Die Ärztin konfrontierte also Judith Kramer im Aufnahmegespräch zwar mit ihrem Versagen, änderte aber in diesem Moment die Fragetechnik. Hatte sie die Patientin zuvor als handelndes Subjekt angesprochen: »Seit wann fühlen Sie sich krank?«, fragte sie nun »Was hat Ihr jetziges Versagen verursacht?« und nicht: »Weshalb haben Sie versagt?« Judith Kramer ihrerseits ging darüber

28 Psychiatrische Klinik Rheinau, KA-Nr. 9411, S. 6, 9–11, Auszug aus der Krankenakte der Heilanstalt Friedmatt, Basel.

hinweg, dass die Ärztin ein undefiniertes Ereignis als persönliches Versagen darstellte, nahm jedoch zu den Ursachen dieses Ereignisses Stellung und erklärte, es sei auf Dritte zurückzuführen.[29]

Derselbe Mechanismus findet sich in den Notizen, in denen Ärzte die gescheiterten Bemühungen um Judith Kramer dokumentierten. Die Bemerkung »Alle Freundlichkeit nützt nichts«[30] zeigt exemplarisch, wie sich Psychiater über therapeutische Misserfolge äußerten: Im Kampf gegen Judith Kramers Krankheit scheiterten weder Ärzte, Pflegerinnen noch Bemühungen des Klinikpersonals oder die Psychiatrie, sondern Therapien, Kommunikationsversuche oder Maßnahmen – also Handlungen ohne Subjekt.

Auf diese Weise wurden psychiatrische Therapien zu einer Kategorie des Dritten, die zwischen Patient und Klinikpersonal, zwischen Krankheit und Gesundheit, zwischen Erfolg und Misserfolg oszillierte, ohne dass diese Unterscheidung thematisiert oder problematisiert worden wäre. Zu den unterschiedenen Größen Klinikpersonal – Patient, Gesundheit – Krankheit, Erfolg – Misserfolg trat die Unterscheidung wie ein Drittes hinzu, das aber im Dunkeln blieb.[31]

Was immer als gescheitert galt: Ehen, Karrieren, Therapien, Existenzen – sprach man in der Psychiatrie des 20. Jahrhunderts von Fehlschlägen, wurde auf ein Drittes zurückgegriffen, das binäre Codierungen ermöglichte, zwischen denen es zugleich vermittelte. Diese Figur des Dritten übernahm eine wichtige kommunikative Rolle, blieb aber als konstituierender Mechanismus unsichtbar. Mit der Figur des Dritten konnten Akteure ein konsistentes Selbstbild entwerfen und ihrem Handeln Sinn zuschreiben. Auch dem Kampf gegen psychische Störungen, der manchmal aussichtslos schien.

Eine Frage des Standpunkts: Die Wirkung psychiatrischer Therapien

Als das Team der Station 60B am 10. August 1993 in einer Sitzung Judith Kramers Krankengeschichte »aufrollte«, wurde »deutlich, dass die Patientin ein Stück Psychiatriegeschichte am eigenen Leib erfahren« hatte.[32] Judith Kramer war, wie es in ihrer Akte wiederholt heißt, eine »typische schizophrene Patientin«. Obwohl sie ab 1942 als chronisch schizophren galt, versuchten die Ärzte über viele Jahre hinweg, ihren Zustand zu verbessern. Weder Elektroschocks noch Malaria-, Schlaf- oder Insulinkuren konnten aber verhindern, dass sie zu einer der »schwierigsten« und »gequältesten« Patientinnen der Rheinau wurde, und man 1951 zu dem Schluss kam, dass als letzte Option nur noch die Leukotomie bleibe. Auch dieser Eingriff »brachte jedoch keine wesentliche Besserung«; die »schweren psychotischen Erregungszustände klangen«, wie es 1978 in einem Gutachten heißt, erst nach jahrelanger antipsychotischer Medikation »allmählich ab«.[33] Rückblickend hielten also die Ärzte fast jede Behandlung für gescheitert. Trotzdem wurde Judith Kramer im Laufe der Zeit einem breiten Spektrum von Therapien unterzogen, die – wie das Protokoll der Teambesprechung zeigt – medizinischen Fachleuten am Ende des 20. Jahrhunderts völlig fremd waren.

In den Augen einer Historikerin kann die Geschichte der psychiatrischen Therapeutik allerdings weder als Aneinanderreihung von Irrtümern noch als lineare Fortschrittsgeschichte erzählt werden. Weit gewinnbringender scheint eine Geschichte, die zeigt, weshalb Behandlungsverfah-

29 Ebd., S. 8.

30 Ebd., S. 13, Eintrag vom 5.7.1945.

31 Zur Figur des Dritten siehe beispielsweise Eva Esslinger/Tobias Schlechtriemen/Doris Schweitzer/Alexander Zons (Hg.), Die Figur des Dritten. Ein kulturwissenschaftliches Paradigma, Berlin 2010.

32 Psychiatrische Klinik Rheinau, KA-Nr. 9411, S. 25, Eintrag vom 10.8.1993.

33 Ebd., Gutachten an die Vormundschaftsbehörde der Gemeinde Rheinau, 8.3.1978.

ren aus zeitgenössischer Sicht gelingen oder scheitern und wie sich Perspektiven auf Erfolg und Misserfolg im Laufe der Zeit ändern.[34] Nicht zuletzt gesellschaftspolitisch produktiv scheint auch zu fragen, wie die Art und Weise, wie Gelingen und Scheitern wahrgenommen und gedeutet wird, mit den Formen und Bedingungen von Erfolg und Misserfolg zusammenhängt.

Ausgangspunkt dieses Beitrags war die These, dass Scheitern in der Psychiatrie seit der Einführung der Malariakur eine neue Dimension aufweist. Als sich nach dem Ersten Weltkrieg abzeichnete, dass Wagner-Jauregg eine erfolgreiche Therapie gegen die Progressive Paralyse gefunden hatte, kam in der Psychiatrie Hoffnung auf. In den folgenden Jahren wurde eine ganze Reihe weiterer Therapien entwickelt, die auf den Körper der Patienten zugriffen.[35] 1920 führte man die Schlafkur ein – eine Therapie, bei der man die Patienten während sechs bis zehn Tagen in Dauernarkose versetzte und intensiv pflegte, was sich positiv auf ihre therapeutische Beeinflussbarkeit auswirken sollte. In den 1930er Jahren kamen die Insulin-, die Cardiazol- und die Elektroschocktherapie auf, die auf der These beruhten, dass sich Psychosen durch künstlich ausgelöste epileptische Anfälle bessern oder sogar heilen ließen. Nach dem Ende des Zweiten Weltkriegs wurden Tausende von psychochirurgischen Eingriffen durchgeführt.[36] In den 1950er Jahren kamen schließlich die ersten Neuroleptika und Antidepressiva auf den Markt, die allerdings die »großen körperlichen Kuren« erst allmählich ablösten.

Fast alle dieser Therapien wurden in der klinischen Forschung entwickelt. Sie wirkten indirekt und beruhten zum einen auf »ein[em] gefühlsmäßige[n] Tasten ohne empirische und theoretische Grundlage«, zum anderen auf Versuchen, »in der Praxis beobachtete, an zufällig äußere Einwirkungen […] sich anschließende spontane Heilungsvorgänge künstlich nachzuahmen«. In den Augen zeitgenössischer Psychiater ließen sich aus diesem eklektizistischen Vorgehen jedoch keine negativen Schlüsse auf die Wirksamkeit der Therapien und die »Qualität der psychiatrisch-therapeutischen Forschung« ziehen.[37] Aus ihrer Sicht war die Einführung der somatischen Kuren ein entscheidender Wendepunkt. Ein Schweizer Psychiater schrieb beispielsweise 1930, die Bedeutung dieser Kuren lasse sich nur verstehen, wenn man die eng begrenzten therapeutischen Möglichkeiten zu Beginn des 20. Jahrhunderts kenne. Seit die somatischen Kuren »die Welt erobert« hätten, sei nämlich die »therapeutische Aktivität des Psychiaters […] keine leere, in der Luft schwebende Forderung ohne wirkliche Grundlagen und Mittel, sondern eine dringende Aufgabe

34 Vgl. zum Beispiel Viola Balz, Zwischen Wirkung und Erfahrung – eine Geschichte der Psychopharmaka. Neuroleptika in der Bundesrepublik Deutschland, 1950–1980, Bielefeld 2010; Marietta Meier/Brigitta Bernet/Roswitha Dubach/Urs Germann, Zwang zur Ordnung. Psychiatrie im Kanton Zürich, 1870–1970, Zürich 2007; Jack D. Pressman, Last Resort. Psychosurgery and the Limits of Medicine, Cambridge u. a. 1998, v. a. S. 414–442; Joel Braslow, Mental Ills and Bodily Cures. Psychiatric Treatment in the First Half of the Twentieth Century, Berkeley u. a. 1997, v. a. S. 5f.

35 Zur Geschichte der »großen körperlichen Kuren« und der Psychochirurgie siehe beispielsweise Hans-Walter Schmuhl/Volker Roelcke (Hg.), »Heroische Therapien«. Die deutsche Psychiatrie im internationalen Vergleich, 1918–1945, Göttingen 2013; Braslow, Mental Ills; Meier/Bernet/Dubach/Germann, Zwang zur Ordnung, Kapitel 2; Pressman, Last Resort; Mical Raz, The Lobotomy Letters. The Making of American Psychosurgery, Rochester, NY 2013.

36 Die Leukotomie, auch Lobotomie genannt, war bereits 1935 entwickelt worden, verbreitete sich aber erst nach dem Zweiten Weltkrieg. In der Folge wurden weltweit Zehntausende von Personen operiert, in erster Linie Patienten mit der Diagnose Schizophrenie. Neben der Leukotomie entstanden zahlreiche andere psychochirurgische Verfahren, die jedoch weit weniger Verbreitung fanden. Siehe dazu Meier, Spannungsherde, Kapitel 3; dies., Psychochirurgie. Eingriffe am Gehirn als Maßnahme gegen »asoziales« Verhalten, in: Meier/Bernet/Dubach/Germann, Zwang zur Ordnung, S. 235–270.

37 Max Müller, Prognose und Therapie der Geisteskrankheiten, 2. überarb. und verm. Aufl., Stuttgart 1949 [1930], S. 21.

und Pflicht« geworden.[38] Die neuen Verfahren erweiterten also nicht nur die Behandlungsoptionen der Psychiatrie, sie veränderten auch die therapeutische Grundhaltung, das Selbst- und das Fremdbild der Ärzte.[39] Mit der Einführung der somatischen Behandlungsverfahren mussten sich Psychiater nicht mehr mit dem Versuch begnügen, einen Krankheitsprozess positiv zu beeinflussen, sondern konnten aktiv in diesen eingreifen.

Wie Judith Kramers Beispiel zeigt, brachten die »großen körperlichen Kuren« allerdings oft nur kurzfristig oder gar keinen Erfolg. Obwohl sie schwerwiegende Nebenwirkungen zur Folge haben und gar zum Tod führen konnten, waren sie in der Psychiatrie lange die häufigsten somatischen Behandlungsformen. In der Hoffnung, bei möglichst vielen, auch scheinbar aussichtslosen Fällen noch einen Umschwung zu erreichen, wurden die somatischen Therapien oft intensiviert, über lange Zeitspannen hinweg angewandt oder miteinander kombiniert. Wenn Malaria-, Schlaf-, Insulin- und Elektroschockkuren nichts nützten, griff man auf die Psychochirurgie zurück. Die Leukotomie blieb zwar stets umstritten, weil sie Persönlichkeitsveränderungen zur Folge hatte, setzte sich aber nach dem Zweiten Weltkrieg als Therapie für »Unheilbare« durch, bei denen alle anderen Behandlungsverfahren versagt hatten.

Jede neue Therapie, die im Laufe des 20. Jahrhunderts aufkam, weckte also die Hoffnung, in Zukunft mehr Patienten helfen zu können. Jedes neue Verfahren förderte den Glauben an die therapeutischen Möglichkeiten einer Disziplin, die den Anspruch hatte, psychische Störungen heilen oder wenigstens bessern zu können. Die neuen Behandlungsoptionen veränderten aber nicht nur das Selbst- und Fremdbild der Psychiatrie, sondern auch die Art und Weise, wie man mit psychisch Kranken umging.[40] Der therapeutische Optimismus hatte den paradoxen Effekt, dass die Geduld gegenüber Patienten abnahm, die auf keine Behandlung ansprachen. Im Lichte des therapeutischen Fortschritts erschien das Verdikt der »Unheilbarkeit« umso härter.

Judith Kramer ist ein typisches Beispiel einer Patientin, die allen möglichen Therapien und schließlich einer Leukotomie unterzogen wurde, weil keine Maßnahme die erhoffte Wirkung zeigte. Mit Ausnahme der Elektroschocks, bei denen ein kurzfristiger positiver Effekt vermerkt wurde, scheiterten sämtliche Behandlungsversuche. Trotzdem hofften die Ärzte jedes Mal, den progredienten Krankheitsverlauf stoppen oder wenigstens verlangsamen zu können. Obwohl die Patientin schon bald als »unheilbar« galt, wurden weitere Therapien durchgeführt, die Judith Kramers

38 Ebd., S. V, 19.

39 Vgl. zum Beispiel Max Müller, Grundlagen und Methodik der somatischen Behandlungsverfahren in der Psychiatrie. Einleitung, in: Hans W. Gruhle/Richard Jung/Wilhelm Mayer-Gross/Max Müller (Hg.), Psychiatrie der Gegenwart. Forschung und Praxis, Bd. I/2: Grundlagen und Methoden der klinischen Psychiatrie, Berlin/Heidelberg 1963, S. 384–387, hier S. 384; Louis Bertagna, Modifications psychologiques après des interventions de psycho-chirurgie, in: Cahiers Laënnec 11 (1951), S. 29–49, hier S. 49.

40 Der Psychiatriehistoriker Joel Braslow hat in einem Beitrag untersucht, ob sich die Einführung der Malariafiebertherapie darauf auswirkte, wie Psychiater Patienten mit Progressiver Paralyse befragten und beschrieben. Er kommt zu dem Schluss, dass Paralytiker nach der Einführung der Malariakur in einem positiveren Licht gesehen wurden. Für die Ärzte und Patienten der untersuchten Anstalt seien die Bedeutung von Krankheit und die Bedeutung, ein Arzt oder ein Patient zu sein, untrennbar mir therapeutische Praktiken verbunden gewesen. Braslows Studie weist methodische Mängel auf. Dass therapeutische Optionen und Kategorisierungen wie heilbar–unheilbar nicht nur die psychiatrische Praxis beeinflussten, sondern auch das Selbst- und Fremdbild sowie die Beziehung zwischen Patienten und Klinikpersonal, lässt sich aber beispielsweise auch bei Leukotomiefällen zeigen. Vgl. Joel Braslow, The Influence of a Biological Therapy on Physicians' Narratives and Interrogations. The Case of General Paralysis of the Insane and Malaria Fever Therapy, 1910–1950, in: Bulletin of the History of Medicine 70 (1996), S. 577–608; Meier, Spannungsherde.

Zustand verbessern sollten; als ab Ende der 1950er Jahre immer neue Neuroleptika auf den Markt kamen, wurden verschiedene Medikamente ausprobiert.

Mit der Einführung der »großen körperlichen Kuren« setzten in der Psychiatrie auch Bemühungen ein, die Wirksamkeit dieser Therapien zu evaluieren.[41] Obschon also Erfolgsraten vorlagen, musste im Einzelfall jedes Mal von neuem entschieden werden, ob die Indikation für eine Therapie gegeben und ob deren Durchführung geglückt oder gescheitert sei. Judith Kramers Beispiel zeigt zum einen, dass die Wirksamkeit von Behandlungsverfahren zu verschiedenen Zeitpunkten unterschiedlich eingeschätzt wurde. Zum anderen lässt sich in ihrer Krankengeschichte gut herausarbeiten, wie therapeutischer Erfolg und Misserfolg zur Sprache kam.

Als Judith Kramer Ende Juli 1951 leukotomiert wurde, vermerkte der Arzt drei Tage später, die Patientin sei psychisch »in einem erstaunlichen Masse unverändert«. Sie sei ebenso »steif und unzugänglich« wie zuvor. Weitere drei Tage später hielt er fest: »Status psychicus gleicht verzweifelt dem Zustande vor der Op.[eration]; eine leicht vermehrte Depressivität bei leichter allg.[emeiner] vitaler Depression ist das einzige bisher Vermerkenswerte.« Im Dezember zog er den Schluss, die Patientin sei vielleicht »etwas ruhiger geworden«. »Dies ist aber auch der einzige Erfolg der Leukotomie; und auch diese ›Ruhe‹ stellt lediglich isolierte Antriebslosigkeit dar, während die affective und intellectuelle Seite der psychotischen Alteration unverändert sind.«[42]

In einem Eintrag vom Frühling 1952 heißt es, man habe Judith Kramer auf eine andere Abteilung verlegen müssen, weil eine Mitpatientin sie »ständig […] zu erwürgen« drohte. Auf der neuen Station stehe sie täglich auf, sei ruhig und versorge sich selbst, müsse aber zu allem ermahnt werden, »von sich aus hätte sie gar keinen Antrieb.«[43] Ein Jahr nach der Leukotomie berichtete der Oberarzt der Armenpflege Basel, die Patientin sei seit dem Eingriff »wesentlich ruhiger als früher«, es dürfe also ein »gewisser Erfolg […] verzeichnet werden«. Judith Kramers Onkel wurde mitgeteilt, seine Nichte sei seit der Operation »wesentlich ruhiger geworden« und leide »auch weniger intensiv an halluzinatorischen Erlebnissen«.[44] Ihre Antriebslosigkeit, von der in der Krankengeschichte wiederholt die Rede ist, kommt in den Briefen nicht zur Sprache.

Das Fazit, das der Stationsarzt im Dezember 1951 zog, ist relativ deutlich. Dass psychochirurgische Eingriffe scheiterten, wird in Krankenakten selten explizit erwähnt. Typisch hingegen ist, dass der Arzt fand, die Patientin sei dank der Leukotomie »etwas ruhiger« geworden, den mangelnden Antrieb aber nicht auf den psychochirurgischen Eingriff zurückführte. Die positiv beurteilte Veränderung wurde also mit der Operation in Zusammenhang gebracht, nicht aber die Antriebslosigkeit, die gemäß herrschender Lehre als – je nach Standpunkt – häufige oder unvermeidbare Nebenwirkung galt. Erst vierzig Jahre später, in der Besprechung von 1993, diagnos-

41 Auf die Frage, wie Erfolg und Misserfolg in der medizinischen bzw. psychiatrischen Forschung gemessen wurde, kann im Rahmen dieses Beitrags nicht eingegangen werden. Siehe dazu beispielsweise Pressman, Last Resort; Balz, Zwischen Wirkung und Erfahrung; Meier, Spannungsherde, Kapitel 8; dies., Geschichten aus der Klinik. Die Produktion wissenschaftlicher Erkenntnisse in der Psychochirurgie, in: Susanne Düwell/Nicolas Pethes (Hg.), Fall – Fallgeschichte – Fallstudie. Theorie und Geschichte einer Wissensform, Frankfurt a.M./New York 2014, S. 60–81; dies., Die Konstruktion von Wissen durch Fallgeschichten. Psychochirurgische Studien in den 1940er und 1950er Jahren, in: Arne Höcker/Jeannie Moser/Philippe Weber (Hg.), Wissen, Erzählen. Narrative der Humanwissenschaften, Bielefeld 2006, S. 103–114.

42 Psychiatrische Klinik Rheinau, KA-Nr. 9411, S. 15, Einträge vom 2.8., 6.8. und 17.12.1951.

43 Ebd., Eintrag vom 7.3.1952.

44 Ebd., Schreiben eines Oberarztes an die Armenpflege Basel, 26.6.1952; Schreiben eines Oberarztes an den Onkel der Patientin, 8.8.1952.

tizierte man neben einem »schizophrenen Defektzustand« auch »ein hirnlokales Psychosyndrom nach einem psychochirurgischen Eingriff«.[45]

Je länger ein Behandlungsversuch zurücklag, je weniger ein Arzt darin involviert war, desto eher tendierte er also dazu, die negativen Effekte einer Therapie zu sehen und von einem Fehlschlag zu sprechen. Lag der Misserfolg eines Behandlungsversuchs unmittelbar auf der Hand, griff man auf die Figur des Dritten zurück. Sei es gegenüber Behörden, Patienten und deren Angehörigen oder in Notizen, die gewöhnlich nur Kollegen lasen – in den Augen der Psychiater konnten allenfalls Behandlungsverfahren und Bemühungen scheitern. Schließlich wurde die Durchführung einer Therapie oft mit dem Versagen einer anderen begründet. Fast nie aber ist bis Ende der 1960er Jahre in Krankenakten von denen die Rede, die all diese Versuche und Therapien durchführten.

Wer auch scheitern muss: Die Subjektivierung des Fehlschlags

In der Sitzung vom August 1993 erfuhr das Team nicht nur, dass Judith Kramer »sicher auch« unter einem hirnlokalen Psychosyndrom litt, das von einem psychochirurgischen Eingriff herrührte. Man kam auch zu dem Schluss, dass es »schwierig zu bestimmen« sei, »inwieweit der jetzige Zustand [der Patientin] nicht auch auf Hospitalismusfolgen zurückzuführen« sei, und dass Judith Kramer »[a]ufgrund des jetzigen Bildes [...] keiner Psychopharmaka-Behandlung mehr« bedürfe. Weiter heißt es: »Die Krankheitsgeschichte zeigt, dass die Patientin über viele Jahre hinweg jeden Körperkontakt als Bedrohung ihrer Existenz wahrgenommen hat. Auch heute noch wehrt sich die Pat.[ientin], wenn man ihr Gesicht berührt.«[46]

Diese Notiz vom August 1993 ist die einzige Stelle in Judith Kramers Krankenakte, in der das Klinikpersonal seine Rolle thematisierte und überlegte, ob der Zustand und das Verhalten der Patientin auch damit zusammenhängen könnte, dass diese seit Jahrzehnten in psychiatrischen Kliniken lebte, wo man auf eine ganz bestimmte Art mit ihr umging. Vor der Besprechung hatte sich offenbar ein Arzt die Zeit genommen, Judith Kramers ganze Krankengeschichte durchzugehen. Aus diesen Informationen schloss das Stationsteam, dass sich die Patientin seit langem bedroht fühlte, wenn sie berührt wurde, und dass sich der lange Klinikaufenthalt auch negativ ausgewirkt haben könnte. Zu guter Letzt wurden einige Maßnahmen beschlossen: Das Team entschied, vermehrt auf das Problem von Nähe und Distanz zu achten, der Patientin keine Psychopharmaka mehr zu verabreichen, ihr möglichst wenig pflegerische Tätigkeiten abzunehmen, sie in einem Einzelzimmer unterzubringen und mit der jüdischen Gemeinde Kontakt aufzunehmen, um jemanden zu suchen, der Judith Kramer zum Gottesdienst oder auf Spaziergängen begleiten könnte.[47]

Die Grenzen des Sag-, Denk- und Machbaren und die Grenzen dessen, was wir sind und sein können, hängen eng miteinander zusammen und bedingen sich gegenseitig. In der Psychiatrie wurde – und wird – man ständig mit Fehlschlägen konfrontiert. Die Art und Weise, wie in psychiatrischen Krankenakten über Erfolg und Misserfolg gesprochen wurde, zeigt aber nicht nur, wie eine Institution mit therapeutischen Fehlschlägen oder Patienten umging, die als Versager galten. Sie macht auch deutlich, dass in der westeuropäischen Gesellschaft bis Ende der 1960er Jahre in erster Linie über das Scheitern Dritter gesprochen wurde. Dieser Befund muss nicht bedeuten, dass persönlicher Misserfolg in den ersten zwei Dritteln des 20. Jahrhunderts nicht wahrgenommen wurde, sondern zeigt, dass man lange kaum über eigenes Scheitern sprach.

45 Ebd., S. 25, Eintrag vom 10.8.1993.
46 Ebd., S. 25f., Eintrag vom 10.8.1993.
47 Ebd.

Welche zentrale Rolle die Figur des Dritten im 20. Jahrhundert übernahm, wenn von Scheitern die Rede war, wird erst vor dem Hintergrund des Wandels deutlich, der ab Ende der 1960er Jahre einsetzte. Die 1970er Jahre lassen sich als eine Phase strukturellen Wandels bezeichnen, in denen ein breites Spektrum gesellschaftlicher Entwicklungen zusammenkam: von Protest- und Emanzipationsbewegungen über den Ausbau des Bildungs- und Gesundheitswesens bis zu konkreten Reformen in der Psychiatrie. Dabei veränderte sich auch das Selbst. In den 1970er Jahren begann sich das Individuum auf eine neue Weise mit sich und seiner Umwelt auseinanderzusetzen. Es geriet zunehmend in den Blick und das Wirkungsfeld verschiedener Psy-Berufe; die Therapeutisierung von Gefühlen wurde zu einem breit anerkannten Angebot und Bedürfnis. Therapie und Beratung »dringen« – so die Soziologin Sabine Maasen – »tief in die Selbst- und Fremdfindungsstrategien der Gegenwart ein, verflechten sich mit ihren kulturellen Praktiken und sozialen Institutionen.« Nach Maasen führte die »diskursiv-institutionelle Explosion von Therapie und Beratung« dazu, dass sich das Verhältnis zwischen Selbst und Gesellschaft »zunehmend über die Schemata ›Problem/Lösung‹ oder ›Krise/Bewältigung‹ formiert[e]«.[48]

Diese Dichotomien prägten die Wahrnehmungs-, Deutungs- und Handlungsmuster von Individuen und Kollektiven und wirkten sich auch darauf aus, wie man Misserfolg begegnete. War es lange nur unter ganz bestimmten Rahmenbedingungen – etwa vor Gericht, in der Beichte oder in der Psychoanalyse – üblich, Fehlschläge einzugestehen, entwickelte sich Scheitern nun zunehmend zu einer Subjektivierungspraxis. Man erlebte, dass Gefühle und Erfahrungen persönlichen Scheiterns im Alltag zur Sprache gebracht wurden, lernte, eigenes Versagen zu erkennen, zu thematisieren und zu bewältigen und andere nach solchen Emotionen und Erlebnissen zu fragen. Dabei wurden stets auch Subjektformen propagiert, bestätigt, problematisiert oder verworfen.

Interessiert man sich aus einer kulturwissenschaftlichen Perspektive für das Subjekt und versteht dieses als »heuristisches Schlüsselkonzept«,[49] bieten psychiatrische Krankenakten eine gute Möglichkeit, zu rekonstruieren, wie sich der Einzelne in einem bestimmten historischen Kontext als Subjekt konstituierte oder konstituieren sollte. In der Psychiatrie scheiterten bei weitem nicht nur Therapien, Hoffnungen oder Bemühungen, sondern auch Akteure, die Scheitern ab den 1970er Jahren zunehmend als Subjektivierungsform verstanden: Die Möglichkeit, selbst zu scheitern, wurde Teil einer ›normalen‹ Lebensgeschichte und prägte auf diese Weise das eigene Selbst.

Judiths Kramer lange Krankengeschichte erlaubt, an einem einzelnen Beispiel aufzuzeigen, wie sich die Bedingungen, Formen, Wahrnehmungs- und Deutungsmuster des Scheiterns im Laufe des 20. Jahrhunderts veränderten. Die Fokussierung auf einen Einzelfall birgt aber auch Nachteile. Dass in Judith Kramers Akte auf eine ganz bestimmte Art über Erfolg und Misserfolg gesprochen wurde, dass man auf eine ganz bestimmte Weise auf Fehlschläge reagierte, hängt mit zahlreichen Faktoren zusammen.[50] Nicht zuletzt mit ihrem Bildungsstand, ihrer sozialen Herkunft und dem Schweregrad ihrer Krankheit erklären lässt sich beispielsweise, dass der Patientin in der Klinik auch Verständnis und Mitgefühl entgegengebracht wurde.

48 Sabine Maasen, Das beratene Selbst. Zur Genealogie der Therapeutisierung in den »langen« Siebzigern. Eine Perspektivierung, in: dies./Jens Elberfeld/Pascal Eitler/Maik Tändler (Hg.), Das beratene Selbst. Zur Genealogie der Therapeutisierung in den »langen« Siebzigern, Bielefeld 2011, S. 7–33, hier S. 8f. Zum Wandel der 1970er Jahre siehe beispielsweise Anselm Doering-Manteuffel/Lutz Raphael, Nach dem Boom. Perspektiven auf die Zeitgeschichte seit 1970, Göttingen 2008; Werner Faulstich (Hg.), Gesellschaft und Kultur der siebziger Jahre. Einführung und Überblick, München 2004.

49 Andreas Reckwitz, Subjekt, Bielefeld 2008, S. 10.

50 In diesem Beitrag kommen nur einige dieser Faktoren zur Sprache. Zu den weiteren Faktoren siehe Meier, Spannungsherde.

Mit Hans Studer hingegen gingen die Ärzte und Behörden ganz anders um.[51] Er verbrachte zwar ebenfalls viele Jahre in der Psychiatrie, stammte aber aus ärmlichen Verhältnissen, wurde bei der Scheidung der Eltern bevormundet und mit acht Jahren in einem Heim untergebracht. Danach setzte eine »schreckliche Wanderung von Heim zu Heim und von Anstalt zu Anstalt« ein.[52] Als Hans Studer 1917 zum ersten Mal in eine psychiatrische Klinik eingewiesen wurde, stellte man die Diagnosen Psychopathie und Epilepsie. In den folgenden Jahrzehnten wurde der Patient nach mehreren »sehr kurzen Arbeitsversuchen« immer wieder hospitalisiert und zahlreichen Behandlungen unterzogen. 1939 wurde er mit seinem Einverständnis kastriert, 1951 leukotomiert. 1969 konnte Hans Studer aus der Klinik austreten. Er wurde aus der Vormundschaft entlassen, heiratete kurz darauf und erhielt 1971 eine Invaliditätsrente zugesprochen, weil er unter Venenschwäche und einem schweren Rückenleiden litt. Zwei Jahre später machte der *Schweizerische Beobachter* Studers Fall publik[53] – eine Zeitschrift, die seit ihrer Gründung im Jahr 1926 Skandale enthüllte, gegen Bürokratismus kämpfte und sich für ökonomisch Schwache einsetzte.[54]

Dem *Beobachter* zufolge scheiterte Hans Studers Leben bis Ende der 1960er Jahre völlig: Studer wird in mehreren Artikeln als »körperlich[e] Ruine und seelisch [...] verbitterter Mann« dargestellt.[55] Die »unguten Verhältnisse«, in denen er aufwuchs, kommen nur am Rande zur Sprache. Sein Schicksal wird in erster Linie auf das »unmenschliche« Verhalten der Behörden und der Psychiater zurückgeführt, vor allem auf die Kastration, die »als fehlgeschlagenes Experiment« bezeichnet wird. Im ersten Artikel wird aus dem psychiatrischen Gutachten zitiert, das die Vormundschaftsbehörde der Stadt Zürich 1969 in Auftrag gegeben hatte. Der begutachtende Psychiater kam damals zu dem Schluss, dass mit allen Behandlungsverfahren keine »anhaltende Besserung [...] erzielt werden« konnte und der Patient »ausserordentlich schwierig, aggressiv, verstimmbar, reizbar, querulierend« blieb. Aus der Perspektive des *Beobachters* bewies dieses Gutachten, dass die Ärzte versagt und sich an Hans Studer schuldig gemacht hatten.[56] Deren strafrechtliche Delikte und allfällige Entschädigungsansprüche seien verjährt. Aber auch wenn »das Unrecht ungesühnt« bleibe, müsse eine Lösung gefunden werden, »um die bitterste Not von Hans Studer und seiner tapferen Frau zu lindern«. »Vielleicht«, so der Schlusssatz, mit dem zu einer Petition und Spendenaktion aufgerufen wurde, »könnte eine großzügige Geste heute noch die Wunden etwas vernarben lassen, die Hans Studer nicht nur mit der brutalen Entmannung, sondern auch mit der jahrelangen Verständnislosigkeit einer feindlichen Umwelt geschlagen worden sind.«[57]

Ganz anderer Meinung war der damalige Direktor der Psychiatrischen Universitätsklinik Zürich, der im zweiten Artikel zu den Vorwürfen Stellung nahm. Klaus Ernst hielt zwar fest, dass die Kastration »heute als ein schwerer Fehler bezeichnet werden« müsse, und fand, Hans Studer »verdien[e] deshalb »die Unterstützung der Öffentlichkeit«. Alle anderen Behandlungsverfahren seien aber »in Wirklichkeit menschlich und ärztlich gewissenhaft erwogen« und »teils nach dem damaligen, teils nach dem heute noch gültigen Stand der zur Verfügung stehenden Mittel durch-

51 Psychiatrische Klinik Rheinau, KA-Nr. 9702. Beim Namen des Patienten handelt es sich um das Pseudonym, das der *Schweizerische Beobachter* in seinen Artikeln über den Fall verwendete und hier übernommen wurde.

52 Der Schweizerische Beobachter, 47. Jg., Nr. 19, 15.10.1973, S. 5.

53 Ebd.

54 Zum *Schweizerischen Beobachter* siehe Historisches Lexikon der Schweiz, http://www.hls-dhs-dss.ch/textes/d/D43033.php (letzter Zugriff 6.10.2014).

55 Der Schweizerische Beobachter, 47. Jg., Nr. 19, 15.10.1973, S. 5. In der Psychiatrischen Klinik Rheinau wurden die Artikel über Hans Studer in die Krankenakte des ehemaligen Patienten gelegt.

56 Ebd., S. 6.

57 Ebd., S. 8.

geführt« worden. »Es wäre« – so Ernsts Fazit – »ein schweres Unrecht allen behandelnden Ärzten gegenüber, wenn ihr Vorgehen definitiv als ›mittelalterlich‹ dastünde.«

Während Ernst mit keinem Wort auf das Verhalten des Patienten einging, erwähnte der *Beobachter*, dass Hans Studer in jungen Jahren zwei Bagatelldelikte begangen hatte. In einem späteren Artikel heißt es, den Mann treffe »wegen seiner unglücklichen Kindheit und seiner schwierigen Charakteranlage« eine gewisse »Mitschuld«. Mit Abstand am härtesten ging jedoch Studer mit sich ins Gericht. Obwohl er in einem Rückblick »auf sein verpfuschtes Leben« klagte: »Der Staat hat seine Schuldigkeit getan, bin ich doch heute eine menschliche Ruine, zu der ich 40 Jahre lang ausgebaut wurde«, bekannte er gleich darauf, »er sei alles andere als ein Engel gewesen«. Als sich die Petition und die Spendenaktion des *Beobachters* als großer Erfolg erwiesen,[58] bedankte sich Hans Studer im Rahmen eines weiteren Artikels und kam dabei erneut auf das Thema Scheitern zurück:

> *»Wiederholen möchte ich: Ich war ein schwieriger Patient, der den Ärzten viel zu schaffen machte. Die 1939 durchgeführte Kastration machte aus mir natürlich auch keinen Freund der Psychiatrie, nein, es gab eine Auflehnung in mir, die oft ans Grausame grenzte. Es gibt wohl keinen Menschen, der fehlerlos ist. Und so geschehen in jedem Beruf Fehler. Nur haben sie kaum je so schwere Folgen wie bei einer Kastration. Es handelt sich um einen Eingriff, der den Betroffenen über Jahre am Sinn des Lebens verzweifeln lässt. Aber ich habe zum Glück auch sehr verständnisvolle und gütige Psychiater kennengelernt, die ich heute noch schätze.«*[59]

Die Psychiatrie stand seit dem Ende des 18. Jahrhunderts immer wieder im Kreuzfeuer öffentlicher Kritik. In dieser Hinsicht waren die Artikel des *Beobachters* also nichts Neues. Dass man in solchen Enthüllungsgeschichten anderen vorwarf, versagt zu haben, erstaunt ebenso wenig. Hans Studer und Klaus Ernst griffen in ihren Stellungnahmen aber nicht nur auf die Figur des Dritten zurück, sie gestanden auch ein, dass sie selbst bzw. ihr Berufsstand schwerwiegende Fehler gemacht hätten. Ihre Kommentare zeugen allerdings davon, wie ambivalent und bedrohlich dieses öffentliche Bekenntnis schien. Unmittelbar vor oder nach seinen Geständnissen machte Studer dem »Staat« und der Psychiatrie schwere Vorwürfe. Ernst wiederum verwehrte sich gegen die Kritik des *Beobachters*, der Studers Ärzte für die therapeutischen Fehlschläge verantwortlich machte. Seines Erachtens scheiterten nicht Ärzte, sondern Therapien – zumindest wenn diese »menschlich und ärztlich gewissenhaft erwogen« wurden.

In der Psychiatrie wurde also ab Ende der 1960er Jahre zunehmend über eigene Emotionen und damit auch über Gefühle und Erfahrungen persönlichen Scheiterns gesprochen. Nicht nur Ärztinnen oder Pfleger, sondern auch Patienten und deren Angehörige begannen zu thematisieren, dass sie bestimmte Ereignisse und Prozesse als – oder *auch* als – persönliche Fehlschläge verstanden. »Ich bedaure sehr«, schrieb etwa ein Neurochirurge 1974 nach einem erfolglosen psychochirurgischen Eingriff an einem schwer psychotischen Mädchen, »dass wir bis jetzt der

58 Der Schweizerische Beobachter, 47. Jg., Nr. 23, 15.12.1973, S. 3. Die Petition des *Beobachters* an den Zürcher Kantonsrat wurde von über 17.000 Lesern unterzeichnet. In der Spendenaktion kam ein Betrag von mehr als 3000 Franken zusammen. 1973 verdiente ein männlicher Angestellter in der Schweiz pro Monat durchschnittlich 2300–2900 Franken. Heiner Ritzmann-Blickenstorfer, Historische Statistik der Schweiz, Zürich 1996, S. 468.

59 Der Schweizerische Beobachter, 47. Jg., Nr. 24, 31.12.1973, S. 14.

Patientin nicht besser helfen konnten.«[60] 1977 bedankten sich die Eltern des Mädchens dafür, dass das Klinikpersonal sie »keinen Verdächtigungen wegen früherer Erziehungsfehler aussetz[e]«. Offenbar hatte man ihnen früher schwere Vorwürfe gemacht: »›Was muss dieses Kind gelitten haben, bis es soweit war‹[,] soll,« wie es in der Krankengeschichte heißt, »ein Arzt der Mutter [...] gesagt haben.«[61] Einige Monate später vermerkte der Stationsarzt eine »›Akut‹Besprechung« mit den Pflegerinnen des Mädchens. Im Pflegeteam seien »intrikate [verworrene] Gefühlsverwicklungen aufgetreten«. Die älteren Schwestern hätten »Schuldgefühle«, weil ihre jüngeren Kolleginnen »noch unbefangener und lieber« mit der aggressiven Patientin »umgehen« könnten. »Die Besprechung diente«, so der Arzt abschließend, »der Herausarbeitung dieser Selbsterfahrung.«[62]

Der Kommentar des Psychiaters zeigt, dass die Subjektivierung des Scheiterns bestimmte Ziele erfüllen sollte. Über Fehlschläge, die Angst zu versagen und das Gefühl gescheitert zu sein sprach man nicht nur, um Vorstellungen und Emotionen Ausdruck zu verleihen, sondern auch, um diese zu reflektieren und zu beeinflussen. Gefühle wurden nicht zuletzt in Worte gefasst, um besser mit ihnen umgehen zu können. Denk- und Sagbares lässt sich verändern. Über eigene Niederlagen nachzudenken, zu sprechen und zu schreiben wurde deshalb ab den 1970er Jahren zu einer weit verbreiteten emotionalen Praxis.[63]

Scheitern im 20. Jahrhundert: Von der Figur des Dritten zur Subjektivierungspraxis

In der Psychiatrie verstand sich – so lässt sich zusammenfassen – nicht von allein, was als Erfolg oder Misserfolg galt, worauf dieser beruhte und wo die Grenze zwischen Misserfolg, Versagen und Scheitern lag. Krankenakten aus psychiatrischen Kliniken machen deutlich, dass Scheitern eine Frage der Perspektive und damit zeit- und kulturspezifisch ist. Seien es Therapien, Bemühungen, Karrieren, Beziehungen oder Existenzen – die Ansichten darüber, ob etwas gelungen oder misslungen war, konnten weit auseinandergehen und sich im Laufe der Zeit verändern.

Einem grundlegenden Wandel unterworfen war auch die Art und Weise, Scheitern zu thematisieren. Sprach man in der Psychiatrie von Fehlschlägen, wurde bis Ende der 1960er Jahre meist auf die Figur des Dritten zurückgegriffen, die binäre Codierungen ermöglichte und gleichzeitig zwischen diesen vermittelte. Scheitern konnten deshalb in der Regel nur Drittpersonen oder Dinge. Ab den 1970er Jahren begannen auch Subjekte zu scheitern. Nun wurden in der Psychiatrie zunehmend Erfahrungen und Gefühle persönlichen Versagens thematisiert. Dabei ging es nicht nur um Misserfolg von Patientinnen und Patienten, auch deren Verwandte, Ärzte, Pflegerinnen und weitere Akteure verstanden offenbar Fehlschläge als – oder zumindest auch als – persönliches Versagen.

Dass sich Scheitern im Laufe des 20. Jahrhunderts von einer Figur des Dritten zu einer Subjektivierungspraxis entwickelte, lässt sich nur verstehen, wenn man Erfolg und Misserfolg im Kontext eines übergeordneten, langfristigen Prozesses betrachtet, der bereits im 19. Jahrhundert einsetzte.

60 Staatsarchiv des Kantons Zürich (StAZH), Z 100, KA-Nr. 67737, Operationsbericht eines Arztes der Neurochirurgischen Klinik des Universitätsspitals Zürich, 18.1.1974.

61 Ebd., S. 105, Eintrag vom 10.10.1977.

62 Ebd., S. 106, Eintrag vom 22.12.1977.

63 Monique Scheer definiert emotionale Praktiken folgendermaßen: »Emotional practices in this sense are manipulations of body and mind to evoke feelings where there are none, to focus diffuse arousals and give them an intelligible shape, or to change or remove emotions already there.« Monique Scheer, Are Emotions a Kind of Practice (and Is That What Makes Them Have a History)? A Bourdieuan Approach to Understanding Emotion, in: History and Theory 51 (2012), S. 193–220, hier S. 209.

Mit dem Aufkommen der modernen Naturwissenschaften rückte der Körper als anatomische und physiologische Grundlage von Gemüt, Geist und Psyche in den Vordergrund; Gefühle, Gefühlsnormen und Gefühlspraktiken wurden aus einem religiösen, philosophisch-moralischen Kontext gelöst und von der psychologisch definierten Emotion überlagert. Mit der zunehmenden Bedeutung von Therapie und Beratung erhielten Emotionen dann ab Ende der 1960er Jahre in einer ganz bestimmten Form mehr Gewicht: als Gefühl, über das man spricht.[64]

Durch diese Umwertung weitete sich das Spektrum der sozialen und institutionellen Rahmenbedingungen, unter denen man über eigene Fehlschläge sprach, stark aus. Probleme zu erkennen, zu thematisieren und zu lösen, zu gestehen, Fehler gemacht oder versagt zu haben, wurde nun zu einer Kompetenz, die es zu erlernen, im Berufs- und im Privatleben anzuwenden und weiterzuentwickeln galt. Die Verbalisierung von Emotionen sollte also nicht nur der Therapie psychischer Störungen im engeren Sinne dienen, sondern dem alltäglichen Selbstmanagement. Um sich als gesellschaftlich anerkanntes, handlungsfähiges Subjekt zu konstituieren oder konstituiert zu werden, wollte, konnte, sollte oder musste man über sich und nicht zuletzt auch über Erfahrungen und Gefühle persönlichen Scheiterns sprechen.

64 Für einen Überblick zur Geschichte der Emotionen siehe beispielsweise Jan Plamper, Geschichte und Gefühl. Grundlagen der Emotionsgeschichte, München 2012; Ute Frevert u. a., Gefühlswissen. Eine lexikalische Spurensuche in der Moderne, Frankfurt a. M./New York 2011.

■ Kobi Kabalek

Erinnern durch Scheitern

Erfolglose Versuche zur Rettung von Juden in Film und Literatur der deutschen Nachkriegszeit, 1945–1960[1]

Wer Erinnerung untersucht, untersucht fast immer auch eine gewisse Art von Scheitern.[2] Die genaue Art des zu analysierenden Scheiterns variiert nach disziplinären Interessen und spezifischen Fragestellungen. Manche Forschungen verstehen unter gescheitertem Erinnern einen ungenauen und oft unbewusst mangelhaften Abruf der Vergangenheit. So erforschen einige Wissenschaftler die alltäglichen Fehler oder »Sünden« des persönlichen Erinnerns,[3] prüfen, wie und ob sich vergangenes Geschehen in historiografischen und gerichtlichen Kontexten realitätsgetreu rekonstruieren lässt,[4] und ergründen die kulturellen Bedeutungen, sozialen Funktionen und die politische Nutzung von »falschen« Erinnerungen oder von solchen, die man nicht selbst erlebte, sondern aus anderen Quellen »entliehen« hat.[5]

Andere Studien konzentrieren sich auf bewusste und intendierte »Fehlrekonstruktionen« der Vergangenheit und verweisen dabei auf ein *moralisches* Scheitern. Da Erinnern eine wichtige Rolle in der Aufrechterhaltung und Regulierung von ethischen Verhältnissen und Identitäten spielt, zieht es oft auch bestimmte gesellschaftliche Verpflichtungen nach sich.[6] So wird ein verfehltes oder »unangemessenes« Erinnern explizit oder implizit als ein moralisches Scheitern interpretiert. Eine solche Verurteilung findet vor allem dann statt, wenn das erinnerte Ereignis selbst von moralischer Bedeutung ist, sodass man von einem doppelten moralischen Scheitern sprechen kann. Im Kontext der Erinnerung an die NS-Zeit wird dementsprechend Verschweigen, Vergessen oder

1 Für ihre sehr hilfreichen Kommentare auf einen ersten Textentwurf möchte ich mich bei Judith Poppe, Katharina Morawek und Georg Wamhof bedanken.

2 Paul Connerton, How Societies Remember, Cambridge 1989, S. 35.

3 Daniel L. Schacter, The Seven Sins of Memory. How the Mind Forgets and Remembers, Boston 2001; Sina Kühnel/Hans J. Markowitsch, Falsche Erinnerungen. Die Sünden des Gedächtnisses, Heidelberg 2009.

4 Paul Thompson, The Voice of the Past. Oral History, Oxford 2000; Johannes Fried, Der Schleier der Erinnerung. Grundzüge einer historischen Memorik, München 2004; Alison Winter, Memory. Fragments of a Modern History, Chicago 2012.

5 Mark Roseman, Erinnern und Überleben. Wahrheit und Widerspruch im Zeugnis einer Holocaust-Überlebenden, in: BIOS. Zeitschrift für Biographieforschung und Oral History 11 (1998) 2, S. 263–279; Marianne Hirsch, Surviving Images. Holocaust Photographs and the Work of Postmemory, in: The Yale Journal of Criticism 14 (2001) 1, S. 5–37; Kobi Kabalek, Spuren vergangener Geschichte/n. Die ›NS-Zeit‹ in Interviews mit jungen Deutschen aus der ehemaligen DDR, in: Julia Obertreis/Anke Stephan (Hg.), Erinnerungen nach der Wende. Oral History und (post)sozialistische Gesellschaften, Essen 2009, S. 121–132.

6 Jeffrey Blustein, The Moral Demands of Memory, Cambridge 2008; Avishai Margalit, The Ethics of Memory, Cambridge, MA 2002. Margalit unterscheidet zwischen Ethik, die uns sagt, wie wir einerseits unsere dichten (*thick*) Verhältnisse (zu Eltern, Freunden, Liebhabern und Landsleuten) regulieren sollten und andererseits Moralität, die unsere dünnen (*thin*) Verhältnisse (zu Mitmenschen) definieren. In diesem Aufsatz betrachte ich allerdings Ethik und Moralität als Synonyme und gehe davon aus, dass sie beide auf sämtliche Aspekte des Lebens in allen sozialen Verhältnissen abzielen.

Verharmlosung der Nazi-Verbrechen im Nachkriegsdeutschland häufig als eine »zweite Schuld« begriffen.[7] Erinnerung wird dann in diesem Zusammenhang als gescheitert bezeichnet, um Bedenken über die Lage des moralischen Kollektivs[8] auszudrücken (eine Einstellung, die vor allem mit der 68er-Bewegung in der Bundesrepublik assoziiert wird) oder um die fehlende Erinnerung als einen Betrug an den Opfern zu beschreiben.[9]

Ein Scheitern der Erinnerung kann also absichtlich oder unabsichtlich geschehen, aber in der aktuellen Erforschung deutscher Darstellungen der NS-Zeit kommt absichtlichem Verschweigen – und damit moralischem Versagen – die meiste Aufmerksamkeit zu.[10] Wissenschaftler, die diese Darstellungen untersuchen, schauen meist nach dem bewussten Scheitern »der Deutschen«, sich an schwierige Aspekte ihrer Vergangenheit zu erinnern. Häufig betrachten Forscher die 1950er Jahre als Höhepunkt dieses Scheiterns, da in diesem Jahrzehnt antisemitische Vorfälle in West- und auch in Ostdeutschland sichtbar wurden,[11] öffentliche Darstellungen der NS-Zeit hauptsächlich dem Leiden nichtjüdischer Deutscher gewidmet waren und kaum über diejenigen gesprochen wurde, die den Deutschen zum Opfer gefallen waren.[12] Vielen Studien zufolge wurden »[e]rst seit Ende der fünfziger Jahre [...] die Gedächtnisbarrieren und Blickverengungen

7 Ralf Giordano, Die zweite Schuld oder von der Last ein Deutscher zu sein, Hamburg 1987.

8 Ein Kollektiv, das religiös, politisch oder anders begriffen wird.

9 Wie Adorno 1959 in einem vielzitierten Aufsatz schrieb: »Die Ermordeten sollen noch um das einzige betrogen werden, was unsere Ohnmacht ihnen schenken kann, das Gedächtnis.« Theodor W. Adorno, Was bedeutet: Aufarbeitung der Vergangenheit? (1959), in: ders., Gesammelte Schriften, Bd. 10, 2, Frankfurt a. M. 1977, S. 555–572, hier S. 557.

10 Das große Interesse an Fragen von Scham, Schuld und Stigma in den deutschen Nachkriegsgesellschaften verdeutlicht den moralischen Fokus vieler Studien. Vgl. dazu beispielsweise: Dan Diner, Über Schulddiskurse und andere Narrative. Epistemologisches zum Holocaust, in: Gertrud Koch (Hg.), Bruchlinien: Tendenzen der Holocaustforschung, Köln 1999, S. 61–84; Aleida Assmann/Ute Frevert, Geschichtsvergessenheit, Geschichtsversessenheit. Vom Umgang mit deutschen Vergangenheiten nach 1945, Stuttgart 1999; A. Dirk Moses, German Intellectuals and the Nazi Past, Cambridge 2007. Auch viele Opfer der Nationalsozialisten verschwiegen die traumatische Vergangenheit, aber ihr Schweigen wird selten als moralischer Makel beschrieben. Für beide Arten des Schweigens siehe Dan Bar-On, The Indescribable and the Undiscussable. Reconstructing Human Discourse after Trauma, Budapest 1999; Aleida Assmann, Der lange Schatten der Vergangenheit. Erinnerungskultur und Geschichtspolitik, München 2006, S. 98–103.

11 Diese hatten jedoch unterschiedliche Formen: In der Bundesrepublik gab es vor allem persönliche Angriffe auf Juden, öffentliche Skandale und Schändungen jüdischer Gebäude und Friedhöfe. In der DDR wurde Anfang der 1950er Jahre eine staatlich verordnete Kampagne zur Verfolgung von »kosmopolitischen Elementen« gestartet. Diese Kampagne, die von antisemitischer Sprache geprägt war, betraf auch mehrere Juden. Vgl. dazu Werner Bergmann, Antisemitismus in öffentlichen Konflikten. Kollektives Lernen in der politischen Kultur der Bundesrepublik 1949–1989, Frankfurt a. M. 1997; Mario Keßler, Die SED und die Juden – zwischen Repression und Toleranz. Politische Entwicklungen bis 1967, Berlin 1995.

12 Vgl. Norbert Frei, Vergangenheitspolitik. Die Anfänge der Bundesrepublik und die NS-Vergangenheit, München 1996; Jeffrey Herf, Zweierlei Erinnerung. Die NS-Vergangenheit im geteilten Deutschland, Berlin 1998; Robert G. Moeller, War Stories. The Search for a Usable Past in the Federal Republic of Germany, Berkeley 2001; Frank Biess, Homecomings. Returning POWs and the Legacies of Defeat in Postwar Germany, Princeton 2006; Helmut Schmitz (Hg.), A Nation of Victims? Representations of German Wartime Suffering from 1945 to the Present, Amsterdam/New York 2007; Gilad Margalit, Guilt, Suffering, and Memory. Germany Remembers Its Dead of World War II, Bloomington 2010.

abgebaut.«[13] In diesen Studien wird zwar nicht behauptet, dass es im ersten Nachkriegsjahrzehnt keine alternativen Vergangenheitsbilder gegeben habe, in denen auch der Judenverfolgung gedacht worden sei, aber bei der Suche nach einem bei der Mehrheit vorherrschenden Bild wird das weniger sichtbare Beweismaterial, das nicht in dieses Bild zu passen scheint, ausgeblendet.

Dieser Aufsatz wählt stattdessen eine andere Herangehensweise an die Thematik und widmet sich einem Aspekt, der mehreren Historikern zufolge »bis in unsere unmittelbare Gegenwart hinein verdrängt, verschwiegen, verleumdet« wurde.[14] Untersucht wird die Verbindung von Erinnerung, Scheitern und Moralität in ost- und westdeutschen Filmen und literarischen Darstellungen in den Jahren 1945 bis 1960 und zwar anhand des Topos von der Hilfe für Juden. Die Erinnerung an diese Hilfe wird von Wissenschaftlern auf zwei divergierende Arten als gescheitert beschrieben. Die einen nehmen eine Makroperspektive ein und behaupten, dass die Taten der Judenretter in beiden Deutschlands lange Zeit verkannt worden seien.[15] Die anderen gehen mikroanalytisch vor und konstatieren, dass es sehr wohl literarische und filmische Darstellungen von Rettung gegeben habe, sie verwerfen diese aber als apologetisch, verzerrt und unangemessen.[16] Ein Beispiel für Letzteres lieferte die Literaturwissenschaftlerin Ruth Klüger, die eine kritische Betrachtung zweier Romane anstellte, welche die erfolgreiche Rettung von Juden schildern: Bruno Apitz' *Nackt unter Wölfen* (DDR 1958) und Alfred Anderschs *Sansibar oder der letzte Grund* (BRD 1957).[17] Klüger argumentiert, dass die jüdischen Charaktere in diesen Werken als Kinder oder passive Frauen dargestellt und von »guten Deutschen« getragen würden. Deren Anti-Nazi-Verhalten erscheine dabei zudem eher als Norm denn als Ausnahme, die ein solches Verhalten eigentlich war. Dadurch, so Klüger, diene das Bild des geretteten Juden den deutschen Lesern rein als Objekt, das ihnen erlaube, die Schuld an den Naziverbrechen zu leugnen.[18]

Folgt man diesem Gedankengang, wäre es für nichtjüdische deutsche Autoren logisch, sich der Schilderung erfolgreicher Rettungen von Juden zu widmen: weichen doch diese den erwähnten Fragen nach Schuld aus, stellen bequeme und moralische Identifikationsfiguren zur Verfügung und schenken dem Publikum das gute Gefühl eines Happy End. Zwar finden sich

13 Peter Reichel/Harald Schmid/Peter Steinbach, Die ›zweite Geschichte‹ der Hitler-Diktatur. Zur Einführung, in: dies. (Hg.), Der Nationalsozialismus – Die zweite Geschichte. Überwindung – Deutung – Erinnerung, Bonn 2009, S. 7–21, hier S. 18.

14 Wolfram Wette, Verleugnete Helden, Die Zeit 8.11.2007.

15 Die Abwesenheit des Themas wird als Tatsache gesehen, die keiner weiteren Forschung bedarf. Die Ausnahmen von dieser vermeintlichen Leerstelle werden meist als nebensächliche Erscheinungen betrachtet, die keine breite gesellschaftliche Bedeutung hatten. Peter Steinbach, ›Unbesungene Helden‹ – ihre Bedeutung für die allgemeine Widerstandsgeschichte, in: ders., Widerstand im Widerstreit: Der Widerstand gegen den Nationalsozialismus in der Erinnerung der Deutschen, Paderborn 2001, S. 215–233; Dennis Riffel, ›Unbesungene Helden‹. Der Umgang mit ›Rettung‹ im Nachkriegsdeutschland, in: Beate Kosmala/Claudia Schoppmann (Hg.), Überleben im Untergrund: Hilfe für Juden in Deutschland 1941–1945, Berlin 2002, S. 317–334; Wolfram Wette, Ein ›Mensch‹ in deutscher Uniform. Wilm Hosenfeld und ›der Pianist‹, in: Freiburger Rundbrief 13 (2006) 1, S. 37–42. Für eine sehr gute Analyse einer solchen Ausnahme siehe Dennis Riffel, Unbesungene Helden. Die Ehrungsinitiative des Berliner Senats 1958 bis 1966, Berlin 2007.

16 Es wäre denkbar, die erste Art ›quantitative Kritik‹ (mit dem implizierten Argument, dass es ›nicht genug Erinnerung‹ gab) und die zweite ›qualitative Kritik‹ (›Erinnern war unangemessen bzw. falsch‹) zu nennen. Jedoch finden wir auch eine Vermischung von beiden Elementen.

17 Bruno Apitz, Nackt unter Wölfen, Halle 1958; Alfred Andersch, Sansibar oder der letzte Grund, Olten/Freiburg i. Br. 1957.

18 Ruth Klüger, Gibt es ein ›Judenproblem‹ in der deutschen Nachkriegsliteratur?, in: dies., Katastrophen. Über deutsche Literatur, Göttingen 2009, S. 9–37.

Schilderungen gelungener Rettungen tatsächlich in Entnazifizierungsakten, Prozessberichten, Autobiografien, journalistischen und historischen Narrativen sowie in politischen Reden aus den ersten Nachkriegsjahrzehnten in beiden deutschen Gesellschaften.[19] Doch in deutschen literarischen und filmischen Werken, die zwischen Ende des Krieges und Anfang der 1960er Jahre entstanden, sind Darstellungen gelungener Rettung relativ selten. Die meisten Autoren *fiktionaler* Werke dieser Zeit bevorzugten eine Darstellung, in der der Versuch, Hilfe für Juden zu gewähren, scheitert.

In meinem Beitrag wird die Frage aufgeworfen, warum Autoren es vorzogen, eine misslungene Rettungsgeschichte zu beschreiben, und welche Rolle dabei moralische Überlegungen spielten.[20] Passen Beschreibungen einer *gescheiterten Rettung* zur verbreiteten wissenschaftlichen Auffassung von einer *gescheiterten Erinnerung* an die Rettung von Juden sowie an den Holocaust? Auf den folgenden Seiten werden literarische und filmische Darstellungen erfolgloser Rettungen, die in West- und Ostdeutschland bis Anfang der 1960er Jahre entstanden sind, analysiert. Es wird gezeigt, dass mit der bewussten Entscheidung, keine erfolgreiche Rettung darzustellen, manche Autoren nicht (oder nicht nur) auf eine Entlastung der nichtjüdischen deutschen Bevölkerung zielten. Vielmehr war ihr Ziel, zur Umerziehung der deutschen Mehrheitsgesellschaft beizutragen und eine Auseinandersetzung mit den Nazi-Verbrechen zu forcieren. Mein Beitrag möchte die Erforschung des öffentlichen Erinnerns an den Holocaust durch Hinweise auf eine bisher unbekannte Verbindung von Erinnerung, Scheitern und Moralität in der Zeit des »großen Schweigens« ergänzen.

Im ersten Teil des Aufsatzes werden fiktionale Werke besprochen, in denen misslungene Rettung die Funktion hat, beim Publikum Empathie und Anteilnahme mit den jüdischen Opfern des Nationalsozialismus zu wecken, um dadurch zur Bekämpfung des Antisemitismus in Deutschland und zur Entnazifizierung der deutschen Bevölkerung beizutragen. Im zweiten Teil werden diejenigen Werke unter die Lupe genommen, die gescheiterte Rettungsversuche schilderten, um nichtjüdische Deutsche mit ihrem (persönlichen, aber auch kollektiven) moralischen Versagen zu konfrontieren, Kritik an ihrem damaligen Handeln zu üben und eine Veränderung von individuellen Haltungen und gesellschaftlichem Konsens gegenüber den stattgefundenen Verbrechen zu bewirken. Der Hauptunterschied zwischen den Werken, die im ersten und denen, die im zweiten Teil behandelt werden, betrifft die angenommenen Handlungsmöglichkeiten der Bevölkerung unter der NS-Diktatur und die Frage, ob »ganz normale Volksgenossen« den Verfolgten helfen konnten oder nicht und welche moralischen Lehren für die Nachkriegszeit man daraus ziehen sollte. Mit der Entscheidung, die Untersuchung nicht in west- und ostdeutsche Darstellungen einzuteilen, möchte ich auf ihre strukturellen Ähnlichkeiten im untersuchten Zeitraum verweisen und so das mehr oder weniger gemeinsame kulturelle Erbe der Autoren betonen.

19 Auch wenn Hilfe für Juden nicht immer im Mittelpunkt von Darstellungen der NS-Zeit stand, erschien das Thema in einer Vielzahl von medialen Repräsentationen und erfüllte wichtige moralische Funktionen in beiden deutschen Gesellschaften. Vgl. Kobi Kabalek, The Rescue of Jews and the Memory of Nazism in Germany, from the Third Reich to the Present, Diss., University of Virginia, 2013.

20 Die Rekonstruktion von Autorenintention ist immer eine schwere Aufgabe. Um trotzdem eine fundierte und einleuchtende Antwort auf diese Frage zu geben, verbinde ich die Analyse der untersuchten Werke mit der Rezeption, mit Aussagen der Autoren und mit Vergleichen zu anderen Werken.

Empathie

Ab 1945 unternahm eine Reihe von deutschen Intellektuellen, Geistlichen, Künstlern und anderen Personen des öffentlichen Lebens Anstrengungen, die deutsche Bevölkerung umzuerziehen.[21] Viele dieser Bemühungen zielten auf eine moralische Transformation: Die partikuläre Moralität der Nazis (die in allen moralischen Fragen die nationale Gemeinschaft als Priorität hatte) sollte durch ein bestimmtes Modell von humanistischer Moralität ersetzen werden, das die Rechte aller Menschen als grundsätzliches Ideal moralischen Handelns verstand.[22] Der Wunsch nach einer moralischen Umwandlung der deutschen Bevölkerung drückte sich eindeutig in den Gründungsdokumenten beider deutscher Staaten aus – sie versprachen »die Freiheit und die Rechte des Menschen zu verbürgen« (DDR) und deklarierten die Würde des Menschen als »unantastbar« (BRD).[23]

Diese Formulierungen auf politischer Ebene entsprachen nicht der Meinung aller deutschen Bürger, deren Nazi-Einstellungen teilweise jahrelang unverändert blieben.[24] Ende des Zweiten Weltkrieges hatten viele nichtjüdische Deutsche kein Interesse daran über ihre persönliche oder kollektive Schuld bzw. Verantwortung an den Untaten des NS-Regimes offen zu reflektieren. Die Erfahrung extremer Gewalt hatte Soldaten und Zivilisten in einer bisher unbekannten Weise getroffen und setzte sie katastrophalen Lebensbedingungen aus, die viele dazu veranlassten, sich eher auf ihr eigenes Leiden als auf das anderer zu konzentrieren. Diese Tendenz wurde von beiden deutschen Staaten unterstützt, da sie dazu diente, das jeweilige Feindbild im Kalten Krieg zu untermauern. In Westdeutschland dokumentierten dementsprechend staatliche Projekte das Schicksal derjenigen, die vor der Roten Armee geflüchtet bzw. von ihr vertrieben worden waren. In der DDR wiederum bekam die Zerstörung deutscher Städte durch amerikanische und britische Bomber viel öffentliche Aufmerksamkeit.[25]

In beiden deutschen Staaten dienten Darstellungen des Krieges in erster Linie dazu, Empathie und Anteilnahme mit dem Schicksal von nichtjüdischen Deutschen (in der SBZ/DDR auch mit osteuropäischen Opfern der Nazis) zu erzeugen, aber nicht mit dem Leiden der Juden. Manche

21 Zur gleichen Zeit kritisierten sie die Entnazifizierungs- und Umerziehungs-Maßnahmen der Alliierten aufs Schärfste. Vgl. Hermann Glaser, Kulturgeschichte der Bundesrepublik Deutschland. Zwischen Kapitulation und Währungsreform 1945–1948, München 1985; Eike Wolgast, Die Wahrnehmung des Dritten Reiches in der unmittelbaren Nachkriegszeit (1945/46), Heidelberg 2011; Stephen Brockmann, German Literary Culture at the Zero Hour, Rochester, NY 2004; Jeffrey K. Olick, In the House of the Hangman. The Agonies of German Defeat, 1943–1949, Chicago 2005.

22 Zur Moralität der Nazis siehe Harald Welzer, Täter. Wie aus ganz normalen Menschen Massenmörder werden, Frankfurt a. M. 2005, S. 48–67; Werner Konitzer/Raphael Gross (Hg.), Moralität des Bösen. Ethik und nationalsozialistische Verbrechen, Frankfurt a. M. 2009; Richard Weikart, Hitler's Ethic. The Nazi Pursuit of Evolutionary Progress, New York 2009; Raphael Gross, Anständig geblieben. Nationalsozialistische Moral, Frankfurt a. M. 2010; Wolfgang Bialas, Nazi Ethics. Perpetrators with a Clear Conscience, in: Dapim. Studies on the Holocaust 27 (2013) 1, S. 3–25. Zur Neuausrichtung in den Nachkriegsjahren siehe Konrad H. Jarausch, Die Umkehr. Deutsche Wandlungen 1945–1995, München 2004.

23 Diese Formulierungen stehen am Anfang der ostdeutschen Verfassung bzw. des westdeutschen Grundgesetztes. Vgl. http://germanhistorydocs.ghi-dc.org/sub_document.cfm?document_id=2859; http://germanhistorydocs.ghi-dc.org/sub_document.cfm?document_id=2858 (letzter Zugriff Januar 2013).

24 Vgl. Bergmann, Antisemitismus in öffentlichen Konflikten; Jay Howard Geller, Jews in Post-Holocaust Germany, 1945–1953, Cambridge 2005; Christina Ullrich, »Ich fühl' mich nicht als Mörder«. Die Integration von NS-Tätern in die Nachkriegsgesellschaft, Darmstadt 2011.

25 Moeller, War Stories; Margalit, Guilt, Suffering, and Memory.

deutschen Schriftsteller und Filmemacher aber, die in der Einstellung zu Juden einen wichtigen Lackmustest für den moralischen Charakter der deutschen Bevölkerung sahen, integrierten Juden in ihre Darstellungen des Krieges.[26] Unterstützt von den Alliierten und ihren Reeducation-Plänen, produzierten diese Künstler Werke, die eine bisher fehlende Empathie mit dem Leiden von Juden hervorrufen sollten. Viele dieser Künstler waren selbst Opfer des Nazi-Regimes.

Die Beschreibung von Hilfeversuchen von nichtjüdischen Deutschen für verfolgte Juden ermöglichte den Autoren, persönliche Beziehungen zwischen Juden und Nichtjuden aus der Nähe zu betrachten. Dem Publikum wiederum boten die Beschreibungen von *gescheiterter* Rettung die Möglichkeit, sich über die Gründe für dieses Scheitern Gedanken zu machen und moralische Fragen aufzuwerfen. Ein Beispiel dafür stellt der erfolgreiche Film *Ehe im Schatten* dar, der am 3. Oktober 1947 in allen vier Besatzungszonen Premiere feierte. Dieser erste Film des Regisseurs Kurt Maetzig wurde von der ostdeutschen DEFA produziert. Das Drehbuch schrieb Maetzig auf Basis der wahren Geschichte des Schauspielers Joachim Gottschalk und seiner jüdischen Frau Meta Wolff. Gemeinsam mit ihrem Sohn nahmen sie sich das Leben – einen Tag bevor sie nach Theresienstadt deportiert werden sollten.[27] Maetzig kannte Gottschalk zwar nicht persönlich, aber das Thema war ihm nicht fremd: Seine jüdische Mutter nahm sich das Leben, um der Gestapo zu entgehen.[28]

Die ersten Szenen des Films zeigen Elisabeth (Ilse Steppat), eine beliebte Schauspielerin jüdischer Herkunft, auf der Bühne. Nach ihrem erfolgreichen Auftritt trifft Elisabeth Herbert Blohm (Claus Holm), einen jungen Verleger; zwischen den beiden entwickelt sich eine Liebesbeziehung. Die Zeit ist Anfang 1933, kurz nach der nationalsozialistischen Machtübernahme. Während eines Urlaubs am Meer sehen das junge Paar und ihre Freunde ein Schild auf dem steht: »Juden unerwünscht«. Erschrocken erzählt Elisabeth Herbert, dass sie jüdisch ist, und er, der die bevorstehende »neue Zeit« begeistert begrüßt, reagiert überrascht, sagt ihr aber zunächst, dass dies nichts an seiner Liebe zu ihr ändere. Als Herbert jedoch schließlich eine Stelle im Propagandaministerium annimmt, bricht er die Beziehung ab. Zur gleichen Zeit verlässt Kurt Bernstein (Alfred Balthoff), ein jüdischer Freund Elisabeths, Deutschland, woraufhin Elisabeth überlegt, ob sie seinem Beispiel folgen soll. Aber ihr Kollege Hans (Paul Klinger), ein nichtjüdischer Schauspieler, der heimlich in sie verliebt ist, schlägt ihr eine Heirat vor, um Schutz durch eine »Mischehe« zu bieten, und bringt sie dadurch vom Gedanken an eine Flucht ab.

Nach ihrer Hochzeit zeigt der Film Elisabeths wachsende Isolation: Sie darf nicht mehr im Theater auftreten, verlässt kaum noch das Haus und ist der Frustration von Hans ausgesetzt, der sich nicht sicher ist, ob seine Frau ihn liebt. In einem Moment der Schwäche flirtet er mit einer anderen Schauspielerin, hört aber plötzlich Schreie und das Zerbrechen von Glas. Die »Reichskristallnacht« hat begonnen. Hans eilt besorgt zu seiner Frau und zeigt damit seine Liebe und moralische Verpflichtung zu ihr. An diesem Abend äußert Elisabeth zum zweiten Mal den Wunsch, Deutschland zu verlassen. Aber auch dieses Mal versichert ihr Hans, dass ihr nichts geschehen kann, solange sie zusammen bleiben.

26 Zur symbolischen Funktion »der Juden« in den unmittelbaren Nachkriegsjahren vgl. Frank Stern, Im Anfang war Auschwitz. Antisemitismus und Philosemitismus im deutschen Nachkrieg, Gerlingen 1991.

27 Maetzig bearbeitete die Novelle, die Hans Schweikart, ein Freund von Gottschalk, kurz nach Ende des Krieges geschrieben hatte. Vgl. Sabine Hake, Popular Cinema of the Third Reich, Austin, TX 2001, S. 213–217.

28 Auch zwei Schauspieler jüdischer Herkunft (Alfred Balthoff und Willy Prager) konnten sich im Film auf ihre eigenen Verfolgungserlebnisse stützen. Peter Reichel, Erfundene Erinnerung. Weltkrieg und Judenmord im Film und Theater, München 2004, S. 185–186.

Mit der nächsten Szene springt der Film ins Jahr 1943. Hans wird eingezogen, und Elisabeth wird gezwungen, schwere Arbeit mit anderen Frauen aus »privilegierten Ehen« zu leisten. Die Angst vor der Deportation ist in den Gesprächen der Frauen allgegenwärtig, und eines Nachts wirft sich eine von ihnen unter einen fahrenden Zug – so stellt der Film assoziative Zusammenhänge zwischen Zügen und gewalttätigem, dreckigem und hoffnungslosem Tod her, ohne Bilder aus den Lagern »im Osten« zeigen zu müssen.

Als Hans wieder nach Hause kommt, blüht die Liebe des Paares stärker auf als je zuvor. Hans darf wieder spielen aber Elisabeth kann die Isolation in der Wohnung, die ihr zum Gefängnis wird, nicht mehr ertragen. Sie begleitet ihren Mann zur Premiere seines neuen Films, wo ihre Identität entlarvt wird. Daraufhin wird Hans in Herberts Büro im Propagandaministerium gerufen. Herbert informiert ihn darüber, dass Elisabeth am darauffolgenden Tag deportiert werden soll und merkt an, dass Hans sich von seiner Frau scheiden lassen müsse, wenn er sich und seine Karriere retten wolle. Hans will davon nichts hören und tadelt Herbert für seinen kalten Opportunismus. Auf dem Weg nach Hause stellt er sich bestürzt vor, wie SS-Schergen seine Frau mit Gewalt in einen Zug zwingen.

In der Wohnung ergeht sich Elisabeth in Erinnerung an schöne Zeiten, die sie und Hans einmal hatten. Hans verspricht ihr: »Wir bleiben zusammen«. Die zwei trinken Gift und legen sich aufs Bett – er trägt einen Anzug und sie ein weißes Abendkleid, als würden sie nochmals heiraten. Ihr Tod ist von stiller, langsamer Ästhetik und wirkt wie ein märchenhaftes Schlafen. So stellt ihr Tod den absoluten Gegensatz zum erwähnten Selbstmord der jüdischen Frau in einer früheren Szene dar.

Der Film erzählt die Tragödie von Juden in Nazi-Deutschland mittels einer einzelnen Geschichte, die auf verschiedene Aspekte der Verfolgung (Diskriminierung, Isolierung, Zwangsarbeit, Deportation und Tod) verweist. Das tragische Ende wird nicht als zwangsläufiges dargestellt, denn im Film gibt es mehrere Momente, in denen Elisabeth sich retten könnte. In einer Zeit, in der dies noch möglich war, überlegt Elisabeth zwei Mal, Deutschland zu verlassen, aber Hans hält sie davon ab. Letztendlich ist es Elisabeths Fehlentscheidung, in den Kinosaal zu gehen, die zu ihrem Tod führt. Warum aber verzichtet Maetzig auf ein Happy End? Wollte er der Geschichte Gottschalks genau folgen (was er in manchen Details nicht tat),[29] oder geht es um etwas anderes? Dass es sich hier wahrscheinlich um keinen Zufall handelt, legt ein Vergleich mit zwei anderen Filmproduktionen nahe. Diese zwei Filme entstanden im gleichen Jahr (1947) in den westlichen Besatzungszonen und zeigen beachtliche Übereinstimmungen mit Maetzigs Film. Sowohl in *Zwischen gestern und morgen* (Regie: Harald Braun) als auch in *In jenen Tagen* (Regie: Helmut Käutner) nimmt sich ein »gemischtes« Paar das Leben. Die identische Entscheidung dieser drei unterschiedlichen Regisseure, eine »Mischehe« durch Selbstmord zu beenden, ist vor allem dann bemerkenswert, wenn man überlegt, dass diese Ehen in der Realität oft zum Überleben des jüdischen Partners führten.[30] Mehr noch, Käutner selbst (anders als Maetzig) kannte einen konkreten

29 Maetzig nahm sich Freiheiten bei der Gestaltung der Geschichte von Joachim Gottschalk und Meta Wolff, beispielsweise wenn er ignorierte, dass das Ehepaar einen Sohn hatte, den es mit in den Tod nahm. Insofern hätte Maetzig auch das Ende der Geschichte ändern können.

30 Beate Meyer, The Mixed Marriage. A Guarantee of Survival or a Reflection of German Society during the Nazi Regime?, in: David Bankier (Hg.), Probing the Depths of German Antisemitism. German Society and the Persecution of the Jews, 1933–1941, Jerusalem 2000, S. 54–77; Nathan Stoltzfus, The Limits of Policy. Social Protection of Intermarried German Jews in Nazi Germany, in: Robert Gellately/Nathan Stoltzfus (Hg.), Social Outsiders in Nazi Germany, Princeton 2001, S. 117–144.

Fall, in dem eine jüdische Frau dank ihres nichtjüdischen Mannes überleben konnte, entschied sich aber trotzdem für die Beschreibung einer misslungenen Rettung.[31] Warum also?

Maetzig sagte später, dass er im Film die Fehler des Paares und die Sünden der nichtjüdischen deutschen Bevölkerung – und so ihren Anteil am Schicksal der Juden – thematisieren wollte.[32] Siegfried Kracauer kritisierte demgegenüber, dass der Fokus des Films auf das private Leben des Paares kaum Platz für Kritik auf gesellschaftlicher Ebene ließe.[33] Andere zeitgenössische Filmkritiker wünschten sich eine schärfere Herausforderung der deutschen Bevölkerung mit der »jüngsten Vergangenheit«.[34] Meines Erachtens unterschätzt Kracauer in seinem Urteil die Nazi-Politisierung des Privatlebens, in deren Mitte die Beibehaltung der »Rassereinheit« stand. Freundschaftliche Verhältnisse wie Liebesbeziehungen zwischen »Ariern« und »Juden« markierten moralische Brüche der sozialen Ordnung im Dritten Reich. In diesem Sinne lieferte der Film eine humanistische Botschaft, die zur ideologischen Umorientierung in der Nachkriegszeit beitragen sollte. Der humanistische Höhepunkt des Films konnte sich nicht so sehr im Überleben als vielmehr im Akt des gemeinsamen Selbstmordes artikulieren. Da die zwei Protagonisten zu ihrer letzten Entscheidung nur aufgrund ihrer Fehlentscheidungen kommen, ist es die misslungene Rettung Elisabeths, die Hans (und die Zuschauer) mit dem ultimativen moralischen Test konfrontiert und die die opportunistische Einstellung brandmarkt, die Herbert verkörpert und die viele Deutsche einnahmen.

Warum aber entschied sich Maetzig, den Film mit einem gemeinsamen Selbstmord enden zu lassen und nicht mit der Ermordung Elisabeths (und vielleicht auch Hans') durch die Nazis? Hier spielen zum einen vielleicht, wie bereits oben angemerkt, persönliche Gründe eine Rolle. Es scheint aber, dass es zum anderen noch eine weitere und breitere Erklärung dafür gibt, stellt doch die Beschreibung des Selbstmords von verfolgten Juden in Literatur und Film in den ersten Nachkriegsjahrzehnten keinen Einzelfall dar. Sehr unterschiedliche Werke wie Hans Falladas Widerstandsroman *Jeder stirbt für sich allein* (SBZ 1947), Gertrud von le Forts christliche Parabel *Das fremde Kind* (BRD 1961)[35] und der Roman *Die Blechtrommel* von Günter Grass (BRD 1959) enthalten Episoden, in denen der Selbstmord von Juden Empathie mit den Verfolgten wecken kann. Denkbar ist, dass manche Autoren die Beschreibung eines Selbstmords favorisierten, um die Thematisierung deutscher Täterschaft zu vermeiden und gewisse Elemente der jüdischen Katastrophe unerwähnt zu lassen.[36] Die Schilderung von Selbstmord konnte aber auch anderen Zwecken dienen, ist diese Schilderung doch in der Lage, dem Publikum vor allem die menschlichen Aspekte des tragischen Schicksals der Juden nahezubringen. Statt eine fremde und für viele unvorstellbare Realität in Ghettos und Lagern darzustellen, konnte man Lesern und Zuschauern Fälle präsentieren, die sich mitten in der Großstadt zutrugen und die man vielleicht

31 Vgl. Korrespondenz Käutners mit Alf Teichs, Hamburg 20.6.1946, Akademie der Künste Archiv (AdKA), Käutner Archiv, Akte 59.

32 Kurt Maetzig, Filmarbeit. Gespräche, Reden, Schriften, Berlin 1987, S. 54–55; Wolfgang Becker/Norbert Schöll, In jenen Tagen … Wie der deutsche Nachkriegsfilm die Vergangenheit bewältigte, Opladen 1995, S. 55.

33 Siegfried Kracauer, Der anständige Deutsche. Ein Filmportrait, in: Film und Fernsehen 1 (1999), S. 6–8 (zuerst 1949).

34 Robert R. Shandley, Rubble Films. German Cinema in the Shadow of the Third Reich, Philadelphia 2001, S. 81–90; Reichel, Erfundene Erinnerung, S. 185–191.

35 Gertrud von Le Fort, Das fremde Kind. Erzählung, Frankfurt a. M. 1961.

36 Siehe z. B. die möglichen apologetischen Funktionen des Selbstmords in Grass' *Die Blechtrommel*: Ernestine Schlant, The Language of Silence. West German Literature and the Holocaust, New York 1999, S. 64–65.

selbst gesehen hatte, da die Zahl der Juden, die sich das Leben nahmen, relativ groß war, und dies auch in mehreren Tagebüchern und Memoiren erwähnt wurde.[37] Selbstmord veranschaulicht die Aussichtslosigkeit der Lage und die Angst der Juden im Dritten Reich. Gleichzeitig ermöglichte dieser den Verfolgten einen letzten Akt der Freiheit, einen Freitod, der ihnen ihre Humanität wiedergab – wie eine Broschüre zum Film *Ehe im Schatten* es formuliert.[38] Darüber hinaus stellte das Opfer des nichtjüdischen Ehepartners einen moralischen Weg vor, den nur wenige Deutsche beschritten, und propagierte dadurch die Notwendigkeit eines moralischen Neuanfangs nach dem Krieg.

Um bei den Zuschauern Empathie für die Juden zu erzeugen, verwendete Maetzig im Film Strukturen des Melodramas, die Kinogängern im Dritten Reich geläufig und die bei ihnen sehr beliebt waren. Erfolgreiche Melodramen, die in deutschen Kinos unter den Nazis liefen, schilderten oft Ehekrisen, in denen eine romantische Dreierkonstellation von den Protagonisten forderte, das »Richtige« zu tun, und die Zuschauer dadurch zur Identifikation mit bestimmten moralischen Prinzipien ermutigte.[39] Die moralischen Werte in *Ehe im Schatten* unterscheiden sich zwar sehr von denen in den Melodramen der NS-Zeit, in deren Zentrum »Rassenhierarchien«, Soldatentum und die Loyalität der Frau zu ihrem Mann standen,[40] aber die Dreierkonstellation (Elisabeth-Hans-Herbert) bleibt grundsätzlich bestehen und ermöglicht es Maetzig, das Publikum mit neuen moralischen Inhalten anzusprechen.

Ob es Maetzig tatsächlich gelang, bei nichtjüdischen deutschen Zuschauern Empathie und Anteilnahme mit dem Schicksal der Juden zu wecken, ist schwer zu beantworten. Obgleich der Film ein immenser Erfolg in allen Besatzungszonen war – mehr als zehn Millionen Deutsche sahen ihn im Jahr seines Erscheinens und weitere zwei Millionen innerhalb von fünf Jahren –, bleibt unklar, was die Zuschauer davon mitnahmen. Der Filmkritiker Leo Menter, der im Film einen wichtigen Beitrag zur moralischen Umwandlung der Deutschen sah, versuchte diese Frage zu beantworten:

> *»Das Publikum verließ mit feuchten Augen das Theater und hatte Scheu vor den ersten Worten. Man soll aber nach solchem Film auch fragen, ob das genügt. Reicht die Ergriffenheit im Theater denn weiter als zu einer spontanen Äußerung? Oder heißt es nicht richtiger: Ist es für die Menschen nicht nur ein zwar ergreifendes aber eigentlich doch fremdes Schicksal, das da nachempfunden wird?«*[41]

Die Gefahr einer »leeren« Empathie, die beim Publikum keine moralische Reflexion erzeugt, wurde bekanntlich von Adorno bezüglich der Reaktionen auf das Theaterstück *Das Tagebuch der Anne*

37 Vgl. Christine Hartig, »Conversations about Taking Our Own Lives – Oh a Poor Expression for a Forced Deed in Hopeless Circumstances!« Suicide among German Jews 1933–1943, in: Leo Baeck Year Book 52 (2007), S. 247–265; Christian Goeschel, Suicides of German Jews in the Third Reich, in: German History 25 (2007) 1, S. 22–45.

38 Ein Exemplar der Broschüre befindet sich in meinem Besitz.

39 Vgl. Mary-Elizabeth O'Brien, Nazi Cinema as Enchantment. The Politics of Entertainment in the Third Reich, Rochester, NY 2006, S. 160–205.

40 Diese Elemente finden sich beispielsweise im größten Kassenschlager des Dritten Reiches, *Die Große Liebe* (Regie: Rolf Hansen, 1942). Vgl. Stephen Brockmann, A Critical History of German Film, Rochester, NY 2010, S. 167–179.

41 Leo Menter, Ehe im Schatten, in: Die Weltbühne 2 (2.10.1947) 20, S. 895–897, hier S. 897.

Frank, das ab 1956 emotionale Erschütterung in West- und Ostdeutschland hervorrief, geäußert.[42] In der Tat, ein einmaliges Weinen um das ermordete Mädchen Anne Frank oder um fiktionale Figuren wie Hans und Elisabeth liegt fern von einer selbstkritischen Auseinandersetzung mit dem Nationalsozialismus. Aber die in diesem Aufsatz thematisierten Darstellungen gescheiterter Rettung zielten nicht auf eine kollektive Beschuldigung der nichtjüdischen deutschen Bevölkerung, wie dies propagandistische Dokumentarfilme wie *Die Todesmühlen* (1945) taten und dadurch eine mehrheitlich ablehnende Einstellung bei ihrem Publikum erzeugten.[43] Sie vertraten vielmehr eine humanistische Haltung, die es nichtjüdischen Deutschen ermöglichte, sich nicht nur auf ihre Not zu konzentrieren, sondern auch die Perspektive von Juden anzunehmen und dadurch die Lehren von zwölf und mehr Jahren antisemitischer Propaganda schrittweise zu verwerfen. Dabei beruhten diese Werke auf einer langjährigen Tradition, die die Wahrung der Menschenrechte durch Anteilnahme am Leiden und Erleben von fiktionalen und realexistierenden Figuren förderte.[44]

Nicht alle Werke gescheiterter Rettung von Juden aus dem untersuchten Zeitraum enden mit einem romantischen Selbstmord, aber in den meisten dieser Werke finden sich Momente, in denen Liebe verschiedener Art mit humanistischer Haltung gleichgestellt wird. Dazu gehören Luise Rinsers Novelle *Jan Lobel aus Warschau* (1948)[45] und Günter Eichs Hörspiel *Die Mädchen aus Viterbo* (1952/1958)[46] aus Westdeutschland und zwei Novellen, die 1958 in der Tschechoslowakei erschienen und kurz danach in der DDR, auf Deutsch, mehrere Auflagen erhielten: Jan Otčenášeks *Romeo, Julia und die Finsternis*[47] und Rudolf Jašíks *Die Liebenden vom St.-Elisabeth-Platz.*[48] *Romeo, Julia und die Finsternis* wurde dem ostdeutschen Publikum auch in einer tschechoslowakischen TV-Produktion (1960), Ballett-Verfilmung (1964) sowie als Hörspiel (1960) und Film (Regie: Jiří Weiss, 1960) vorgestellt.[49] Der Film lief später im westdeutschen Fernsehen (1965) und dort danach auch in den Kinos.[50]

Die früheren unter diesen Werken enthielten Darstellungen gescheiterter Rettung, die als Beitrag zur Umerziehung von Deutschen aller Generationen gelesen werden können – auch wenn ihre Autoren unterschiedliche Gründe für die Integration dieser Darstellungen im jeweiligen Werk hatten. Die späteren Darstellungen gescheiterter Rettung sowie spätere Aufführungen bzw. Auflagen früherer Werke schienen sich hauptsächlich an diejenigen zu richten, die die NS-Zeit nicht oder nur als kleine Kinder erlebt hatten. Was diese dabei lernen sollten, wird offenkundig in

42 Adorno, Was bedeutet: Aufarbeitung der Vergangenheit? (1959). Zur Rezeption des Theaterstücks siehe Wolfgang Benz, Bilder vom Juden. Studien zum alltäglichen Antisemitismus, München 2001, S. 86–95; Sylke Kirschnik, Anne Frank und die DDR. Politische Deutungen und persönliche Lesarten des berühmten Tagebuchs, Berlin 2009.

43 Vgl. Cora Sol Goldstein, Capturing the German Eye. American Visual Propaganda in Occupied Germany, Chicago 2009, S. 51–58.

44 Vgl. Lynn Hunt, Inventing Human Rights. A History, New York 2007.

45 Luise Rinser, Jan Lobel aus Warschau, Frankfurt a. M. 1956.

46 Günter Eich, Die Mädchen aus Viterbo, Frankfurt a. M. 1961.

47 Jan Otčenášek, Romeo und Julia und die Finsternis, Berlin 1960.

48 Rudolf Jašík, Die Liebenden vom St.-Elisabeth-Platz, Berlin 1961.

49 Vgl. Angela Kuberski, Romeo und Julia und die Finsternis, in: Film und Fernsehen der DDR 13 (22.–28.3.1964), S. 15; Deutsches Rundfunkarchiv, Potsdam, B009985943; Manfred Haedler, Romeo, Julia und die Finsternis – Bedeutender CSSR-Film, Der Morgen 7.5.1961, HFF-Zeitungsdokumentation, Akte Romeo, Julia und die Finsternis.

50 Wulf Kansteiner, Entertaining Catastrophe. The Reinvention of the Holocaust in the Television of the Federal Republic of Germany, in: New German Critique 90 (2003), S. 135–162.

einer westdeutschen Rezension von Weiss' Film, der eine Liebesbeziehung zwischen einem nichtjüdischen Jungen und einer »tschechischen Anne Frank« schildert:

> *»Eine kleine Liebesgeschichte unter furchtbarem Druck war für Weiss das taktische Rezept, zumal den Jüngeren, einen guten Denkzettel zu widmen: Sie sollen sich vorstellen können, welche Schrecken geschahen – verstehen mit Gefühlen, die ihnen genauso geläufig sind wie jenem Romeo, jener Julia auf dem Dachboden.«* [51]

Kritik

Im Fokus der Darstellungen misslungener Rettung, die bisher besprochen wurden, stand der Aspekt der Herstellung von Empathie und Identifikation mit Juden als Opfern und nicht die Kritik an den nichtjüdischen Deutschen als Tätern oder Mitverantwortlichen. Die beschriebenen Werke zeichnen ein Bild, in dem die deutschen Protagonisten (und damit die nichtjüdische Bevölkerung insgesamt) beschränkte Handlungsfähigkeit hatten und deshalb kaum etwas für eine Rettung von Juden tun konnten. Das gescheiterte Überleben der jüdischen Protagonisten ergab sich demzufolge daraus, dass die deutsche Mehrheitsgesellschaft über die eigentlichen Ziele der NS-Judenpolitik nicht Bescheid wusste und der Macht der Diktatur nicht widerstehen konnte. Der Selbstmord von Hans beweist damit sowohl seine Moralität als auch seine Ohnmacht und die Unmöglichkeit, Elisabeth zu retten. Manche Darstellungen misslungener Rettung aus dem untersuchten Zeitraum erzählten jedoch eine andere Geschichte. Im Folgenden werden diejenigen Werke unter die Lupe genommen, die ihren Protagonisten mehr Handlungsvermögen unter dem NS-Regime einräumen, um nichtjüdische Deutsche dadurch mit ihrem moralischen Scheitern während der NS-Zeit zu konfrontieren.

Die meisten jüdischen Figuren in ost- und westdeutschen Romanen, Theaterstücken und Filmen bis in die 1960er Jahre waren passive Nebenfiguren, die oberflächlich und stereotyp skizziert wurden.[52] Gleichzeitig aber rückte diese eindimensionale Darstellung der Juden als handlungsunfähig, schwach und hilflos die Einstellungen und Taten der (nichtjüdischen) deutschen Protagonisten in den Mittelpunkt. So konnten diese Werke dennoch dazu dienen, moralische Fragen aufzuwerfen. Wenige Autoren übten direkte Kritik an der Untätigkeit der deutschen Mehrheitsgesellschaft angesichts von Verfolgung und Ermordung der Juden. Aber in den Werken derjenigen, die das versuchten, finden sich Darstellungen gescheiterter Hilfe für Juden – Darstellungen, die, wie gezeigt wird, für diese Kritik besonders geeignet waren.

Als Beispiel für das kritische Potential von Darstellungen gescheiterter Rettung kann Carl Zuckmayers Theaterstück *Des Teufels General* und die Verfilmung herangezogen werden.[53] Zuckmayer, dessen Stücke in der Weimarer Zeit sehr erfolgreich waren, schrieb das Drama während des Krieges im schweizerischen Exil. Im Zentrum steht der Fliegergeneral Harras, ein im Ersten Weltkrieg gefeierter Pilot, der im Dritten Reich für die Produktion neuer Flugzeuge für die Luftwaffe zuständig ist. Harras, ein eindrucksvoller und witziger Charmeur, der viel feiert und

51 Vs, ›Romeo, Julia und die Finsternis‹ am Olivaer Platz, Der Abend 28.3.1967, HFF-Zeitungsdokumentation, Akte Romeo, Julia und die Finsternis.

52 Vgl. Christiane Schmelzkopf, Zur Gestaltung jüdischer Figuren in der deutschsprachigen Literatur nach 1945, Hildesheim 1983; Heidy M. Müller, Die Judendarstellung in der deutschsprachigen Erzählprosa (1945–1981), Königstein 1986; Anat Feinberg, Wiedergutmachung im Programm. Jüdisches Schicksal im deutschen Nachkriegsdrama, Köln 1988; Shandley, Rubble Films; Reichel, Erfundene Erinnerung.

53 Carl Zuckmayer, Des Teufels General. Drama in drei Akten, Frankfurt a. M. 1982 [1946].

seinen Ruhm als Kriegsheld genießt, macht kein Geheimnis aus seiner Abneigung gegen die Nazis, obwohl er ihren Kriegszielen dient. Seine sorgenfreie Stellung wird ihm genommen, als er für die Sabotage neuer Flieger, die den Tod deutscher Piloten verursachen, verantwortlich gemacht und von der SS verhaftet wird. Harras verbringt eine Zeit lang in Haft und wird schließlich unter der Bedingung, die Saboteure aufzudecken, freigelassen. Oderbruch, einer seiner verlässlichsten Ingenieure, übernimmt die Verantwortung für die Sabotage und erklärt seine Taten als Widerstand gegen das NS-Regime. Vor die Wahl gestellt, entscheidet sich Harras, weder Oderbruch zu verraten noch dessen Sache beizutreten. Stattdessen steigt er in ein defektes Flugzeug und stürzt in den Tod.

Zuckmayer selbst beschreibt das Stück folgendermaßen:

> *»Es handelt [sich] hier um die Tragödie des ›unpolitischen Menschen‹ überhaupt, – dessen der[b]er politischen und moralischen Entscheidung um seines Berufs, seines Spezialistentums, seiner sportlichen Leidenschaft willen ausweicht, und für die der Fliegergeneral nur die stärkste Symbolisierung ist.*
> *Das ganze Stück ist die Darstellung eines Gewissenskonfliktes – der eigentliche ›Gegenspieler‹ des Harras ist […] sein eigenes Gewissen, das er zunächst noch mit […] gelegentlichen menschlichen anständigen Aktionen zu überdecken versucht, das ihn aber […] immer mehr in die Enge treibt und schließlich zu Fall bringt.«*[54]

Die von Zuckmayer benannten »gelegentlichen menschlichen anständigen Aktionen« scheinen sich vor allem auf Harras' Versuch zu beziehen, einen jüdischen Mann (Dr. Bergmann) und dessen nichtjüdische Frau, die für das Delikt der »Rassenschande« verfolgt werden, zu retten. Harras verspricht dem Ehepaar, sie aus Deutschland auszufliegen, wird aber von der SS verhaftet, bevor der Plan realisiert werden kann. Nachdem das Ehepaar lange auf die verzögerte Rettung gewartet hat, verlässt es das Versteck und nimmt sich auf einer Parkbank das Leben. Eine Freundin von Harras, Olivia, die am Hilfeversuch teilnimmt, überreicht dem gerade freigelassenen Fliegergeneral einen an ihn adressierten Abschiedsbrief von Dr. Bergmann. Der Text präsentiert dasselbe Muster eines Selbstmords, das uns auch in *Ehe im Schatten* begegnete:

> *»Mein lieber Freund – Wenn dieser Brief Sie erreicht, habe ich den Schritt in die Freiheit getan. Dies ist der einzige Weg zur Freiheit, der mir nach dem, was ich erlebt habe, noch gangbar erscheint. Wir beschritten ihn ruhig, ohne Schmerz. Für das, was man ein ›neues Leben‹ nennt, hätte ich keine Kraft mehr gefunden, und ich hätte zu wenig damit anfangen können, um es mit Freundesopfern erkaufen zu dürfen. Ich weiß, was Sie bereit waren, für mich zu tun. Sie haben es für andere, Unglücklichere, getan […] – Der Gedanke, daß es noch Menschen wie Sie –«.*[55]

Harras hört mit der Lektüre des Briefes an dieser Stelle auf – die Auflösung dieser Szene in emotionalem Kitsch wird unterbrochen. Olivia lobt sein Verhalten und sagt ihm, er solle stolz sein. Aber anders als in den oben besprochenen Werken lässt Zuckmayer seinen Helden nicht mit dem Versuch, Juden zu helfen, zufrieden sein. Statt zu behaupten, er hätte helfen wollen, die SS hätte

54 Brief Carl Zuckmayer an Helmut Käutner, 20.2.1949: »Grundsätzliche und grundlegende Erwägungen über die Verfilmung meines Stücks ›Des Teufels General‹«, AdKA, Käutner Archiv, Akte 2070. Zuckmayer äußerte sich in einer öffentlichen Diskussion in Frankfurt am Dezember 1947 in ähnlicher Weise. Vgl. Karin Weingran, »Des Teufels General« in der Diskussion: Zur Rezeption von Carl Zuckmayers Theaterstücks nach 1945, Marburg 2004, S. 54–55.

55 Zuckmayer, Des Teufels General, S. 98.

ihn aber seiner heroischen Tat beraubt, weigert sich Harras, die Verantwortung für den Tod der Juden allein »den Nazis« zuzuschieben:

> *»Jetzt sollen wir mal in den Spiegel gucken und über uns selbst gerührt sein. Was wir für edle Menschen sind. So schauen wir aus. Jeder hat seinen Gewissenjuden, oder mehrere, damit er nachts schlafen kann. Aber damit kauft man sich nicht frei. Das ist Selbstbetrug. An dem, was den tausend anderen geschieht, die wir nicht kennen und denen wir nicht helfen, sind wir deshalb doch schuldig. Schuldig und verdammt in alle Ewigkeit. Das Gemeine zulassen ist schlimmer, als es tun.«*[56]

Zuckmayer spricht hier zwar nicht von einer aktiven Täterschaft und wie andere Darstellungen seiner Zeit unterschiedet er eindeutig zwischen »Nazis« und der Mehrheit der Deutschen. Harras' Worte über die Schuld der nichtjüdischen deutschen Bevölkerung bleiben jedoch ungewöhnlich für die unmittelbare Nachkriegszeit. Unüblich war auch seine Kritik an denjenigen, die sich öffentlich an kleine Gesten alltäglicher Menschlichkeit für Juden erinnerten, um damit ihre »innerlich« antinazistische Einstellung zu beweisen, obwohl sie Mitglieder nationalsozialistischer Organisationen waren.[57] Die Selbststilisierung als »Judenfreund/in« oder »Judenretter/in« war eine häufige Erscheinung in Entnazifizierungsverfahren und Autobiografien in der deutschen Nachkriegszeit (in Ost und West), und Zuckmayers Beschreibung einer *Fast*-Rettung entlarvte diese verbreitete Apologetik als unzureichend.[58] So werden Harras und seine engsten Freunde einerseits als »gute Deutsche« beschrieben, die Solidarität und Empathie mit Juden mehrmals ausdrücken, so dass Leser bzw. Zuschauer sich mit dieser Einstellung identifizieren können.[59] Andererseits zeigt uns Zuckmayer, dass man im Dritten Reich nicht zwischen zwei Stühlen sitzen konnte; statt sich mit »gelegentlichen menschlichen anständigen Aktionen« zu trösten, hätte man versuchen sollen, den Nationalsozialismus zu Fall zu bringen. In dieser Botschaft ist die Aussage inbegriffen, dass man nur durch bedingungslosen Widerstand gegen das NS-Regime die Juden und andere Opfer nationalsozialistischer Verfolgung hätte retten können. So *musste* der Hilfeversuch in diesem Stück scheitern, um das moralische Scheitern der nichtjüdischen deutschen Bevölkerung während der NS-Zeit zu thematisieren.

Die Verbindung von Widerstand und Rettung wird nicht in Oderbruchs Figur verkörpert, sondern im jungen Offizier Hartmann. Hartmann, der sich im ersten Teil des Stücks begeistert bereit erklärt, den »Heldentod« für den Nazikrieg zu sterben, berichtet später entsetzt über die Ermordung von Zivilisten durch seine Kameraden. Seine Meinung über den Krieg und das Regime ändert sich drastisch, und Harras hilft ihm, einen neuen Weg unter der Leitung von Oderbruch zu finden. Während der junge Offizier eine neue moralische Richtung in einem Widerstandskreis einschlägt, gibt es diese Option für den älteren Harras nicht, weil er sich durch seine Komplizen-

56 Ebd., S. 98–99.

57 Ähnliche Kritik findet sich beispielsweise in einem Leserbrief, dessen Autor über »innerliche Gegner« des NS-Regimes schrieb: »wir wissen auch, daß jeder von ihnen sich durch mannhafte Guttaten an jüdischen Freunden eigentlich eine Auszeichnung verdient hat«. Karl Lerbs, Rand Bemerkung, Süddeutsche Zeitung 30.5.1946, S. 5. Siehe auch Marie Dubois, Die ›Große Stunde‹ der ›Kleinen Leute‹, in: Die Weltbühne 2 (1.4.1947) 7, S. 298–300; Willy Brandt, Verbrecher und andere Deutsche. Ein Bericht aus Deutschland 1946, Bonn 2007, S. 181.

58 In dem Sinne ähnelt seine Kritik den Kategorien von politischer und moralischer Schuld, die kurz nach dem Krieg von Karl Jaspers entwickelt wurden. Vgl. Karl Jaspers, Die Schuldfrage, Heidelberg 1946.

59 Positive Aussagen über Juden finden sich mehrmals im Stück. Vgl. Zuckmayer, Des Teufels General, S. 27, 56, 91–92, 107, 114–115 u. 123–124.

schaft mit dem NS-Regime schuldig gemacht hat.[60] Für die Nachkriegsrealität konzipiert, weist Zuckmayers Stück auf den Opportunismus hin, der das Verhalten vieler nichtjüdischer Deutscher unter Hitler charakterisierte, und präsentiert Hartmann als Vorbild für die moralische Transformation der deutschen Jugend nach dem Krieg.[61]

Zuckmayer wollte ein komplexes und kritisches Bild des Lebens im Dritten Reich zeigen, aber das Stück weist auch Elemente auf, die dieser Absicht nicht entsprechen.[62] So bleibt die Figur Oderbruchs, der eigentliche »gute Deutsche«, unterentwickelt und blass, während die Identifikation mit dem charmanten Harras leichter fällt. Die Besatzungsmächte befürchteten daher, dass das Stück dazu beitragen könnte, die Wehrmachtsgeneräle, die zeitgleich in Nürnberg vor Gericht standen, zu rehabilitieren, und waren sich unsicher, ob der Selbstmord von Harras vom Publikum als Zeichen seines moralischen Scheiterns oder als Beweis für seine begrenzte Handlungsmöglichkeit verstanden werden würde – denn wenn selbst Generäle den Nazis nicht widerstehen konnten, was konnte man dann von den »einfachen Leuten« verlangen?[63]

Die Tatsache, dass das Stück bereits bei seiner Premiere im November 1947 in den westlichen Besatzungszonen ein großer Erfolg war, deutet darauf hin, dass die Bedenken der Alliierten nicht unbegründet waren.[64] Zuckmayer versuchte, in einer Reihe von öffentlichen Veranstaltungen die »richtige« Deutung seines Werks zu erklären – ob dies gelang, ist schwer zu ermitteln.[65] Ein Grund für das mögliche Auseinanderklaffen zwischen Rezeption und Intention lag wahrscheinlich in der mangelnden Identifikation mit Oderbruch und mit den Taten der Widerstandskämpfer überhaupt, da diese in der Bundesrepublik lange als Landesverräter galten. Beides änderte sich, als das Stück 1955 unter der Regie von Helmut Käutner verfilmt wurde. Oderbruchs Figur wurde zugänglicher gemacht,[66] zudem erlangte der Widerstand gegen die Nazis bis Mitte der 1950er Jahre mehr politische und öffentliche Legitimität.[67] Auch andere Filme aus dieser Zeit lobten den militärischen Widerstand gegen Hitler und sorgten damit für eine größere öffentliche Akzeptanz.[68]

Andererseits aber schwächte die Verfilmung das kritische Potenzial des Stücks, da der Film den Handlungsspielraum von Harras (gespielt von Curd Jürgens) minderte. Zwar beschreibt auch der Film die misslungene Rettung des (jetzt jüdischen und nicht »gemischten«) Paars als Harras' Misserfolg, doch bekommt nun seine Haft mehr Aufmerksamkeit, wodurch die Ohnmacht des

60 Harras' Tod entspricht damit dem klassischen tragischen Model, in dem ein Mann stirbt, nachdem er seine Sünden erkannt hat. Damit entlarvt er die Gründe seines Scheiterns und erweckt Angst und Mitleid beim Publikum.

61 Carl Zuckmayer, Persönliche Notizen zu meinem Stück ›Des Teufels General‹, in: Die Wandlung 3 (1948) 4, S. 331–333; Carl Zuckmayer, Als wär's ein Stück von mir. Horen der Freundschaft, Wien 1966, S. 562.

62 Vgl. Mariatte C. Denman, Nostalgia for a Better Germany. Carl Zuckmayer's *Des Teufels General*, in: The German Quarterly 76 (2003) 4, S. 369–380.

63 Reichel, Erfundene Erinnerung, S. 55; Weingran, »Des Teufels General« in der Diskussion, S. 29–65.

64 Bis 1955 erschien das Stück mehr als 5000 Mal auf westdeutschen Bühnen. Die Sowjets ließen es in ihrer Besatzungszone nicht zu. Vgl. Reichel, Erfundene Erinnerung, S. 53.

65 Über diese Versuche des Dramatikers siehe Zuckmayer, Als wär's ein Stück von mir, S. 560–563 sowie Weingran, »Des Teufels General« in der Diskussion, S. 29–65.

66 Auf diese Veränderung des Charakters verweisen auch Rezensionen des Films. Siehe z. B. Dora Fehling, Quartier in der Hölle. Der Zuckmayer-Film ›Des Teufels General‹ im Gloria-Palast, Der Telegraf (Berlin) 31.3.1955, AdKA, Käutner Archiv, Akte 2422.

67 Vgl. Norbert Frei, 1945 und wir. Das Dritte Reich im Bewußtsein der Deutschen, München 2005, S. 129–144.

68 Darunter waren: *Canaris* (Regie: Alfred Weidenmann, 1954), *Der 20. Juli* (Regie: Falk Harnack, 1955) und *Es geschah am 20. Juli* (Regie: G.W. Pabst, 1955).

Generals betont wird.[69] Mehr noch, im Film betrachtet Harras aus sicherer Entfernung das tote jüdische Paar und sieht ihren Tod als ein Zeichen für die Gefahr, die auch ihn und ihm Nahestehende bedroht. Manuel Köppen schreibt, dass »[t]he reference to the persecution of Jews has shifted its function from the question of guilt (in the play) to the condemnation of an inhuman regime (in the film).«[70] So passte sich der Film der in der Bundesrepublik weitverbreiteten Totalitarismus-Interpretation an, die im Nationalsozialismus und im Kommunismus Schwesterphänomene sah. Damit verschwand ein Teil der Kritik des Theaterstücks zugunsten einer Kritik, die nach Außen gerichtet war und den nichtjüdischen Deutschen Entlastung für ihre Verantwortung im Dritten Reich anbot.

Warum stellte Zuckmayer eine widerspruchsvolle Hauptfigur in den Mittelpunkt seines Stücks und keine einfacher zuzuordnende Figur wie einen Widerstandskämpfer oder Nazi-Täter? In einer Korrespondenz mit Käutner erklärte er seine Absicht: »Das Stück [...] konfrontiert das deutsche Publikum unmittelbar mit seiner Vergangenheit, d.h. mit sich selbst, und zwingt es zur Auseinandersetzung damit, ohne es zu kränken, zu verletzen oder durch Einseitigkeit abzustossen.«[71]

In der ersten Hälfte des Stücks sollte das Publikum den charmanten Harras mögen und sich mit ihm identifizieren. Der Fliegergeneral ist nicht nur witzig und attraktiv, sondern seine Haltung »den Nazis« gegenüber und seine Einstellung zu Juden zeigt ein Bild eines »guten Deutschen«, das viele in der Nachkriegszeit sich nur zu gerne anzueignen versuchten. Ein nichtjüdischer Deutscher, der versucht Juden zu retten, liefert einen positiven Anknüpfungspunkt, der die Zuschauer und Leser nicht mit dem Vorwurf der Kollektivschuld entfremdet und abschreckt. Nachdem aber die Identifikation des Publikums mit Harras hergestellt wurde, scheitert der Rettungsversuch, womit die Mehrheit der deutschen Bevölkerung für ihre moralischen Kompromisse kritisiert und die Konsequenzen ihrer Haltung veranschaulicht werden.

Diese Beschreibung einer gescheiterten Rettung von Juden vollzieht also meines Erachtens einen *Balanceakt* zwischen Entlastung und Kritik. Sie erlaubt Verfassern fiktionaler Werke, Zweifel am Verhalten der deutschen Mehrheitsgesellschaft unter dem NS-Regime auszudrücken, ohne die Grenzen der Vergangenheitsbilder in den späten 1940er und 1950er Jahren, die Deutsche vornehmlich als unschuldig zeigten, zu sprengen. So findet man kurze Episoden misslungener Rettung von Juden sogar in Werken, die sich darauf konzentrierten, die Deutschen als Opfer zu präsentieren. Ein Beispiel dafür ist Frank Wisbars Film *Nacht fiel über Gotenhafen* (BRD 1959), der die Versenkung des deutschen Flüchtlingsschiffs *Wilhelm Gustloff* am 30. Januar 1945 dramatisiert, gleichzeitig aber eine kleine Szene enthält, in der nichtjüdische Deutsche für ihre Untätigkeit bei der Verhaftung von versteckten Juden getadelt werden. In ähnlicher Weise stellt Hans Scholz' Roman *Am grünen Strand der Spree* (1955)[72] und seine TV-Adaptation (Regie: Fritz Umgelter, 1960, ARD) einfache Wehrmachtsoldaten als Menschen dar, die Verfolgten helfen könnten, dies aber nicht tun oder mangels Engagement daran scheitern, ohne dass das populäre Bild einer »sauberen Wehrmacht« dadurch zerstört wird.[73]

69 Vgl. dazu Reichel, Erfundene Erinnerung, S. 58.

70 Manuel Köppen, The Rhetoric of Victim Narratives in West German Films of the 1950s, in: Paul Cooke/Marc Silberman (Hg.), Screening War. Perspectives on German Suffering, Rochester, NY 2010, S. 56–79, hier S. 59.

71 Brief Carl Zuckmayer an Helmut Käutner 20.2.1949: »Grundsätzliche und grundlegende Erwägungen über die Verfilmung meines Stücks ›Des Teufels General‹«, AdKA, Käutner Archiv, Akte 2070.

72 Hans Scholz, Am grünen Strand der Spree, Hamburg 1955.

73 Vgl. Kobi Kabalek, Das Scheitern und die Erinnerung. Über das Nicht-Retten von Juden in zwei deutschen Nachkriegsfilmen, in: Lisa Bolyos/Katharina Morawek (Hg.), Diktatorpuppe zerstört, Schaden gering. Kunst und Geschichtspolitik im Postnazismus, Wien 2012, S. 92–103.

Sowohl ost- als auch westdeutsche Werke versuchten, durch die Anerkennung der Fehler und Teilverantwortung der deutschen Mehrheitsgesellschaft für die Verbrechen des NS-Regimes eine kritische Reflexion bei ihrem Publikum zu erzeugen, um so zur moralischen Umorientierung in der Nachkriegszeit beizutragen. Neben diesen Gemeinsamkeiten in den Werken aus West- und Ostdeutschland gibt es allerdings auch einige signifikante Unterschiede. Der Hauptunterschied zwischen den Transformationsnarrativen in Darstellungen gescheiterter Rettung aus BRD und DDR liegt im geschilderten Spielraum der beschriebenen Handlungen und der erwünschten Reaktionen. Die westdeutschen Werke sind sehr abgeneigt, das Opferimage der Deutschen allzu sehr zu gefährden. Nicht immer wird dabei deutlich, was die Protagonisten gegen das NS-Regime hätten machen können. Während in der Bundesrepublik Themen wie Desertion negativ konnotiert waren und auch Widerstand über lange Jahre keine breite Akzeptanz genoss, verzichteten manche ostdeutsche Werke auf die Beschreibung nichtjüdischen deutschen Leidens und zeichneten den Kampf gegen die Nazis und sogar gegen die deutschen Kameraden als die richtige Entscheidung.[74] Die aktivere Einstellung ostdeutscher Werke verband sich mit der Behauptung, dass der Kampf gegen den Faschismus in der Gegenwart weiter geführt werde. So verkündete die ostdeutsche Zeitung *Neues Deutschland* die bevorstehende Premiere des DEFA-Films *Sterne* (Regie: Konrad Wolf, 1959), der eine Reihe von Taten misslungener Hilfe für Juden thematisierte, mit den folgenden Worten:[75] »Er ist ein aufrüttelnder Ruf an alle diejenigen, die heute wiederum glauben, untätig zusehen zu können, wie in Westdeutschland die Militaristen einen noch schrecklicheren Krieg vorbereiten.«[76]

Diese und andere ostdeutsche Stellungnahmen zu dem Film folgen also den DDR-Propagandakampagnen seit 1956, die die Bundesrepublik (dargestellt als Staat, der ehemaligen Nazi-Funktionären Zuflucht gewährt und eine imperialistisch-faschistische Politik betreibt) von der Deutschen Demokratischen Republik (dem antifaschistischen Staat und Hort des sozialistischen Humanismus) unterschied.[77]

Schlussbemerkung: Erinnern durch Scheitern

Im ersten Teil dieses Aufsatzes wurden fiktionale Darstellungen misslungener Rettung besprochen, die beim nichtjüdischen deutschen Publikum Empathie und Anteilnahme mit den jüdischen Opfern des Nationalsozialismus zu erwecken versuchten. Diese Werke schildern eine beschränkte Handlungsfähigkeit ihrer nichtjüdisch-deutschen Protagonisten, die von Loyalität, Liebe und Menschlichkeit den Juden gegenüber geprägt ist, ohne dass diese Haltung die Juden retten könnte. Es scheint, dass die Entscheidung für ein tragisches Ende den dramatischen Effekt dieser Werke erhöhen und die emotionale Teilnahme am Schicksal der Juden ermöglichen sollte. Diese Entscheidung kann auch als Ausdruck davon verstanden werden, dass die Autoren einen optimistischen Abschluss der Geschichte und das Überleben der jüdischen Protagonisten so kurz

74 Vgl. Kabalek, The Rescue of Jews and the Memory of Nazism in Germany, S. 198–207.

75 Zur Funktion der gescheiterten Rettung in *Sterne* vgl. Thomas Elsaesser, Vergebliche Rettung. Geschichte als Palimpsest in STERNE, in: Michael Wedel/Elke Schieber (Hg.), Konrad Wolf – Werk und Wirkung, Berlin 2009, S. 73–92; Kabalek, Das Scheitern und die Erinnerung.

76 ›Sterne‹: Eine Gemeinschaftsproduktion der Volksrepublik Bulgarien und der DDR. Von unserer Sofioter Korrespondentin Cläre Einhorn, Neues Deutschland 1.11.1958. Konrad Wolf Archiv, AdKA, Akte 345.

77 Vgl. Jutta Illichmann, Die DDR und die Juden. Die deutschlandpolitische Instrumentalisierung von Juden und Judentum durch die Partei- und Staatsführung der SBZ/DDR von 1945 bis 1990, Frankfurt a. M. 1997, S. 136–148.

nach dem Holocaust nicht ertragen konnten. Daher konnten sich diese Werke auf die Anerkennung jüdischen Leidens konzentrieren, ohne dabei ernsthaft ein moralisches Scheitern der nichtjüdischen deutschen Bevölkerung zu konstatieren.

Im zweiten Teil wurde gezeigt, dass nicht alle Darstellungen gescheiterter Rettung diese Form von Schicksalshaftigkeit und Ohnmacht widerspiegeln. Manche Werke geben ihren Protagonisten mehr Handlungsvermögen unter dem NS-Regime und verweisen damit auf ihr moralisches Versagen. In diesen Werken sollten misslungene Hilfeversuche die Ungültigkeit von »innerlicher« Ablehnung des Dritten Reichs kritisieren und sie als Selbstbetrug bloßstellen, um letztendlich eine moralische Transformation in der Nachkriegszeit zu bewirken.

Um ihre aufklärerischen Ziele zu erreichen, zeigen alle hier erwähnten Werke eine Wechselwirkung von kritischen und entlastenden Perspektiven in Bezug auf die NS-Zeit, in denen auch der Holocaust, der mindestens bis Anfang der 1960er Jahre ein unpopuläres Thema war, seinen Platz fand. Das komplexe (und manchmal widerspruchsvolle) Bild, das diese Werke zeichneten, und der emotionale Anreiz, den viele von ihnen hatten, wurde durch die Darstellung misslungener Rettung erleichtert und gefördert. Es wurde aber auch gezeigt, dass die Botschaft von Anteilnahme und Empathie sowie von Kritik und Transformation, oft zu komplex oder undeutlich inszeniert war, sodass Zuschauer und Leser sie wahrscheinlich nicht immer so wahrnahmen, wie manche Verfasser dieser Werke es intendierten. Gerade in diesen widersprüchlichen Tendenzen und Botschaften aber veranschaulichen diese Werke die verschiedenen erinnerungspolitischen Neigungen ihrer Zeit. Um 1960, als öffentliche Diskussionen der NS-Zeit immer mehr die Täter in den Mittelpunkt stellten, entstanden fast keine neuen fiktionalen Darstellungen gescheiterter Rettung. Das Sprechen über den Holocaust veränderte seine Form und damit verwandelte sich auch das Bild der Hilfe für Juden – ein Thema, das Autoren fiktionaler Werke nunmehr entweder ganz ignorierten oder ihm mit Darstellungen von erfolgreichen Rettungen eine andere Wendung gaben.[78]

78 Vgl. Kabalek, The Rescue of Jews and the Memory of Nazism in Germany.

■ Felix Krämer

Der Fall Carter

Das Scheitern eines US-Präsidenten in den Fernsehnachrichten zwischen 1975 und 1981

Als ich Anfang der 1990er Jahre in einen Klassenraum der Union High School in Tulsa, Oklahoma kam, wo Geschichte unterrichtet werden sollte, wunderte ich mich über ein Ranking der US-Präsidenten an der Wand. »From best to worst« hingen da 41 Köpfe, am Ende der Jimmy Carters. Einige Wochen später kam Präsident Bush an dieselbe Schule, um im Wahlkampf für sich zu werben. Auch er sollte 1992 nach nur einer Amtsperiode seinem Herausforderer Bill Clinton unterliegen, so wie zwölf Jahre zuvor Carter nach nur einer Amtszeit in den Präsidentschaftswahlen 1980 abgewählt worden war. Vielen gilt Jimmy Carter über diese Niederlage hinaus als unglücklicher Präsident. Warum? War er nicht nach den Bildern des Vietnamkrieges und der verstörenden Vertrauenskrise um Watergate Mitte der 1970er Jahre als Hoffnungsträger für eine bessere und vor allem ehrlichere Führung in die nationale Öffentlichkeit der Vereinigten Staaten gestartet? Vom Außenseiter war der Gouverneur von Georgia in der Berichterstattung zur Lichtgestalt avanciert. Nach seiner Inaugurationsrede 1977 war Carter aus der Präsidentenlimousine gestiegen, um mit seiner Frau die Pennsylvania Avenue bis zum Weißen Haus zu Fuß hinaufzulaufen, was tüchtiger Bodenständigkeit und ähnlichem Ausdruck verleihen konnte. Das Bild ist bekannt. Es könnte jedoch noch berühmter sein, wäre Carters Image nicht zwischen seiner Wahl 1976 und der Abwahl 1980 irgendwann abgerutscht, sodass er für den letzten Platz im eingangs erwähnten Ranking der Präsidentenköpfe im Klassenraum in Oklahoma prädestiniert schien.

Was war geschehen? Lässt sich an Carters politischer Performanz eine Geschichte des Scheiterns in den zeitgeschichtlichen Vereinigten Staaten nachvollziehen? Dafür muss zunächst gefragt werden, ob es in den USA eigene Dimensionen des Scheiterns gibt. Anschließend verfolgt dieser Artikel den medialen Weg, auf dem ein bekennender evangelikaler »born again Christian« von seinem ersten Auftauchen in der nationalen Politik 1975, zunächst für seinen festen christlichen Glauben, aber auch für viriles Beharrungsvermögen, Akribie und Durchsetzungskraft gepriesen worden war, zum Ende des Jahrzehnts in der politischen Landschaft aber zur schwachen Führungsfigur erklärt wurde. Ort und Quelle der Betrachtung sind die Fernsehnachrichten von ABC, CBS und NBC, anhand derer ich die Entwicklung im Zeitverlauf nachvollziehen möchte.[1]

1 Diese Analyse von TV-Nachrichtenmedien war möglich durch das »Vanderbilt Television News Archive«. Dieses Archiv ist für die Einbeziehung televisueller Berichterstattung in die Zeitgeschichtsschreibung besonders wichtig, weil darin die Fernsehnachrichten der US-Kabelsender nach Schlagworten zu durchsuchen sind. Vgl. http://tvnews.vanderbilt.edu/, zuletzt zum Thema besucht am 30.9.2014. Der in diesem Text verfolgte methodische Ansatz ist eine historische Diskursanalyse der zeitgeschichtlichen Medien(an)ordnung um *moral leadership*. Ein solcher Zugang ermöglicht eine Rekonstruktion von medialen Kanälen und Darstellungen, über die ein Bild der moralischen Führung in der Öffentlichkeit produziert und verdichtet wurde, das bei gleichzeitig täglicher Präsenz in vielen Wohnzimmern der Zeitgenossen in den USA in der politischen Zeitgeschichte noch nicht erfasst ist. Vgl. zum Vorgehen die Ideen von Latour zur Akteur-Netzwerk-Theorie, neue Assoziationen zu suchen und zu versuchen das Soziale neu zu ergründen, statt es als gegeben hinzunehmen. Zu den Assoziationen: Bruno Latour, Eine neue Soziologie für eine neue Gesellschaft, Frankfurt a. M. 2010, u. a. S. 30 u. 273ff. Die soziokul-

Ich werde zeigen, wie Carters Scheitern maßgeblich in einer sich televisualisierenden politischen Landschaft vonstattenging, ein Umstand, dem bisher kaum Beachtung geschenkt wurde. Weder in den großen Biografien noch in der sozialwissenschaftlichen Forschung ist in Bezug auf die Führungsgestalt Carter die Entwicklung der TV-Nachrichten als konstitutives politisches Moment mitbeschrieben.[2] Das ist umso erstaunlicher, da Fernsehnachrichten sich in jenen Jahren zur entscheidenden politischen Plattform entwickelten. Das Fernsehen erreichte mehr und mehr Menschen, die TV-Berichterstattung transformierte sich.[3] Dabei veränderte das Medium auch die Qualität des Politischen in der Öffentlichkeit. Das Fernsehen wurde zu einer dispositiven Struktur und zum Akteur im diskursiven Wandel.[4] Jimmy Carter wurde der Notwendigkeit, die über die TV-Nachrichten geforderte, zeitspezifisch neue Form moralischer Führungskraft auszufüllen nicht gerecht. Und sein medial vorgeführtes Beispiel wirkte produktiv in die politische Ordnung zurück, da es in den Abendnachrichten am Präsidenten vorführte, wie sich politische Akteure, wie sich Männer, wie sich Gläubige in den 1980er Jahren »nicht mehr« in Führungspositionen präsentieren sollten.

In der zweiten Hälfte seiner Amtszeit war Carter als ungeschickt im Auftreten portraitiert worden. Insbesondere in TV-Kommentaren und der Live-Bilderwelt der Fernsehnachrichten erschien sein Körper plötzlich als starr und unbeweglich, vor dem Hintergrund einer bewegten visuellen Kultur. TV-Journalist/inn/en beklagten, er wäre umgeben von wenig vertrauenswürdigen Leuten und sein Führungsteam sei unorganisiert. Sie führten Reportagen aus dem Weißen Haus vor, wo in ihren Augen unsäglich flache Hierarchien die Regierung Carter kopflos erscheinen ließen. In teils dramatischen Perspektivwechseln malten die Fernsehnachrichten aus, dass die Abrüstungspolitik oder die Hinwendung des Präsidenten zu Umweltfragen nichts mit jenen Anforderungen zu tun hätten, die ein Präsident an der Spitze der Nation auszufüllen habe: Man brauche einen siegesgewissen *moral leader*, der Zuversicht ausstrahle, hieß es. Neben dem Männlichkeitspara-

turelle Dimension von Männlichkeitskonstruktion und Religion in der Politik wird in der Re-Lektüre des Politischen an einer Präsidentenfigur nachvollziehbar, die mehr als politischer Aktant in der televisualisierten Politik gelesen wird, denn als politischer Akteur im herkömmlichen Sinne. Akteure sind im Zusammenhang mit der Latour'schen Theorie die Verbreitungstechniken, die durch eine Diskursanalyse von medialen Äußerungen und Aussagen in einen Sinnzusammenhang mit dem Politischen gebracht werden. In einer Vielzahl an Nachrichten zeigen sich materialisiert durch Fernsehgeräte und Nachrichtenproduktionen politische Verschiebungen. Die drei wichtigsten Nachrichtensender ABC, CBS und NBC funktionierten als hegemoniale Verstärkung, über die sich das zeithistorische Wahrheitsregime kanalisierte. Daher lässt sich anhand der TV-Sendungen, die jeden Abend in den Wohnzimmern von Millionen Fernsehzuschauer/inne/n die täglichen Nachrichten präsentierten, die Wahrheitsproduktion diskursanalytisch und zugleich im zeithistorischen Wandel nachvollziehen.

2 Vgl. beispielsweise Peter G. Bourne, Jimmy Carter. A Comprehensive Biography from Plains to Post-Presidency, New York 1997.

3 Hans J. Kleinsteuber, Das Mediensystem der USA, in: Hans-Bredow-Institut für Medienforschung an der Universität Hamburg (Hg.), Internationales Handbuch Medien, 28. Ausgabe, Hamburg 2009, S. 1216f. In der zweiten Hälfte der 1960er Jahre hatten bereits 70 Millionen US-Amerikaner/innen Fernsehgeräte in ihren Haushalten. Im Verlaufe der 1970er Jahre etablierten die drei Sender NBC, CBS und ABC ihre dominante Stellung über das Kabelsystem. US-amerikanische Erwachsene sahen 1980 im Durchschnitt drei Stunden fern. Marcel C. LaFollette, Science on American Television. A History, Chicago 2013, S. 155.

4 Vgl. zu einer mediengeschichtlichen Reflexion der Verschiebungen im Dispositiv: Felix Krämer, Fernsehlandschaft. Medialer Raum und hegemoniale Geschlechterordnung in der US-Zeitgeschichte, in: Sonja Lehmann/Karina Müller-Wienbergen/Julia Elena Thiel (Hg.), Neue Muster, alte Menschen? Interdisziplinäre Perspektiven auf die Verschränkung von Raum und Geschlecht, Bielefeld 2015, S. 57f.

digma hatte sich die moralische Ebene unter Carters Füßen verschoben. In gewisser Weise war eine evangelikale Moral erneut an den Führungskörper eines Präsidenten gekoppelt worden.[5] Mit seinem Herausforderer Ronald Reagan zeigte sich eine neue evangelikale Predigerfigur im Politischen. Anfänglich noch nicht als Mangelerzählung mit der Führungsgestalt des 39. Präsidenten verknüpft, war seit Mitte der 1970er Jahre immer wieder aus unterschiedlichen Richtungen eine Krise beklagt worden.[6] Das Anforderungsprofil einer neuen *moral leadership* war just zu jener Zeit konfiguriert und über Nachrichtenberichterstattung immens mit Bildern und Erwartung an Virilität und religiöser Selbstgewissheit aufgeladen worden.[7] Die Fernsehnachrichtenwelt dynamisierte jenen Trend, den viele der auf Printjournalismus geeichten Politiker in der zweiten Hälfte der 1970er Jahre noch gar nicht wahrnehmen konnten. Erst Ronald Reagans Umgang mit dem TV-Medium in Fernsehansprachen und bei TV-Auftritten in den 1980er Jahren macht deutlich, was Carters medialer *performance* gefehlt haben könnte.

Da die Bedeutung der Fernsehberichterstattung im Verlaufe der 1970er Jahre stetig gewachsen war, muss für eine Zeitgeschichtsschreibung diese mediale Traverse immanenter Teil der Analyse werden, will man politische Verschiebungen im Modus ihrer kommunikationshistorischen Bedingungen verstehen.[8] Ebenfalls nur innerhalb des Mediengeschehens in jenen Jahren zu verstehen, sind evangelikale Pastoren aus dem rechten Spektrum ein eindrucksvolles Beispiel, um die Bedeutung einer Rückkehr des Glaubensbekenntnisses in die US-Politik zu verdeutlichen. Dieses Revival schien zunächst mit Carter in die prominenteste Riege des Politischen eingezogen, wie beispielsweise NBC in Reportagen berichtete.[9] Später diente den Führungsköpfen der evangelikalen Bewegung genau für die Aufrechterhaltung der formalen Trennung von öffentlichem Amt und privatem Glaubensbekenntnis durch Präsident Carter als Angriffsfläche für den Vorwurf, eine nicht durchdringende moralisierende Führungshaltung zu verkörpern. Die Pastoren der Christlichen Rechten hatten gegen Ende der 1970er Jahre selbst eigene Medienimperien aus TV-Kirchen, Colleges und Universitäten gegründet, um in die Politik zu intervenieren. Hochschulen dienten ihnen als Medien religiöser Wissensvermittlung, über welche sie ihre Themen im Rahmen einer religiös-politischen Revival-Bewegung in der US-Öffentlichkeit platzierten und Expert/inn/en ausbildeten. Zu Beginn der 1980er Jahre pilgerten vornehmlich republikanische Politiker regelmäßig in die Kirchen der Pastoren, um sich in Funk und Fernsehen als wiedergeborene Christen zu präsentieren. Politische Prediger wie Jerry Falwell, Pat Robertson oder James Robison inszenier-

5 Vgl. zum Begriff des Körpers: Netzwerk Körper (Hg.), What can a Body do? Figurationen des Körpers in den Kulturwissenschaften, Frankfurt a. M. 2012, S. 13–25.

6 Vgl. zur Kontur dieser US-spezifischen Konfiguration: Sally Robinson, Marked Men. White Masculinity in Crisis, New York 2000, S. 12f.

7 Die Genealogie von *moral leadership* auf dem politischen Parkett der öffentlichen Berichterstattung habe ich ausführlicher in meiner Dissertation beschrieben: Felix Krämer, Moral Leaders. Medien, Geschlecht und Glaube in den USA der 1970er und 1980er Jahre, Bielefeld 2015, v. a. S. 7–15.

8 Die TV-Abendnachrichten gewannen in den 1970er Jahren in der US-Medienlandschaft zunehmend an Bedeutung, was öffentliche Wahrnehmung, Nutzung und Bündelung der Information betrifft, während Zeitungen und Zeitschriften sich auf dem Nachrichtenmarkt ausdifferenzierten. Vgl. zur Bedeutung des TV-Mediums in der Untersuchungszeit in den Vereinigten Staaten u. a. Frank Bösch, Mediengeschichte. Vom asiatischen Buchdruck zum Fernsehen, Frankfurt a. M. 2011, S. 212ff. Vgl. zum Umgang mit dem Visuellen in geschichtlicher Perspektive: Stefan Haas, Vom Schreiben in Bildern. Visualität, Narrativität und digitale Medien in den historischen Wissenschaften, in: zeitenblicke, 5 (2006) 3, URL: http://www.zeitenblicke.de/2006/3/Haas/index_html, zuletzt besucht am 9.8.2015.

9 NBC, Evening News, Freitag, 21. Oktober 1977 – Segment 3 (The Evangelicals).

ten sich dabei ihrerseits als moralische Führungsfiguren.[10] Doch wichtiger als die eigene Aktivität evangelikaler Kräfte, ihre Gründung von Netzwerken, die Platzierung von Sendungen zur Verbreitung der Botschaften im medialen Raum, war, dass die Prediger auch in den nationalen Abendnachrichtensendungen auftauchen durften, um politische Themen neu moralisch zu ummanteln. Auf dem Wege erreichten sie das breite Publikum der Mainstream-Nachrichten. Präsident Carter und sein Team manövrierten dagegen gegen Ende der 1970er Jahre oft recht fassungslos durch eine neu bebilderte Aufmerksamkeitsökonomie, so der Ausgangspunkt dieser Analyse. Die Figur Carter scheiterte letztlich an einer sich wandelnden Realität televisueller Botschaften, betrachtet man politische Rationalität aus medienhistorischer Perspektive.

Auf der politischen Bühne wurden die Kulissen umgestellt, Artikulationsräume begannen sich zu transformieren, während ein Präsident versuchte, die Öffentlichkeit von der Dringlichkeit bestimmter Probleme in wenig bewegter Gestik zu überzeugen, wie ich in der Quellenanalyse eingehend zeigen möchte. Carters Fernsehansprache unter dem Titel »Crisis of Confidence« erscheint 1979 als Tiefpunkt des politischen Kalküls.[11] In der Fernsehansprache bezweifelte er in unbeweglicher Haltung vor den Kameras der drei großen Nachrichtensender ABC, CBS und NBC das Zutrauen der US-Amerikaner/innen in die eigene Gegenwart und Zukunft. Der Umstand, dass weder Carter noch sein Stab die Bewegtbildkultur der TV-Berichterstattung als entscheidende Plattform für ihre Überzeugungsarbeit wahrnahmen, wurde bei solchen Auftritten evident. Sein Appell an den amerikanischen Traum verhallte, er wurde spätestens im Anschluss an diese Rede überwiegend als demontierter Führungscharakter dargestellt. Es sind die beiden Dimensionen – Moral und Männlichkeit – an denen eine Führungsfigur scheitern konnte. Der 39. Präsident der Vereinigten Staaten war in dem Maße in seinem Amt gescheitert, wie er in der Fernsehnachrichtenlandschaft der USA ein neues evangelikal geprägtes Männlichkeitsmuster im Politischen nicht ausgefüllt hatte.

Scheitern in den USA

Gibt es eine US-amerikanische Spezifik des Scheiterns, die über die beschriebenen Verschiebungen hinaus für den Fall Carters relevant sein könnte? Sander L. Gilman gibt Hinweise darauf, wenn er in einem Interview mit Stefan Zahlmann betont, dass eine religiöse Aufladung des Scheiterns in den USA existiere, die das individuelle Scheitern transzendiere und seine Konsequenz radikalisiere. Er stellt fest:

> *»Das Scheitern hat wie überall auf der Welt auch in den USA individuelle, soziale und wirtschaftliche Ursachen. Es ist jedoch nirgendwo sonst zugleich auch mit dem Makel der Sünde behaftet. Das Scheitern ist in diesem Denken ein Zeichen dafür, dass man kein Vertrauen in Gott hat, dass man nicht glaubt – und dass man zu Recht von Gott im Stich gelassen wurde.«*[12]

Könnte dieser Zusammenhang für die Unerbittlichkeit ausschlaggebend gewesen sein, mit der Carter als Präsident in den TV-Nachrichten am Ende seiner Amtszeit als Versager dargestellt wor-

10 Susan Harding, The Book of Jerry Falwell. Fundamentalist Language and Politics, Princeton 2000.

11 CBS, Special Report, Mittwoch, 25. Juli, 1979 – Carter Press Conference.

12 Sander L. Gilman, »God never fails them that trust Him.« Scheitern in Literatur und Kultur der USA. (Ein Gespräch mit Stefan Zahlmann), in: Stefan Zahlmann/Sylka Scholz, Scheitern und Biographie. Die andere Seite moderner Lebensgeschichten, Gießen 2005, S. 213.

den ist?[13] Wie ich anhand des Quellenmaterials genauer zeigen werde, spielt die Enttäuschung über einen gläubigen Politiker, der seinen Glauben vom Amt trennt, keine unerhebliche Rolle.

Aufgrund des Vorwurfs mangelnder Gottgefälligkeit im radikalen Versagen kommt der Angst vor dem Scheitern in der US-Kultur eine besondere Rolle zu – eine Angst, die Gilman als »Kern amerikanischer Identität« beschreibt. Gilman gesteht zu, dass in der Zeit nach dem 11. September 2001 ebenso wie für die Folgezeit des Vietnamkrieges Scheitern als Teil der US-Identität plötzlich vorstellbar schien.[14] In beiden Fällen wurde der Schock darüber, dass das US-amerikanische Selbstverständnis aus den Fugen geraten konnte, von intensiven Bildern begleitet, wenn nicht sogar von visuellen Erfahrungen mit ausgelöst. Zudem spielt in massenmedialen Kulturen der vergangenen vier Jahrzehnte Zugang und Ubiquität visueller Medienrealitäten gerade in Live-Momenten und ihrem langen Nachklingen eine entscheidende Rolle für politisches Erfahren. ABC, CBS und NBC entwickelten richtungsweisende Formen des Live-Berichtens, Fernsehnachrichten produzierten eine gewisse Unmittelbarkeitserfahrung.[15] Schon der Vietnamkrieg wurde in der visuellen Kultur der USA zu einer Zäsur – womöglich, weil während dieses Krieges Bilder von sterbenden Menschen und Kriegsverbrechen zum Teil der wahrnehmbaren US-amerikanischen Identität wurden. Jahrelang erzählten die Bilder eine brutale Geschichte immer wieder neu, die letztlich unerschlossen und visuell unabschließbar geblieben ist. Die nüchternen Verhörräume dagegen, in denen die Watergate-Prozesse über Richard Nixons Charakter Gericht hielten, waren Orte, die gewissermaßen entkörpert für den Fall Nixon und ein grandioses moralisches Versagen innerhalb der USA und ihrer Führung standen. Scheitern kann also in solchen Zusammenhängen durch die Verkörperung der Schuld, durch Gewalt an anderen oder durch die Entkörperung des Gescheiterten in der visuellen Kultur signifiziert werden. Dieses Scheitern hat eine kulturelle und gleichzeitig eine an politische Personen oder Identitäten gebundene Dimension. In der Figur Carter kamen beide Dimensionen zusammen. Er wurde zur Zielscheibe der Kritik an einer gesellschaftlichen Krise und gleichzeitig wurde seine Absenz als Führungsfigur beklagt. Entscheidend für die Bedeutung des Scheiterns im Zusammenhang mit der Geschichte Carters ist, dass die beiden Formen des Versagens medial vorgeführt und problematisiert wurden.

Dass Jimmy Carter – gerade durch sein Bekenntnis, wiedergeborener Christ zu sein – in besonderem Maße der religiösen Aufladung der Angst vor dem Scheitern in der US-Öffentlichkeit unterworfen war, wird mithilfe der Ausführungen Gilmans erkennbar. Dass er gerade auch als Mann nicht scheitern durfte, darin liegt eine Spezifik US-amerikanischer Männlichkeit, die Sander L. Gilman nicht problematisiert. Gerade eine virile Führung, die sich auf das hegemoniale Ideal weißer heterosexueller Männlichkeit stützt, ist auf Dauer angelegt, muss immer weiterwirken, kann nicht aufgegeben werden. Man darf nicht in Verdacht geraten, sich weggeduckt zu haben. Eine solche hegemoniale Männlichkeit zählt zu den zentralen Momenten US-amerikanischer Identität, wie etliche historische Studien zeigen.[16] Ebenso gehört das religiöse Bekenntnis zur Identitätslandschaft in den Vereinigten Staaten und dies wird in der Nachrichtenberichter-

13 Für die Printmedien ist sicher ein ähnlicher Trend zu verzeichnen. Ich gehe aufgrund der oben ausgeführten medienhistorischen Überlegungen allerdings davon aus, dass die leitende Funktion in der Kritik an Carters Führungsrolle und an seiner Haltung und Verkörperung von Führung vor allem aus den TV-Berichterstattungen stammt.

14 Gilman, »God never fails them that trust Him«, S. 214f.

15 So ist beispielsweise auch von einem CNN-Effekt die Rede, wenn es in der mittlerweile weltweiten Nachrichtenlandschaft zur Konzentration auf ein Thema kommt. Vgl. Krämer, Fernsehlandschaft, S. 61.

16 Jürgen Martschukat/Olaf Stieglitz (Hg.), Väter, Soldaten, Liebhaber. Männer und Männlichkeiten in der Geschichte Nordamerikas. Ein Reader, Bielefeld 2007.

stattung zum Führungscharakter ›Carter‹ evident. Sollte beim Scheitern an anderen Idealen noch die Möglichkeit einer Rekonvaleszenz bestehen, beim Versagen an Moral und Männlichkeitsideal ist dies kaum der Fall. Betrachtet man die beiden wichtigen Komponenten der Angst vor dem Scheitern in den USA der 1970er Jahre – das religiöse Moment und das Männlichkeitsparadigma, wird deutlich, dass Präsident Carter nicht zufällig genau daran in den Nachrichten für gescheitert erklärt wurde. Der Vorgang seines Aufstiegs und Falls wird nun mit Blick auf TV-Berichte gezeigt.

Ein Wiedergeborener

Am 31. Oktober 1975 brachte NBC im Format ›Profile‹ eine Sendung über den ehemaligen Gouverneur von Georgia, Jimmy Carter. Eine Sendung solchen Formats wurde in der Regel nur politischen Akteuren zu Teil, denen der Sender eine aussichtsreiche politische Zukunft prophezeite. Reporterin Judy Woodruff erklärte, seit Carter elf Monate zuvor seinen Willen zur Präsidentschaftskandidatur bekannt gegeben habe, sei er 150 000 Meilen gereist, in 43 Staaten gewesen, habe über 500 Reden gehalten – all dies mit dem Ziel, die Nominierung als demokratischer Präsidentschaftskandidat zu erreichen. Carter erschien in Großaufnahme im Bild und sagte: »When I compare myself with the other candidates, I don't see anybody there that can beat me – I work harder!« Mit entschlossener Miene sprach er dieses Bekenntnis aus, bevor er ein leichtes Lächeln aufsetzte und fortfuhr: »I got a better family organization and more volunteers. I planned more carefully. I have a total commitment to the campaign.«[17]

Neben seiner Bereitschaft, härter für den Erfolg zu arbeiten als alle anderen, hielt Carter sich für besser aufgestellt, für stringenter organisiert und wollte sich mit Leib und Seele der Kampagne widmen. Doch mehr noch als seine eigenen Aussagen waren es die Beschreibungen im Beitrag, die Carter als einen unbedingten und kompromisslosen Kämpfer für das Führungsamt erscheinen ließen. Interessanterweise spielte seine Religiosität in den Beschreibungen aus dem Jahr 1975 zunächst lediglich eine marginale Rolle, wenn sie auch in einem zur Schau getragenen Arbeitsethos mitschwang. Für Erfolg hart zu arbeiten war ein Modus, der an der Schnittstelle von Evangelikalismus und Männlichkeit situiert war. Aber der bewundernde Tonfall in den Nachrichten zu Carters Persönlichkeit nach der Bekanntgabe seiner Kandidatur korrespondierte mit der Trope einer Männlichkeitskrise, die sich mit der Zersetzung von Richard Nixons Image seit Mitte der 1970er Jahre bis hinauf in die Staatsspitze erstreckte. Diese Krise war immer auch als eine Krise der Authentizität, der essenziellen Erfahrung von Ehrlichkeit und Glaubwürdigkeit in Szene gesetzt worden. Carter wurde als der Antipode Nixons installiert, der 1975 die Führungskrise signifizierte.

Carters Attribute waren bodenständig und glaubwürdig. Er galt in seinen Grundzügen als Führungsfigur, die »hart«, »arbeitsam« und bis zur Selbstaufgabe »genau und unermüdlich« war. Diese Zuschreibungen wurden zum Markenzeichen des künftigen Präsidenten und halfen ihm über die Kandidatur hinaus. Als er Präsident geworden war, überdauerte dieses Image nur knapp die ersten beiden Jahre. Danach mengten sich unter die Nachrichten über seine Politik Täuschungsvorwürfe, wurde Enttäuschung artikuliert über das Erreichte. Ob Jimmy Carter das Standbild einer moralisch integeren Führungskraft zu Beginn seiner nationalpolitischen Karriere allen Journalist/inn/en, die ihn beobachteten, tatsächlich aktiv vermittelt haben konnte, sollte bezweifelt werden. Dennoch ist aus den Berichten über den Nominierungskandidaten des Jahres 1975 ein zwanghaftes Begehren nach der Verwirklichung jener Mitte der 1970er Jahre angeblich in der gesamten Gesellschaft so selten gewordene Eigenschaft moralischer Männlichkeit zu erkennen, das die Narrative zu Carters Persönlichkeit beschrieben.

17 NBC, Evening News, Donnerstag, 31. Oktober 1975 – Profile (Jimmy Carter).

So erzählte Journalistin Woodruff die Geschichte des jungen Carter, der in einem kleinen Dorf auf dem Lande aufwuchs und der als erster seiner Familie die Highschool abschließen konnte. Sie erzählte, wie er danach seinen Weg unbeirrt fortgesetzt hatte und die Marine-Akademie mit Auszeichnung abschloss. Im Anschluss habe er sieben Jahre gedient, um danach die Erdnussfarm des Vaters zu übernehmen, die er schließlich zu einem hochprofitablen Unternehmen machte. Im Bericht wurden jeweils die entsprechenden Bilder gezeigt, seine Abschlussklasse oder Carter unter den Marinesoldaten. Im zweiten Anlauf sei er Gouverneur von Georgia geworden, wurde berichtet. Carters Mutter wurde eingeblendet und erzählte, sie habe ihn ausgelacht, als er ihr gesagt habe, er wolle Präsident werden: »President of what?«, habe sie gefragt. Aber er habe immer alles bekommen, was er wollte, ließ die Mutter das Fernsehpublikum wissen. Einer, der ihn angeblich besonders gut kannte, beschrieb ihn als schonungslos, wie die Reporterin am Ende des Berichtes nicht ohne Anerkennung betonte.[18]

Als Jimmy Carter von den Demokraten 1976 zum Präsidentschaftskandidaten gekürt worden war, reihte sich jene mit Hoffnungen beladene Kandidatengestalt in die diffuse Religionsbewegung ein, welche den drei großen Kabelsendern zufolge im ganzen Land für Aufsehen sorgte. Am 1. August 1976 erklärte Gary Shepard dem CBS-Publikum zu Beginn eines Berichts zur Rückkehr der Religion in den USA: »After a decade on the back burner organized religion is making a comeback of sorts.«[19] Die CBS-Nachrichten rechneten vor, dass 80 Millionen US-Amerikaner/innen und somit 40 Prozent der Bevölkerung wöchentlich zu irgendeiner Form von Gottesdienst gingen. Doch nicht nur in Kirchen oder Synagogen trafen sich Gläubige, sogar auf Parkplätzen, erklärte der Reporter, um das Ausmaß des religiösen Revivals zu umreißen. Der evangelikale Aktivismus hatte die Anhängerschaft der Denomination auf zwei Drittel aller Protestanten gesteigert, erklärte die Reporterstimme des CBS-Berichtes weiter. Währenddessen wurden etliche Bilder von Gottesdiensten und Zusammenkünften in Gemeindehäusern aus dem ganzen Land gezeigt. Von den 40 Millionen Evangelikalen wiederum seien die »Southern Baptists« mit Abstand die größte Gruppe und hätten sogar den Präsidentschaftskandidaten Carter in ihren Reihen, stellte Shepard in journalistischer Sorgfalt fest.[20] Neben den ihm zunächst zugeschriebenen Männlichkeitsattributen, Fleiß und Hartnäckigkeit, ging der Kandidat also gewissermaßen als organischer Teil aus der Wiederkehr des Religiösen und damit aus der evangelikalen Bewegung selbst hervor. Carter erschien im Nachrichtenbild bei einem seiner Wahlkampfauftritte, die er unermüdlich durchführte, wie 1975 und 1976 kaum ein Bericht ausließ hervorzuheben.[21] Dieses Mal wurde er lachend in einer Kirche gezeigt, wo Gläubige Gospels sangen und klatschten. Der Reporter erklärte: »For Evangelicals and for others, Carter seems to have found the country's hidden religious nerve.«[22] Auf dieser unerwarteten Erfolgswelle scheint zunächst nichts auf Scheitern hinzudeuten, vielmehr dagegen auf einen Weg nach oben. Und doch – wenn die Angst vor dem Scheitern ein Kernmoment der US-amerikanischen Identität ist – ist nach Überschreiten der Schwelle zum Erfolg die Möglichkeit mit aufgerufen, nach diesem letztlich wieder zu scheitern. Was, wenn man nach reli-

18 NBC, Evening News, Donnerstag, 31. Oktober 1975 – Profile (Jimmy Carter).

19 CBS, Evening News, Sonntag, 1. August 1976 – Organized Religion/Campaign/Bicentennial.

20 Hier klingt etwas an, was Journalist/inn/en und Politolog/inn/en vier Jahre darauf, im Wahlkampf zwischen Carter und Reagan zu ihrem Thema machen sollten. Es gab einen Wähler-Block von einem Drittel evangelikaler Bürger/innen. In der begleitenden Berichterstattung zum Wahlkampf 1980 wurde viel gemutmaßt, diese Stimmen könnten zum wahlentscheidenden Faktor werden.

21 CBS, Evening News, Sonntag, 1. August 1976 – Organized Religion/Campaign/Bicentennial.

22 Ebd.

giöser Aufladung als Politiker versagen sollte? War man dann von Gott zu Recht im Stich gelassen worden, um mit Gilman zu sprechen?

Der Kandidat Carter wurde im weiteren Verlauf des Berichtes in einer Totalen gezeigt, wie er neben dem Altar und unter einer großen Kirchenorgel saß und im Rhythmus mitklatschte.[23] Carter erschien in solchen Berichten als Missionar des eigenen Volkes, der die Religion zurück auf die politische Bühne geholt hatte. Demnach war er nicht allein der gläubige Protestant, der sich als Präsidentschaftskandidat lediglich in eine Entwicklung einreihte, und seine Kandidatur war auf der anderen Seite auch nicht lediglich ein Symptom einer breiteren Bewegung, sondern er selbst wurde zu jener Führungsfigur stilisiert, die Amerika zurück zum Glauben, zurück ins eigene gelobte Land führen könnte. Neben den beschriebenen Tugenden aus dem Arsenal der Virilität in der Anfangszeit seiner nationalen Ambitionen, sollte dieses zweite Charakteristikum seiner Persönlichkeit, die Religiosität nicht so bald aus dem Fokus der Nachrichten geraten und ihn durch die ersten eineinhalb Jahre seiner Amtsführung begleiten. Berichte wie der skizzierte und viele weitere, die diesem 1976 und 1977 folgten und sich mit der Rückkehr der Religion und Jimmy Carters Rolle darin beschäftigten, etablierten den Präsidenten als religiöse Leitfigur in der kulturellen Ordnung. Gleichzeitig heftete dieser Idealtyp einer religiösen Führungsfigur Präsidentschaft an ein moralisches Feld mit evangelikalem Zuschnitt, mit der Erwartung auf eine Überblendung von Kirche und Staat. Die damit verbundene Hoffnung evangelikaler US-Amerikaner/innen sollte in der zweiten Hälfte von Carters Amtszeit zur offenen Flanke werden. Präsident Carter sah sich dann dem Vorwurf politisch-moralischer Inkohärenz ausgesetzt, was nicht nur von der zunehmend sichtbaren Schar an evangelikalen Polit-Predigern gegen Ende der 1970er Jahre immer wieder angeprangert wurde, sondern auch seitens der Mainstream-Medien Verbreitung fand. Knapp hatte Carter die Wahlen gegen Gerald Ford gewonnen, was im Januar 1977 zu Beginn seiner ersten Amtsperiode zu Debatten über die Wahlmodalitäten der Präsidentenkür führte.[24] Im Verlauf des Jahres 1977 entwickelten die Fernsehnachrichten ein genaueres Bild vom neuen Präsidenten.

Less reading – better leading

Neben seiner Religiosität, die Carter von Beginn an mit der politischen Welle jener Zeit verschränkt hatte, wurde er im ersten Jahr durch die Presse als viriler Führungskörper repräsentiert. Doch es war eine bestimmte Form von Männlichkeit, für die er eingangs gelobt und bewundert wurde – Zuschreibungen wie Arbeitswut, Stringenz, Konsequenz im Handeln –, die bereits seine Anwartschaft 1975 und 1976 begünstigt hatten. Gerade diese Ideale dienten Ende 1977 als Ansatzpunkte für zunehmend kritischere Berichterstattung über seine Rolle als Präsident in Washington und in der Welt. Nachdem John Chancellor für die NBC beispielsweise bereits in einem ›Segment 3‹-Bericht die Geschichte des gerade abgelaufenen SALT-Rüstungsabkommens mit der UdSSR als eine unrühmliche Verkettung von Unsicherheiten seitens der USA seit den ersten Verhandlungen 1969 aufgerollt hatte, wurde auch die Führungsqualität Carters zur Zielscheibe innen- wie außenpolitischer Bedenken.[25] Bereits im Herbst 1977 war häufiger in den Nachrichten bezweifelt worden, ob Carter die Vereinigten Staaten überhaupt so stringent führen könne oder wolle, wie er die Regierung des Bundesstaates Georgia anscheinend zu führen in der Lage gewesen war.

23 CBS, Evening News, Sonntag, 1. August 1976 – Organized Religion/Campaign/Bicentennial.
24 ABC, Evening News, Donnerstag, 6. Januar 1977 – Electoral Process.
25 NBC, Evening News, Montag, 3. Oktober 1977 – Segment 3 (Salt: Where We Stand).

In Sonderberichten zum »Manager Jimmy Carter« wurde seit Ende November 1977 die Kapazität des Präsidenten als nationalem Führer von der NBC in Frage gestellt.[26] Im Wahlkampf habe er seine Qualitäten als Manager betont, leitete NBC-Anchorman Chancellor den ersten der beiden Berichte zu Carters Führungsqualitäten ein. Nun gebe es einige, die der Ansicht waren, er manage nichts gut genug, sagte der Journalist. Der folgende Bericht begann mit Carters Sicherheitsberater Brzezinski, der bei seinem Gang durchs Weiße Haus gezeigt wurde. Als er am Oval Office vorbeiging, erklärte Reporter John Hart, dieser Raum sei meist verwaist. Der Plot des Berichts führte durch eine Szene von Berater- und Mitarbeiter/inne/n im Weißen Haus, die alle sagten, dass ihr direkter Vorgesetzter der Präsident sei. Die Leute wirkten merkwürdig gelassen – und im Bericht wurde diese Aneinanderreihung präsentiert, als wüssten sie aufgrund der lockeren Atmosphäre am Sitz des Staatsoberhauptes nicht so genau, was sie im Weißen Haus überhaupt zu schaffen hätten. Die vier engsten Berater des Präsidenten wurden vorgestellt. Alle Mitglieder dieses machtvollen Quartetts bis hinab zu einem 26-jährigen Mitarbeiter, der Post für Carter sortierte und den Zufluss der Papiere in Richtung des Präsidentenschreibtisches kontrollierte, hatten dieser flachen Hierarchie zufolge direkt den Präsidenten zum Boss. Nur manche Mitarbeiter mussten sich einen Termin geben lassen, andere konnten stets »einfach so« bei Carter vorbeischauen, erklärte die Reporterstimme John Harts den bedrohlichen Mangel an autoritativen Schwellen im Gebäude. Der Journalist merkte lakonisch an, dass Carters Kritiker meinten, allein die Menge an dreißig Stunden Lesestoff Memoranden pro Woche führe dazu, dass der Präsident sich in Details verliere. Sie meinten: »If he did less reading, he could do better leading!«[27]

Die weitere Bebilderung der Reportage zeigte einen Mann, der im Film hinter Carter das Büro verließ. Die Sprecherstimme kommentierte, er heiße Tim Kraft und sei jener Mann, der die Termine des Präsidenten mache. Gefragt, wer den Verkehr all derer kontrolliere, die ein Treffen, sein Ohr oder gar eine Entscheidung vom Chef haben wollten, sagte der Vize-Präsident Mondale, es sei der Präsident selbst, der dies kanalisiere. Der Bericht fuhr fort mit der Darstellung, die dem Nachrichtenpublikum offenbarte, dass der Präsident nur eine einzige Sitzung pro Woche mit seiner Regierungsmannschaft abhalte, die Truppe sich also hauptsächlich selbst führe. Seine Führungsleute sagten, jeder wisse, was zu tun sei, es gebe einen gemeinsamen Sinn für die Dinge, die erledigt werden müssten. Der Präsident verschwende kaum Zeit damit, jedem zu erklären, was getan werden müsse, so die Eigenevaluation aus dem Regierungsstab, den die journalistische Erzählung dem Fernsehpublikum mit skeptischem Unterton präsentierte.

Walter Mondale erschien im Bild und erklärte, Demokratie sei nicht lebendig, wenn ihr eine einzige Person ständig von oben einen Stempel aufdrücke. Es sei eher eine »loose and gooey« Geschichte, ein »floaten« von Ideen, so die Vorstellung des Vizepräsidenten vom Führungsstil seines Chefs. Reporter Hart erklärte vor dem Weißen Haus stehend, das in seinem Bericht dargestellte Chaos der Regierungsmannschaft mit den Worten: »The problem is that a number of people in Congress think, it is too loose and too gooey to allow the president clear leadership and to avoid mistakes.«[28] Frank Moor aus Carters Führungsmannschaft wurde am Ende des Berichtes eingeblendet und bekannte, es laufe nicht immer alles perfekt, es gehe zu viel vor, seien zu viele Entscheidungen zu treffen, sodass schon mal etwas durchs Raster rutsche. Was da alles

26 NBC, Evening News, Dienstag, 29. November 1977 – Segment 3 (Manager Jimmy Carter).

27 Ebd.

28 Ebd.

bereits durchgerutscht sei, wolle man sich im folgenden Bericht anschauen, versprach Hart dem NBC-Publikum.[29]

Und so begann der folgende Bericht der Serie auch mit der Feststellung Chancellors, wenn die Carter-Mannschaft einen Fehler mache, würden sie das zugeben. Reporter John Hart berichtete von einem Besuch des Präsidenten in der Süd-Bronx und stellte heraus, die Kommunikation im Regierungslager funktioniere so wenig, dass sogar der demokratische Abgeordnete nichts von der Visite Carters in seinem Bezirk mitbekommen habe. So sei der Mann um die Chance gebracht worden, öffentlichkeitswirksame Bilder mit dem Staatsoberhaupt in seinem Distrikt zu bekommen. Ein guter Tag für die Süd-Bronx, ein lausiger für den Kongressabgeordneten, kommentierte Hart. Die Administration sei so lax organisiert, dass Frank Moor, der eigentlich für die Beziehungen zwischen Kongress und Weißem Haus zuständig sei, selbst nichts von Carters Besuch in der Süd-Bronx gewusst habe. Dinge wie diese hätten sich bereits zuvor abgespielt und seien Teil jener Hintergrundmusik, die Hamilton Jordan aus dem Stab Carters in seinem Büro laufen ließ, polemisierte der Bericht weiter, wobei der sich zu lauter klassische Musik, locker auf seinem Stuhl hin und her wiegende junge Politiker Jordan gezeigt wurde, sodass nicht der Eindruck entstehen konnte, hier würde gewissenhaft an den Problemen des Landes gearbeitet. Jordan erklärte unaufgeregt und selbstgerecht, es sei »im Kapitol schick geworden«, mit dem Zeigefinger auf das Weiße Haus zu deuten.[30]

Mitarbeiter Jody Powell wurde eingeblendet, der amüsiert erklärte, in Anbetracht von Gefahren wie einem nuklearen Holocaust im Mittleren Osten oder einem »Rassenkrieg« in Südafrika und der wachsenden Energiekrise solle man einen Fehler im Informationsfluss, der einen Abgeordneten über einen Präsidentenbesuch in der Süd-Bronx im Dunkeln gelassen habe, nicht zum wichtigsten gegenwärtigen Problem stilisieren. Reporter Hart kommentierte, wenn man sich dem Mittleren Osten zuwende, verändere sich das schiefe Bild der Regierung nicht. Es wurden Zeitungsschlagzeilen eingeblendet, in denen zu lesen stand, Russen und Amerikaner hätten am 1. Oktober zum ersten Mal bekundet, sie wollten in der Region gemeinsame Interessen vertreten. Diese wichtige Nachricht habe Juden schockiert, die fürchteten, dies bevorteile arabische Ansprüche. Die Israelis seien darauf nicht gefasst gewesen, so die Anklage des Reporters weiter, weil die Leute im Weißen Haus, die sie hätten vorbereiten sollen, davon selbst nichts gewusst hatten. Wieder wurde Hamilton Jordan mit dramatischer klassischer Musik im Rücken eingeblendet, der sagte, es sei nicht so wesentlich, ob er informiert gewesen sei oder nicht, auch die anderen hätten davon aus der Zeitung erfahren.[31]

Sicherheitsberater Zbigniew Brzezinski führte im Bericht eine staatsphilosophische Erkenntnis aus, die lautete, jede politische Handlung stehe im Zusammenhang mit allem und fast jede außenpolitische Aktion sei auch mit innenpolitischen Wirkungen verwoben. Man habe sich entschieden, erklärte Walter Mondale, obwohl großer Druck auf dem Präsidenten laste und es manchmal wie Anarchie aussehen könne, beim »offenen Entscheidungsprozess« zu bleiben. Dies sei allemal besser als einen Präsidenten zu haben, der nur noch höre, was er hören wolle, so der Vizepräsident. Dem abschließenden Kommentar des Reporters konnte das Fernsehpublikum Ende 1977 entnehmen, dass die politische Architektur des Weißen Hauses, wie sie im NBC-Bericht vorgeführt worden war, einer selbstzufriedenen Gewissensethik anhänge. Hart resümierte in diesem Sinne: »What this White House wants is to be judged by its best intentions, not by its bad days.«[32]

29 NBC, Evening News, Montag, 28. November 1977 – Segment 3 (Manager Jimmy Carter).

30 Ebd.

31 Ebd.

32 NBC, Evening News, Dienstag, 29. November 1977 – Segment 3 (Manager Jimmy Carter).

In einer weiteren Welle häuften sich ab Mitte 1978 Berichte, in denen Jimmy Carter als unsicher oder zu nachgiebig in Erscheinung trat. Katalysiert wurde das Bild der Schwäche des bis dahin immer noch gelegentlich als glaubensfest und zielstrebig portraitierten Mannes nun wiederum in Berichten zum Verhältnis der Vereinigten Staaten zur UdSSR. In einem ABC-Beitrag vom Juni 1978 wurden gleich mehrere solcher Schwachstellen offengelegt.[33] Es war eine Abhörvorrichtung in der amerikanischen Botschaft in Moskau entdeckt worden, die in einem geheimen Gang versteckt gewesen war. Über die Wanze hatten sich die Sowjets geheime Informationen erschlichen. Außerdem wurde der spektakuläre Fall eines verwanzten Emblems, ähnlich einem Trojanischen Pferd, das ein »Geschenk der Russen« gewesen war, gezeigt und betont, solche Dinge kämen vor, wenn die USA und die Sowjetunion mit harten Bandagen kämpften. Einschränkend fügte der journalistische Kommentar an, dass die beschriebenen Ungereimtheiten nicht ausreichten, eine kleine Führungskrise auszulösen. Carter selbst war erbost vor die Presse getreten und hatte einen Bericht der Washington Post als haltlos zurückgewiesen, nach welchem die Regierung die Abrüstungsverhandlungen mit der UdSSR als Folge der Vorgänge hätte einfrieren müssen.

Der Präsident versuchte wiederum, seinem Image als unentschlossen und zu soft im Umgang mit den Sowjets zu begegnen, indem er mit neuer Entschiedenheit Menschenrechtsverletzungen an Oppositionellen in der UdSSR anprangerte.[34] Die Machtgelüste von Seiten Kubas und der UdSSR in Afrika seien zunächst noch nüchtern zur Kenntnis genommen worden, so der Bericht weiter, jetzt würden sie aber mit wachsendem Misstrauen von der US-Regierung beäugt und verurteilt. Der sowjetische Außenminister Gromyko habe bei seinem Besuch im Weißen Haus vor kurzem eine strenge Lektion zu diesem Thema von Präsident Carter selbst erhalten. ABC-Reporter Ted Koppel fasste die Ereignisse zusammen, indem er festhielt, der neue harte Ton Washingtons gegenüber der Sowjetunion habe für das Waffenabkommen mit der UdSSR Konsequenzen. Nun habe die Abrüstungsvereinbarung genau zwei Chancen im Parlament: in einer »ganz mickrigen Version« verabschiedet zu werden oder eben gar nicht, so der polemische Kommentar des Journalisten.[35]

In einem Kommentar zu Carters Auftritt beim Bonner Wirtschaftsgipfel im Juli 1978 verdichtete ABC-Reporter Howard K. Smith die Beschreibung der schwächlichen Figur, die Carter angeblich auf der Weltbühne machte. Ohne Fortune und Rückhalt im eigenen Lager war der Präsident demzufolge nicht mehr in der Lage, die US-amerikanische Nation und die Interessen »der freien Welt« zu vertreten:

> *»No president has ever gone to an international summit in the weak condition of Mr. Carter now in Bonn. Much of the weakness derives from his own inconstant record as president but in fairness some of it is sabotage by fellow officials who should be doing their outmost to strengthen him in international talks. For example the world's main complain about us is our huge trade deficit, weakening the Dollar, which as the world's basic trading currency hampers world trade and economic recovery and could lead to a depression. Most of that deficit has come from enormous wasteful imports of foreign oil. Since Carter's energy bill to cut those imports and stabilize the Dollar is stagnant in congress he had hoped to tell his colleagues in Bonn that he would cut imports and stabilize the Dollar by executive ordered quotas. But then – the other day – Senator Dole introduced an amendment depriving him of that executive power and sending him to Bonn defenseless. There upon another blow to the subtle, but vital factor of his prestige: His*

33 ABC, Evening News, Freitag, 2. Juni 1978 – US-USSR Relations.
34 Ebd.
35 Ebd.

own new ambassador – reacting to the political trial in Russia – said there were thousands of such political prisoners in the United States. In effect he justified Russia's obscenities and made Carter – the champion of human rights – look like a fool.«[36]

Carter hatte nicht nur die eigene Schwäche in seinen internationalen Auftritt getragen, er war auch nicht mehr in der Lage, die nationalen Politiker hinter sich zu bringen. Die ›Schwäche‹ der Präsidentenfigur, ihr Mangel an Charisma nach außen wie innen, wurden in der zweiten Hälfte des Jahres 1978 immer häufiger von den Nachrichten als bedrohlich für die USA zuhause und in der Welt beschrieben.

Eine Nachricht zu Beginn des Jahres 1979 widmete sich einem Treffen, das im Gegensatz zu den oben beschriebenen Unzulänglichkeiten im Umfeld von Carters Politik »keine alten Feinde zusammenbringen, sondern alte Freunde zusammenhalten« sollte, wie Reynolds für die ABC formulierte.[37] Auf Guadeloupe trafen sich die Staatsführer der wichtigsten vier westlichen Nationen Helmut Schmidt, James Callaghan, Valéry Giscard d'Estaing und eben Jimmy Carter.[38] Sie zeigten sich äußerst schweigsam gegenüber der Presse, zumindest was die politischen Fragen in ihren Gesprächen anbetraf. Carter wurde im Bericht allerdings einmal mehr als ein um Lockerheit bemühter Gastgeber portraitiert, der sich selbst rühmte, seine Hausaufgaben ordentlich gemacht zu haben. Dem Nachrichtenpublikum wurde der Präsident beim Dozieren vorgeführt als er seinen Gästen erläuterte, jenes Haus, in dem er mit seinen Gästen gegessen hatte, sei vor 100 Jahren aus Louisiana hergebracht worden. Eine Armee an Reportern versuchte herauszufinden, welche Vereinbarungen nun von diesem Treffen zu veröffentlichen seien. Reporter Sam Donalds schloss den Bericht, indem er sagte, es scheine ein sehr ergiebiges Meeting gewesen zu sein, aber davon wüssten letztlich nur die vier Männer etwas, aus denen sei bislang nichts herauszubekommen gewesen.[39]

Eine solche Verweigerung der Presse gegenüber gehörte noch einer alten medialen Ordnung an. Allerdings war für die virulente Frage nach moralischer Führung an den Fernsehbeschreibungen zu diesem Treffen in Guadeloupe – wie an anderen Berichten von Anfang 1979 – auffällig, dass Carter trotz einer solchen Verweigerungshaltung gegenüber der Presse wieder Boden gutzumachen schien. Er wurde wieder stärker als unverkrampfte Leitfigur dargestellt, die gewissenhaft, manchmal zu verschlossen, aber zielstrebig Anliegen verfolgte und Ergebnisse produzierte. Allerdings war dieses spezielle Männlichkeitsterrain, auf dem er 1979 nicht mehr derangiert gezeichnet wurde, wie noch im letzten Halbjahr des Vorjahres lediglich eine mögliche Seite von *moral leadership*. Der Zusammenhang von Männlichkeit und Religion schien auf der anderen Seite, nämlich auf außenpolitischem Terrain, bereits von evangelikalen Deutungen affiziert. So bedeutete ein immenser Erfolg auf dem diplomatischen Feld, wie der Friedensvertrag zwischen Israel und Ägypten, nicht zwingend einen durchschlagenden Zugewinn an moralischer Männlichkeit. Die Projektionen und Fokussierungen der zunehmend sichtbaren religiösen Rechten auf Israel und die judeo-christliche Tradition, erklärte im evangelikalen Geschichtsbild Carters Bemühung um Frieden für Verrat. Im zwangsläufig herannahenden Entscheidungskampf, der aus Sicht rechter Evangelikaler am Ende der Apokalypse folgte, hatten Christen Seite an Seite mit Israeliten den Feinden unversöhnlich gegenüberzustehen. Aus dieser Weltsicht betrachtet waren solche Friedensverträge teuflisch. Angesichts solch halber Erfolge auf dem Feld moralischer Führung, das sich im

36 ABC, Evening News, Freitag, 14. Juli 1978 – Commentary (Carter and Economy Summit).
37 ABC, Evening News, Freitag, 5. Januar 1979 – Carter/Popularity/Guadeloupe Summit.
38 Ebd.
39 Ebd.

Verlaufe des Jahres 1979 mit einer Fülle von Auftritten einer wachsenden Schar politischer Prediger in der Öffentlichkeit und schließlich mit der Gründung der »Moral Majority« immer mehr auf einen bestimmten evangelikalen Moralbegriff verengte, wurde auch der außenpolitisch kurzzeitig aufpolierte Ruf des Präsidenten im Feld der Führung wieder in Frage gestellt.[40] Verschiedene Reportagen und Nachrichten begannen sich im Jahresverlauf wieder einer im Ansehen ramponierten Führungsgestalt zu widmen.

So wurde in einem CBS-Bericht geschildert, dass eine Anweisung an die Demokraten im Parlament ergangen sei: Sie sollten bei den Sitzungen des Repräsentantenhauses die Redebeiträge mit einer lobenden Message über eine Tat des Präsidenten eröffnen, um dem »SAGGING IMAGE«, so der auf dem Fernsehschirm hervorgehobene Begriff aus einem internen Dokument, das im Nachrichtenbild erschien, des Präsidenten zu begegnen.[41] Im Juni 1979 berichtete Reynolds für die ABC, dass die schlechte Wirtschaftslage und die Energiekrise sich unübersehbar auf Carters politische Fortune auswirkten. Es wurde von einem Umfrageergebnis im Kongress berichtet, demzufolge so viele Abgeordnete der Demokraten und Republikaner wie bislang nur einmal zuvor in der Geschichte der Präsidentschaftsanwärter sagten, sie könnten nicht für den amtierenden Präsidenten stimmen.[42] Das mediale Sezieren der präsidentiellen Führungsfigur in den Nachrichten hatte Mitte 1979 endgültig begonnen. Das Berichtskostüm stand fest. Carter wirkte wie ein Fremdkörper in einer Medienkultur, die sich gewandelt hatte. Er beherrschte die mediale Berichterstattung nicht, so als hätte sich das kulturelle Feld des Politischen hinter seinem Rücken verschoben. Seine Führungsgestalt wirkte wie ein Fehler im System und passte auch nicht mehr in den Fernsehzuschnitt von *moral leadership*.

Der Fall

»My fellow citizens, men and women of the press ...«, begann Carter eine TV-Pressekonferenz, zu der er am 25. Juli 1979 Pressevertreter/innen der Washingtoner Szene, aber auch ausnahmsweise Presseleute von außerhalb der Hauptstadt ins Weiße Haus eingeladen hatte. Diese Pressekonferenz war der Ort, an dem sein Versuch begann, das Heft wieder in die Hand zu bekommen. ABC-Reporter Max Robinson erklärte, Carter wolle erst eine Rede halten, soweit man das den Ankündigungen habe entnehmen können, wie der Journalist einschränkend hinzufügte, um der präsidentiellen Kommunikation ihre Defizite in Serie zu attestieren.[43] Auch CBS übertrug in einem »Special Report« die Veranstaltung ebenfalls in voller Länge.[44] An dieser Stelle erklärte Bruce Morton, der Präsident habe die Presse zum ersten Mal in den Ostflügel des Weißen Hauses geladen, und es sei außerdem die erste Pressekonferenz seit über zwei Monaten. Auch hier war die Kritik des Journalisten an der Informationspolitik des Weißen Hauses kaum zu überhören.

Das einleitende Statement Carters war ein Versuch, für seine Energie-Gesetzesvorlage zu werben und darin Führungskompetenz zu beweisen. Bereits vor zehn Tagen habe er sich an die Öffentlichkeit gewandt, habe über seine Sorge um die Zukunft des Landes gesprochen und über

40 1979 wurde die Organisation »Moral Majority« in Lynchburg in Virginia von Jerry Falwell gegründet.

41 CBS, Evening News, Freitag, 9. März 1979 – Strauss.

42 ABC, Evening News, Donnerstag, 28. Juni 1979 – Carter/Poll Results.

43 Diese Aussage steht symptomatisch für viele solcher Aussagen von Journalist/inn/en, die immer wieder den Informationsfluss aus dem Weißen Haus und der Regierungsmannschaft in Richtung Presse beklagten – ABC, Special Report, Mittwoch, 25. Juli 1979 – Carter Press Conference (Introduction).

44 Die folgenden Zitate und Informationen zur Pressekonferenz sind dem CBS Special Report zur Pressekonferenz entnommen: CBS, Special Report, Mittwoch, 25. Juli 1979 – Carter Press Conference.

eine: »Crisis of the American Spirit«. Dies sei genauso real, so der Präsident weiter, wie die Probleme, denen man entgegenblicke: Energieknappheit oder Inflation. Man könne das alles überwinden, wie es schon so oft in der Vergangenheit geschehen sei, wenn man für eine gemeinsame Sache kämpfe, versuchte der Präsident seine Hörer/innen in einem nicht gerade aufrüttelnden Rededuktus zu ermutigen. Dann kam er zu dem Projekt, das er bewerben wollte und bei dessen Durchsetzung er im Parlament sogar in den Reihen der eigenen Partei viel Widerstand zu erwarten hatte: Eine Kontrolle der Energiepolitik. Man müsse die gefährliche Abhängigkeit von ausländischem Erdöl überwinden. Viele Millionen Amerikaner stimmten mit ihm überein, zog sich Carter Schritt um Schritt aus der exponierten und gleichzeitig in den Medien vehement eingeforderten Rolle der Führungsfigur zurück, dass man den Pessimismus überwinden müsse, auch wenn man den Glauben an die Regierung und andere Institutionen verloren habe. Mit Patriotismus und harter Arbeit könnten die Amerikaner gemeinsam vorankommen, so sein Appell.

Nach diesem Versuch einer Emotionalisierung nationaler Zusammengehörigkeit, kam der Präsident auf die Umbildung seiner Regierungsmannschaft zu sprechen, die er in den Tagen vor der Pressekonferenz vorgenommen hatte. Er habe nun zügig ein Team gebildet, das mit ihm zusammenarbeiten werde, betonte er. Das Team werde Einigkeit an den Tag legen und mit Zutrauen erfüllt sein. Es sei ein Team, das sich »in good fighting shape« erweisen werde, um die Probleme gemeinsam anzugehen. Gleichzeitig habe er dem Kongress ein ambitioniertes Programm vorgeschlagen, um die amerikanische Erfindungskraft zu befördern und die Energiesicherheit zu gewährleisten. Dies koste viel Geld und könnte nur durch eine Besteuerung von Profiten finanziert werden, die Ölkonzerne zwar erzielten, die sie aber eigentlich nicht verdient hätten. Die Mehrheit der Amerikaner befürworte eine solche Steuer, im Repräsentantenhaus gebe es Zustimmung und diese Maßnahme lasse immer noch genug Spielraum für die Ölkonzerne, die Ölgewinnung hier im eigenen Lande voranzutreiben, stellte Carter seinen kühnen Plan in passiver Körperhaltung am Rednerpult vor. Nun sei es am Senat, den Weg dafür frei zu machen. Gegen die Blockade der Vorlage im Parlament bat der Präsident in der Pressekonferenz die Bürger/innen flehend um Hilfe: »I need your help, I need the help of the people of America. This is a democracy, your voice can be heard, your voice will be heard, your voice must be heard!« So lautete der Aufruf des Präsidenten. Es sei ein gewaltiger Schritt auf dem anstrengenden Weg, das Land wieder zusammenzubringen: »to restore our spirit – the spirit of America and our confidence, our confidence as people in the future of our great country.«[45]

Nachdem die innenpolitischen Fronten gerade in so flehenden Aufrufen an sein Volk nicht mehr zu seinen Gunsten aufgebrochen werden konnten und Carter den Resonanzraum moralischer Führung in diesem Feld allem Anschein nach endgültig eingebüßt hatte, waren Berichte über die Außenpolitik das letzte Terrain, auf dem der Präsident in den Nachrichten nicht ausschließlich als Problemfigur erschien. Doch dies änderte sich wenige Monate darauf, als Nachrichten aus Persien die Bildschirme der US-Fernseher erreichten. Ab dem 4. November 1979 schien Carter von Ereignissen ferngesteuert, die sich im Iran abspielten. Dort waren 52 Diplomaten und Angestellte der US-Botschaft als Geiseln genommen worden. Die Geiselnahme, welche im Zuge der »Islamischen Revolution« durchgeführt worden war, ging einher mit der Forderung einer Auslieferung des Schahs, der sich in den Vereinigten Staaten im Exil befand. Von der Erfolglosigkeit der Carter-Administration in ihren Versuchen, etwas für die gefangen gehaltenen US-Bürger/innen zu tun, berichteten die TV-Nachrichten täglich. Vom Beginn der Geiselnahme in der Botschaft in Teheran über die missglückte Aktion zur Befreiung »Operation Eagle Claw«, die in der Medienlandschaft als »Operation Rice Bowl« verspottet worden war, bis tief in die mediale Kon-

45 CBS, Special Report, Mittwoch 25. Juli 1979 – Carter Press Conference.

turierung der Ereignisse nach dem Fehlschlag der Befreiung, wurde das unorganisierte Agieren zum Beweis fehlender Führung.

Ein weiterer außenpolitischer Beleg für Carters Schwäche als Repräsentant der USA und seine mangelhafte Agilität und Handlungsfreude gesellte sich knappe eineinhalb Monate später zu den Ereignissen in Teheran. Es war der Einmarsch sowjetischer Truppen in Afghanistan, der neben dem Geiseldrama in Persien den zweiten Ansatz einer Konfrontation mit der Sowjetunion geboten hätte. Auch darüber berichteten alle Sender mit einer Flut von Anklagen, in denen Journalist/inn/en Dinge äußerten, wie »der Präsident sei im entscheidenden Moment nicht auf der Brücke« gewesen. Nach den Berichten über die Außenpolitik an der Wende von den 1970er zu den 1980er Jahren kam Carter nicht mehr aus der medialen Überbelichtung als Schwächling heraus. Die hochbebilderte Medienlandschaft, aber insbesondere auch die gerade über die Fernsehberichterstattung verdichtete Forderung nach einer virilen Kontur von *moral leadership*, hatte sich im Rücken des demokratischen Präsidenten verschoben. Militärische Misserfolge in unterschiedlichen Weltregionen waren an seinen Führungskörper als Präsident geheftet worden. In Bildern und Kommentaren wurde der Trend über die Fernsehlandschaften verstärkt.

Seine Misserfolge wurden sogar dann zitiert, wenn Nachrichten für Carter hätten sprechen können und eigentlich von Zustimmung zu seiner Führungsweise handelten. So nahm im März 1980 ein ABC-Bericht zur Lage im iranischen Geiseldrama seinen Ausgangspunkt bei der Feststellung, die Einschätzung der Bevölkerung zu der außenpolitischen *performance* des Präsidenten habe sich im Vergleich zum Beginn der Geisel-Krise im Iran wieder entscheidend zu seinen Gunsten gedreht.[46] Allerdings sei genau das irreführend, wie man im folgenden Bericht sehen werde, verwies Reporter Max Robinson auf die Darstellung seines Kollegen im TV-Beitrag. Die hohe Zustimmung könne eben arg über die wahre Problemlage um die Führungsfigur und deren Handlungen hinwegtäuschen, erklärte Dunsmore in journalistischer Richtigstellung, bevor in dem Beitrag alle kritischen Stimmen zu Carter aus Washington und aus verschiedenen Einzelstaaten zu Wort kommen durften. Ted Kennedy habe den Präsidenten dafür kritisiert, den Schah überhaupt ins Land gelassen zu haben, was viele Beobachter allerdings als ein Argument im innerparteilichen Poker um die Kandidatur abtaten, wie der Reporter noch einräumte. Aber dann habe auch George F. Kennan, einer der renommiertesten Sowjet-Experten, das Geschick des Präsidenten im Umgang mit der Afghanistan-Krise bezweifelt und die Politik in einem Zeitungsartikel für fehlgeleitet erklärt, zitierte der Nachrichtenbericht. An dieser Stelle wurde eine Bildertechnik der Narration angewandt, die weitergehende Beachtung verdient. Zunächst wurde der Experte George F. Kennan gezeigt, wie er seine Kritik in einer Sitzung vorbrachte, dann gefror das bewegte Bild und erschien in etwas kleinerem Format auf einer eingeblendeten Zeitungsseite. Über eine solche Bildmontage sollte die intermediale Bedeutung der Kritik unterstrichen werden. Die Überschrift, die im Bericht auf der Zeitungsseite zu lesen war, lautete: »George F. Kennan, on Washington's Reaction to the Afghan Crisis: ›was this Really Mature Statesmanship?‹«

Die Zahl der Kritiker, die sich gegen die Politik des Präsidenten aussprachen, wachse stetig. Während die Köpfe von Politikern aller Lager eingeblendet wurden, kommentierte der ABC-Reporter: »Some very different political bedfellows raised similar concerns!« Der Nachrichtensender hatte diese unterschiedlichen »bedfellows« selbst zu Interviews gebeten, sie ließen aber auch die Vertreter gegenteiliger Ansichten in Erscheinung treten. So bekannte der demokratische Senator und

46 Die Umfragegrafiken, die in der Sendung gezeigt wurden, wiesen für den Tag der Botschaftserstürmung durch die Geiselnehmer am 4. November eine Zustimmung von 32% zur Außenpolitik des Präsidenten aus – 55% seien nicht einverstanden. Vier Monate später hatten sich im März 1980 die beiden Zahlen nahezu gedreht – 52% Zustimmung und 37% Ablehnung.

ehemalige Präsidentschaftskandidat George McGovern, er glaube nicht, dass es hilfreich sein könne, eine lokale Krise zu einer globalen Konfrontation zu stilisieren. Auch Senator Henry Jackson wurde gezeigt und sagte, seine größte Sorge sei ein »born-again hawk-syndrome« – dies zeichne sich dadurch aus, dass man eine Weile schief gelegen habe und dann meine, eine Überreaktion an den Tag legen zu müssen. Schließlich hätten manche in der Regierung sogar schon von Krieg gesprochen, fügte der Senator besorgt hinzu. Weil auch die Europäer solche Ängste teilten, musste der Außenminister Cyrus Vance wichtigen Verbündeten einen Besuch abstatten, um sie davon zu überzeugen, dass die USA nicht überreagieren würden und ihre Politiklinie halten könnten, so der Reporter über das ganze Ausmaß der diplomatischen Misere. Doch die Mitarbeiter des Präsidenten beklagten, er nehme die sowjetische Invasion in Afghanistan »zu persönlich«. Sie bangten um das Rüstungsabkommen SALT. Auch ein republikanischer Senator aus Utah, Jake Garn, kam zu Wort und durfte dem Fernsehpublikum zur Frage nach der Bedrohung nationaler Sicherheit durch die Politik Carters verkünden: »It's just like most of his foreign policy since he has been in office: incredibly weak, naive and devastating!«[47] Anhand einer Karte wurden noch im selben Bericht die US-Stützpunkte im Mittleren Osten und an der Ostküste Afrikas im Bild gezeigt und weitere Äußerungen über Carters Unfähigkeit zitiert. – Der präsidentielle »honeymoon«, keine Waffen mehr in diese Länder zu bringen, sei nun vorbei. »Enough is enough«, verkündete Demokrat Henry Jackson und sagte, dass die Geduld der Amerikaner überstrapaziert worden sei. Man habe sich aus nationalem Gemeinsinn zurückgehalten, sei aufgrund der Lebensbedrohung, welcher eigene Landsleute im Iran ausgesetzt waren, sehr gnädig mit dem Präsidenten umgegangen und habe bislang kaum Kritik geübt, erklärte Garn aus Utah. Nun müsse der Präsident endlich Mut beweisen und bestimmt auftreten, so die Forderung des Republikaners an sein Staatsoberhaupt.

Diese Positionen in Bezug auf die Problemlage um die Geiseln im Iran widersprachen denen, welche dieselben Leute in der Afghanistanfrage eingenommen hatten. Die Ambivalenz, welche die Fernsehnachrichten in den Aussagen namhafter Politiker verbreitete, ergriff die Führungsfigur. Als Diplomat, als Außenpolitiker und als oberster Befehlshaber des Militärs: Carter konnte aus der Zuschreibung von Unentschiedenheit und Schwäche heraus nicht mehr reüssieren. Mehr noch, in vielen Berichten wurde die US-amerikanische Nation dargestellt, als befinde sie sich selbst in Geiselhaft eines schwachen und äußerst ungelenken Präsidenten. Dadurch wurden alle diplomatischen Bemühungen des Präsidenten und der Administration zu einem Vergehen am eigenen Volk. Das wiederum stärkte die Forderung nach kompromissloser *moral masculinity* als dem entscheidenden Kern moralischer Führung. Die diesem Schema der Kritik folgende Berichterstattung diskreditierte Diplomatie und flache Hierarchie auf unabsehbare Zeit in der US-Politik. Und so war im Plot solcher Berichte bereits angelegt, was Dunsmore in seinem Schlusskommentar zum ABC-Bericht im März 1980 auf den Punkt brachte:

> *»Even if the Iran-crisis appears to be easing – the President's problems are far from over. His flop over the UN-resolution condemning Israeli settlements rekindles the view that he is not a strong leader. Pakistan's rejection of US-aid raises serious doubts about the whole South-Asia policy. And once the hostages are free, so too, will the critics be. And they will be loud and they will be many.«*[48]

Und als ob Senator Henry Jackson, der seine Bedenken gegenüber dem »born-again hawk-syndrome« in Bezug auf den anderen Konfliktherd in Afghanistan geäußert hatte, eine Vorahnung

47 ABC, Evening News, Donnerstag, 6. März 1980 – United States Foreign Policy/Carter.
48 Ebd.

gehabt hätte, kam es im April 1980 zur »Operation Eagle Claw« im Iran, jener missglückten Operation zur Befreiung der Geiseln, die in der Presse wieder und wieder aufgegriffen und als letzter Beleg für Carters Inkompetenz ins Bild gebracht werden sollte. Nachdem die Meldung von in die Wüste stürzenden Militärmaschinen, zurückgelassenen Helikoptern und ums Leben gekommenen Soldaten am ersten Tag nach dem Desaster, am 25. April 1980, durch die Fernsehstudios in die Wohnzimmer der US-Bürger/innen übermittelte worden war, zeigten die Nachrichten betroffene Äußerungen von den Mitbewerbern Carters um das Präsidentenamt. Bis auf Gegenkandidat John Anderson, der Bedenken hatte, dass die »tragischen Fehlentscheidungen« des Präsidenten nicht allein zuhause, sondern auch unter den Freunden und Alliierten den Ruf der Entscheidungskompetenz des Weißen Hauses ruiniert haben könnten, übten sich alle wichtigen Politiker in patriotischer Zurückhaltung.[49] George Bush sagte, es sei nicht die Zeit zu kritisieren. Ted Kennedy sagte, man stehe als Nation in der Verantwortung gegenüber den Geiseln, in Verantwortung für die Familien der Opfer der Militäraktion und der Trauer um die mutigen Männern, die beim Versuch ihre Mitbürger zu befreien, ihr Leben gelassen hätten. ABC-Reporterin Lynn Sherr betonte, dass sich sogar Herausforderer Nr. 1 zurückhaltend gab. Reagan machte wenige Worte über die Schwäche des anderen, versuchte aber bereits, darin den moralischen Führer der Nation zu geben, als er sagte: »It's time for us as a nation and as a people to stand united. It's a day for quiet reflection. It's a moment when words should be few and confined essentially to our prayers.«[50] Alle drei großen Sender ABC, CBS und NBC versuchten sich an jenem Nachrichtentag in etlichen ausführlichen Sondersendungen an umfassenden Berichten über Hintergründe und Hergang der missglückten Rettungsoperation.[51]

Wie sich das Versagen schließlich in Carters Führungskörper verankerte, dieser zur gescheiterten Negativfolie für moralische Führung werden konnte, zeigten die Berichte der kommenden Wochen. Zwar waren die Äußerungen, die sich in der Folge der Vorgänge im Iran häuften bereits zuvor diskursiv angelegt gewesen, nach der missglückten Operation dynamisierte sich Schuldzuweisung an die Führungsfigur und sein Umfeld jedoch noch einmal. Bereits zuvor etablierte Beschreibungsmuster eines handlungsschwachen Präsidenten wurden aufgegriffen und intensiviert.[52] Bereits am ersten Tag, nachdem der Schock vom Absturz der Spezialeinheit die Nachrichten durchzogen hatte, berichtete Reporter Marvin Kalb von einem kranken Außenminister Vance, der sich nicht äußern wollte, und von der Furcht im Lande, dass die Sowjets nun im amerikanischen Präsidenten eine »lahme Ente« erkannt haben könnten und dementsprechend versuchen würden, ihre Machtpositionen am Persischen Golf zu verbessern.[53] Am folgenden Tag erschien der Präsident in der ABC als wortkarger Kirchgänger. Lediglich einen »Guten Morgen!« habe er gewünscht. Dafür ließ er seine Mitarbeiter die Kriegstrommel rühren. Verteidigungsminister Harold Brown wurde zitiert mit der Aussage, dass die militärische Option keineswegs passé sei und Carters nationaler Sicherheitsberater Zbigniew Brzezinski zeigte sich im Fernsehinterview sichtlich angespannt als er sagte: »Do not scoff at American power, do not scoff at American reach. This president and this country will do what is necessary. And we have the means for doing it. One

49 ABC, Evening News, Freitag, 25. April 1980 – Iran Crisis.

50 Ebd.

51 CBS, Special Report, Freitag, 25. April 1980 – The Rescue that Failed; ABC, Special Report, Freitag, 25. April 1980 – Iran: Day 174: Failure and Tragedy; NBC, Special Report, Freitag, 25. Apr. 1980 – The Mission that Failed.

52 Abzulesen sind diese Kritikstränge an der Führungsfigur Carter z. B. in der NBC-Berichterstattung zu der Geiselnahme bereits einige Wochen vor dem gescheiterten Befreiungsversuch. Vgl. NBC, Evening News, Sonntag, 5. April 1980 – Iran.

53 CBS, Evening News, Samstag, 26. April 1980 – Iran/White House Reaction.

setback doesn't shape the future!« Die politische Zukunft des Präsidenten hänge an der Befreiung der Geiseln im Iran, kommentierte Reporter Jack Smith. Die Gegebenheiten vor Ort schienen das jedoch auszuschließen. Deshalb sei der Präsident gefangen »between a rock and a hard place.«[54]

Schluss

Noch in der Nacht vor Reagans Amtsantritt hatte Carter die Vereinbarung zur Freilassung der Geiseln mit dem Iran unterschrieben. Tags darauf flog er zum Empfang der US-Bürger nach Europa. Reagan war mittlerweile zum Präsidenten inauguriert. Jimmy Carter hatte in der medialen Arena der Innenpolitik nicht mehr der Form entsprochen, die sich mit ihm selbst zu Beginn seiner nationalen Karriere gebildet hatte. Er war vom potentiellen *moral leader* zu einer Gestalt geworden, die über die Nachrichten und von Kritiker/inne/n als schwach und unsicher in die sich im Wandel befindende Ordnung projiziert worden war. War Carter als Politiker gescheitert oder war dies in der Platzierung seiner Präsidentenfigur innerhalb der Krise bereits angelegt? Im Jahr 1978 hatte sich die negative Berichterstattung im Fernsehen entscheidend verstärkt. Zunächst flankierte die Problematisierung der US-Außenpolitik die Zweifel an seiner Durchschlagskraft in der innenpolitischen Führung. Spätestens 1980 wurde in den Nachrichten die Autorität des Präsidenten medial malträtiert, wobei die diskursive Stigmatisierung seiner Führung durch stille Diplomatie in den Medien bereits zuvor angeklungen war. Durch diesen Vorlauf wirkt Carters Versagen in der militärischen Rettungsaktion wie eine sich selbst erfüllende Prophezeiung. Die Aktion, ihr Scheitern und die mediale Resonanz stellen sich aus dieser Sicht nicht als Ursache eines politischen Versagens dar, sondern als Effekte einer immer wieder vorgetragenen Forderung nach Führung durch eine starke Hand. Fluggeräte stürzten ab, Hubschrauber blieben in der Wüste zurück, eine Liste von US-Geheimagenten im Iran wurde in einem der Militärgeräte gefunden. Die Berichterstattung dazu war durch den Vorlauf und die immer wieder artikulierten Zweifel an Carters Führungsstärke ermöglicht worden. Dadurch konnte sogar das Ausbleiben einer Kritik seitens der Opponenten von Journalistenseite als die Bestätigung der zuvor bereits vermuteten Durchsetzungsschwäche gelesen werden.[55]

Die Idealfigur des *moral leader* bekam im Fernsehen Kontur darüber, dass sie an einer Figur durchexerziert werden konnte, die sie *nicht* ausfüllte. Die moralische Dimension des Gefallenen überdeckt im Fall Carters häufig bis in gegenwärtige Darstellung einen teamorientierten Führungsstil, der in der medialen Darstellung als Mangel interpretiert wurde. Es lässt sich erkennen, wie US-spezifisch und gleichzeitig modellhaft für das Genre der TV-Nachrichtenberichterstattung über Führungsqualität in der zweiten Hälfte der 1970er Jahre berichtet wurde. Daneben wird deutlich, wie historisch und kulturell eigen jene Geschichte vom Versagen des Präsidenten war, welche Fernsehsender über ihre Abendnachrichten Millionen von Fernsehzuschauer/inne/n jeden Tag in die Wohnzimmer sendeten. Das Programm war gewissermaßen zu einer Geschichte eines Scheiterns in der prominentesten Riege des Politischen geworden.

Was bedeutete es, wenn ein Regierungschef in der televisualisierten Sphäre vorgeführt scheitert? Neben der biografischen Dimension des Scheiterns, die in dem Sammelband von Stefan Zahlmann und Sylka Scholz im Mittelpunkt des Interesses steht, ist die mediale Dimension der Darstellung von Scheitern ein Untersuchungsfeld der neuesten Geschichte. Bilder vom Scheitern materialisieren sich auch an realen Figuren, mediale Figuren wirken real, wenn sie scheitern. Den historischen Hintergrund dieser Betrachtung von Carters Fall lieferte die Frage, ob Scheitern in

54 ABC, Evening News, Sonntag, 27. April 1980 – Iran/Carters Reaction.
55 CBS, Evening News, Dienstag, 20. Januar 1981 – Hostages Released.

den Vereinigten Staaten spezifischen religiösen, geschlechterkonstruktiven Aufladungen und somit kulturell geprägten Möglichkeitsbedingungen folgt. Ein Teil der Antwort klingt bereits im erwähnten Sammelband im Gespräch zwischen Sander L. Gilman und Stefan Zahlmann an und wurde unter Fokussierung der Fernsehberichterstattung auch in diesem Text aufgezeigt. Im Ergebnis ist das Scheitern des Präsidenten im Amt und am Ideal moralischer Führung nicht allein im Verfehlen evangelikaler Ideale zu suchen, die sich zur selben Zeit in die Aufmerksamkeitsökonomie schoben. Scheitern ist für die Zeitgeschichte der USA auch entlang eines hegemonialen Männlichkeitsideals zu lesen, welches das radikale Scheitern negiert, obgleich es immer wieder von einer Krisenbehauptung produziert wurde. Im Zusammenspiel mit dem Revival der Religion wurde am Ende des Jahrzehnts aus der Krise heraus auch in den visuellen Medien das Anforderungsprofil von moralischer Führung erstellt, das nun ständig eingefordert wurde.

Der Fall Carter zeigt, als ein prominentes Beispiel in einer televisualisierten Kultur der Fernsehgeschichte der 1970er und 1980er Jahre, wie moralische Führungskraft auch medial zugewiesen wurde. Die Verschränkung von Männlichkeit und Religiosität, in jenem sich in Carters Rücken neu entwickelnden Anforderungsprofil an US-Politiker, sollte in einem weiteren Beispiel noch intensivere Verdichtung erfahren – der journalistischen Berichterstattung zum Anschlag auf Präsident Reagan am 30. März 1981. Das ist eine andere Geschichte, in der *moral leadership* in den 1980er Jahren noch einmal neu aufgeführt wurde. Sie ist aber ohne ihr vorangegangenes Kapitel, dem medialen Scheitern Jimmy Carters ebenso wenig zu verstehen, wie Carters Fall sich ohne die Medienberichterstattung zu Richard Nixon gänzlich erschließt. Die Schicksale solcher Figuren anhand der TV-Nachrichten zu verfolgen, eröffnet Zeithistoriker/inne/n die Möglichkeit, vermeintlich bekannte Geschichten noch einmal abzutasten, abzulaufen und auf ihre konkrete öffentliche Vermittlung in der Fernsehkultur neu gegenzulesen. Gemessen an seiner gewaltigen Resonanz und der Bandbreite innerhalb der Aufmerksamkeitsökonomie ist das Fernsehen eine noch zu selten betrachtete Diskursmaschine im Sendebetrieb der Zeitgeschichte – in den USA und darüber hinaus.

Natascha Vittorelli

Un/Freiwillig scheitern

Eine Historikerin nimmt Abschied von der Wissenschaft und ihrem Betrieb[1]

Die folgende Geschichte handelt vom Beenden einer wissenschaftlichen Karriere. Sie versucht Wege nachzuvollziehen, die zum Scheitern *in* der Wissenschaft und *an* ihrem Betrieb geführt haben könnten. Ich habe mich für das Verfassen dieses Textes entschieden, weil es scheint, als habe Scheitern (in der Wissenschaft – und da insbesondere, wenn es mit dem Verlassen des wissenschaftlichen Feldes einhergeht) möglichst unauffällig zu erfolgen; und weil Scheiternsprozesse komplex, langwierig, widersprüchlich, uneindeutig und – zumeist – beschämend verlaufen. Die Geschichte erzählt von einer Historikerin und ihren Überlegungen zu persönlichen, institutionellen sowie strukturellen Bedingungen des Scheiterns an der »Wissenschaft als Beruf«. Während die Alltäglichkeit ihrer Scheiternserfahrungen weder besonders noch bedeutsam ist, so zielt der vorliegende Text doch vorwiegend darauf ab, der Stigmatisierung »gescheiterter Existenzen« und dem Verschweigen wissenschaftlichen Scheiterns die Beschreibung eines konkreten Scheitererlebens entgegenzusetzen.[2]

Vielfach wurde bereits darauf hingewiesen, dass das »Ich« just zu jenem Zeitpunkt in Verruf geraten sollte, als es zunehmend von weiblichen Subjekten in Anspruch genommen wurde; und so mag es denn auch kein Zufall sein, dass jenes Ich, das an dieser Stelle sein Scheitern öffentlich eingesteht, ein weibliches Ich ist. Voraussetzung für das Scheiternseingeständnis des weiblichen Ichs ist das Vorhandensein von Scheiterfähigkeit – eine »Leistung«, die Frauen *innerhalb* der Wissenschaft lange genug nicht zugestanden wurde. Im weiteren Verlauf wird daher immer wieder auf die kontroverse Rede vom Ich und auf das Ich-Sagen zurückgegriffen werden:[3] I-C-H bin G-E-S-C-H-E-I-T-E-R-T – so freiwillig wie unfreiwillig, so absichtslos wie absichtsvoll, so entschieden wie unentschlossen, so ungeplant wie vorsätzlich.

1 Für anregende Gespräche, hilfreiche Rückmeldungen und weiterführende Literaturhinweise danke ich Hanna Hacker, Werner Lausecker, Iris Mendel, Nicola Sekler, Judith Simon und Veronika Wöhrer. Von ihren klugen und berechtigten Einwänden haben Text wie Autorin profitiert.
Um der Vielfalt der Geschlechter auch sprachlich Ausdruck zu verleihen, habe ich im Text wahlweise das Binnen-I, den Unterstrich oder beide geschlechtliche Endungen verwendet.

2 Gert Dressel und Nikola Langreiter gehen in ihrem Text über Wissenschafter_innen, die (nicht) scheitern, auf die mangelnde Besprechbarkeit von Scheiternserfahrungen sowie vorhandene geschlechtsspezifische Unterschiede in deren Thematisierung ein. Gert Dressel/Nikola Langreiter, WissenschafterInnen scheitern (nicht), in: Stefan Zahlmann/Sylka Scholz (Hg.), Scheitern und Biographie. Die andere Seite moderner Lebensgeschichten, Giessen 2005, S. 107–126.

3 In ihrer lesenswerten Autoethnografie ersetzt Hanna Hacker das umstrittene »Ich« durch den abwechselnden Einsatz von »Ich«, du, sie. Hanna Hacker, Autoethnographie k/einer queeren Professorin. Dissidenz zwischen Uni und Development, in: dies., Queer entwickeln. Feministische und postkoloniale Analysen, Wien 2012, S. 112–134.

Richtig scheitern

Ich fasse »Scheitern« im Folgenden als einen Such- und Lernprozess auf, der sich aus einzelnen Scheiternsmomenten – und zwar gerade auch jenen Momenten mehr oder weniger bewusster Entscheidungen, Momenten potenzieller Verweigerung, Widerständigkeit oder Widerspenstigkeit – zusammensetzt. Die Annahme bewusst getroffener Entscheidungen positioniert Scheitern im Spannungsfeld von Freiwilligkeit und Unfreiwilligkeit und relativiert gängige Vorstellungen von Scheitern. Denn »Scheitern« stellt vor allem eine relative Größe dar: Scheitern ist von Zielen abhängig, die sich auch ändern (lassen); Scheitern ist von eigenen und fremden Erwartungen, von der Innen- wie auch der Außensicht abhängig; und nicht zuletzt ist »Scheitern« davon abhängig, wo Anfang und Ende der betreffenden Scheiterns- bzw. Erfolgsstory gesetzt werden: Einem vorläufigen oder vermeintlichen Scheitern kann auf diese Weise (rückwirkend) Sinn verliehen werden. Konventionelle Vorstellungen der Endgültigkeit von »Scheitern« gilt es damit zu hinterfragen. Während Erfolg und Scheitern gemeinhin als Gegenbegriffe aufgefasst werden, lokalisiere ich sie daher innerhalb eines Kontinuums. Gleich dem Scheitern kennt auch der Erfolg eine Außen- wie eine Innenperspektive, die nicht zwangsläufig übereinstimmen müssen; und analog zum Scheitern lässt sich vom Erfolg als einem uneindeutigen Phänomen sprechen. Über beides – Erfolg wie Scheitern – bestimmt die *scientific community* durch Anerkennung, Nichtbeachtung oder Abwertung maßgeblich mit. Ferner hat sie Anteil an Art und Ausmaß des »Scheiterns« – sei es durch Annahmen oder Interpretationen, sei es durch daraus resultierende Haltungen und Handlungen.

Handlungstheoretisch wird zwischen den Idealtypen eines graduellen sowie eines absoluten Scheiterns unterschieden.[4] Diese beiden Scheiternsformen ziehen zwei mögliche Scheiternsbewertungen nach sich: »Das graduelle Scheitern wird als kurze Unterbrechung von Handlungsmöglichkeiten verstanden, denn es kann später weiter gehandelt werden.«[5] Absolutes Scheitern gehe hingegen mit dem dauerhaften Verlust von Handlungsfähigkeit einher und führe zu Behandlungsbedürftigkeit. Differenzen in der Wahrnehmung der betreffenden Scheiternsform zwischen scheiterndem Subjekt und dessen Umfeld könnten demnach zu inneren Spannungen und gegebenenfalls auch äußeren Konflikten führen: Wenn die Selbstwahrnehmung einem absoluten Scheitern entspricht, das Umfeld jedoch ein graduelles Scheitern zu erkennen vermeint, sähe sich der/die Scheiternde gezwungen, um die Anerkennung seiner/ihrer Interpretation zu kämpfen. Geht das Umfeld von einem absoluten Scheitern aus, während das scheiternde Subjekt ein graduelles Scheitern konstatiert, würde sich dieses angesichts der von außen unterstellten Behandlungsbedürftigkeit abgewertet und gedemütigt fühlen. Trifft die Selbstwahrnehmung eines absoluten Scheiterns auf eine identische Fremdwahrnehmung, drohe sich Scheitern als Grenzerfahrung dramatisch zu bestärken und bestätigen. Unter den genannten Umständen birgt das Bekenntnis, zu scheitern bzw. gescheitert zu sein, ein kaum abzuschätzendes Risiko in sich; denn nur im günstigsten aller möglichen Fälle herrscht Einigkeit über eine temporäre und damit überwindbare Handlungsunfähigkeit.

Dieses auf einer Akteur/in-Beobachter/in-Unterscheidung beruhende Modell von Scheiternserfahrung sowie Scheiternsbeurteilung lässt unberücksichtigt, was einem Scheitern notwendiger-

4 Matthias Junge, Scheitern. Ein unausgearbeitetes Konzept soziologischer Theoriebildung und ein Vorschlag zu seiner Konzeptionalisierung, in: Matthias Junge/Götz Lechner (Hg.), Scheitern. Aspekte eines sozialen Phänomens, Wiesbaden 2004, S. 15–32. Die nachstehenden Ausführungen folgen Matthias Junges (vorläufigen) Überlegungen zum Scheitern.

5 Ebd., S. 17.

weise vorausgehen müsste: Die Definition klarer Ziele sowie die Festlegung eindeutiger Kriterien, die es erlauben, Erreichen bzw. Verfehlen dieser Ziele zu messen. In der Regel sind jedoch genau diese beiden Voraussetzungen für Scheitern nicht gegeben. Die Psychologen Olaf Morgenroth und Johannes Schaller schlagen daher vor, Scheitern aus einer »Prozessperspektive«[6] zu betrachten und unterscheiden in diesem Zusammenhang zwischen drei Prozessstadien:

> *»erstens [dem] Handlungsprozess, also [der] Art und Weise, wie Menschen Ziele auswählen und konkretisieren, wie Handlungen geplant, durchgeführt und kontrolliert werden; zweitens [dem] Bewertungsprozess, also [der] Art und Weise, wie Urteile über Erfolg und Misserfolg zustande kommen und drittens [dem] Bewältigungsprozess, also [der] Art und Weise, wie mit Misserfolgen umgegangen wird und welche Folgen damit verbunden sind.«*[7]

Wann wird also ein Scheitern zum Scheitern? Wann wird es erkennbar? Wann als solches benannt? Und wer benennt es? Wann lässt sich Scheitern vor sich selbst und schließlich vor den anderen, den Kolleg_innen, dem (wissenschaftlichen) Umfeld nicht mehr verheimlichen? Woher überhaupt die Notwendigkeit zur Heimlichtuerei? Mich persönlich schien gerade der Erfolg dazu zu drängen, die wissenschaftliche Fassade trotz zunehmender Zweifel, Unsicherheiten und Ängste weiter aufrecht zu erhalten. Alles hatte so vielversprechend begonnen und fand über Jahre hinweg seine folgerichtige Fortsetzung: Vorträge, Förderungen, Auszeichnungen, so genannte Exzellenz-Stipendien, eingeworbene Drittmittel, preisgekrönte Monografie. Hatte ich mich dank der in meine wissenschaftliche Laufbahn getätigten Investitionen nicht in eine Art Schuld begeben? Stand mir Scheitern überhaupt zu? Besaß ich denn ein Anrecht auf Aussteigen?

All dies lässt mich lange zögern, Scheitern und Rückzug öffentlich einzugestehen: Wird mein Abgang wahrgenommen werden? Und wenn ja, welche Interpretationen werden folgen? Denn setzt sich, wer wirklich gut ist, nicht durch? Und bedeutet, das wissenschaftliche Feld zu verlassen, nie gut genug gewesen zu sein? Wird also »aufhören« nicht zuallererst meine fachlichen Kompetenzen in Frage stellen? Mit solchen Überlegungen unterstelle ich, dass die dem wissenschaftlichen Feld eigene Logik den Verbleib im Wissenschaftsbetrieb als derart erstrebenswert erachtet, dass ein freiwilliger »Verzicht« angezweifelt würde. Des Weiteren vermute ich, dass Abschiedsszenarien wenigstens einzelne unter jenen Personen, denen es gelungen ist, ihr wissenschaftliches Vorwärtskommen unter zunehmend widrigen Umständen (zumindest vorläufig) abzusichern, nicht unbeeindruckt lassen werden. »Erfolgreich« Verbleibende könnten auf (sich abzeichnendes) Scheitern bzw. angekündigtes Ausscheiden aus der Wissenschaft mit Abwertung, Unverständnis oder Verwunderung reagieren; aber auch mit Versuchen, zum Durchhalten zu bewegen, »selbst« mit Verständnis wäre zu rechnen. Vereinzelt würde bedauert, gelegentlich vielleicht sogar offen beneidet werden. Zumindest manche dieser Verhaltensweisen könnten auf Ängsten, Unsicherheiten und Zweifeln basieren – Ängste, Unsicherheiten und Zweifeln sowohl in Hinblick auf Ungewissheiten, Unvorhersehbarkeiten und Unwägbarkeiten einschlägiger Karriereverläufe als auch in Bezug auf wissenschaftliche Inhalte; vor allem letztere werden gerne verschwiegen oder bestenfalls in vertrauter Runde eingestanden. Doch Scheitern und Ängste beeinflussen einander wechselseitig: Ängste können zu Scheitern führen und (die Aussicht auf) Scheitern macht Angst!

6 Olaf Morgenroth/Johannes Schaller, Misserfolg und Scheitern aus psychologischer Sicht, in: Harald Pechlaner/Brigitte Stechhammer/Hans H. Hinterhuber (Hg.), Scheitern. Die Schattenseite des Daseins. Die Chance zur Selbsterneuerung, Berlin 2010, S. 9–30, hier S. 13.

7 Ebd., S. 26.

Der wissenschaftliche Anforderungskatalog

Seit ihrer Entstehung bestimmt die wissenschaftliche *persona* die imaginäre wie reale Lebenswelt von Wissenschafter/innen und kann vor allem Wissenschafterinnen zum Scheitern verurteilen. Lorraine Daston beschreibt die wissenschaftliche *persona* als eine »kollektive Identität«,

> *»die nicht unbedingt mit der eines Individuums übereinstimmen muß, die aber dennoch die Aspirationen, Eigenarten, Lebensweisen und sogar körperliche [sic!] Fähigkeiten und Dispositionen einer Gruppe formt, die sich zu dieser Identität bekennt, und von der Öffentlichkeit auch so wahrgenommen wird.«* [8]

Diese wissenschaftliche *persona* erleb(t)e ich als ein Wesen, das in der selbstbestimmten Suche nach Wahrheit und Erkenntnis seine Erfüllung findet. Sie arbeitet hart, schnell und produktiv, steht ihrem Beruf zeitlich, emotional, intellektuell und körperlich vorbehaltlos zur Verfügung und nimmt für die Verwirklichung ihrer Leidenschaft die derzeit vorherrschenden Beschäftigungsbedingungen – Befristungen, Teilzeitanstellungen, Planungsunsicherheiten – in Kauf. Dank der uneingeschränkten Identifikation mit ihrer Aufgabe erbringt die wissenschaftliche *persona* exzellente Leistungen. Arbeit und Leben bilden eine Einheit, so dass ihr die (vermeintliche) Unterordnung des Privatlebens zugunsten eines höheren Ziels keinerlei Opferbereitschaft abzuverlangen scheint. Die Anforderungen nach Mobilität erfüllt die wissenschaftliche *persona* ebenso gewissenhaft wie jene nach Präsenz und *networking*. Und so darf sie darauf hoffen, sich gegen die Konkurrenz durchzusetzen; eine Garantie dafür, dass ihr beharrliches Engagement in eine unbefristete Stelle – zumeist den ersehnten Lehrstuhl – münden wird, besitzt sie freilich nicht. Doch die feldeigenen Spielregeln hat die wissenschaftliche *persona* ohnehin durchschaut und der daraus resultierenden Risiken ist sie sich bewusst.

Was wie eine überzogene Karikatur erscheinen mag, bleibt für die einzelne Wissenschafterin und den einzelnen Wissenschafter nicht ohne Wirkung. Die Vergegenwärtigung dieses Anforderungskatalogs sollte ein Scheiternseingeständnis ja eigentlich erleichtern – setzt seine Erfüllung doch voraus, von jeglicher Sorge um die Organisation des Alltags, Bedürfnissen nach Selbst- und Fürsorge sowie sozialen und familiären Verpflichtungen befreit zu sein, d. h. einen Lebensstil zu pflegen, der geraume Zeit Gelehrten bzw. Wissenschaftern vorbehalten war und tendenziell ist. Doch stattdessen wird ein Scheiternsbekenntnis durch die Aufrechterhaltung einer folgenreichen *illusio*[9] erschwert: »Die Vorstellung von der Wissenschaft als einer Lebensform, die kein anderes Engagement neben sich duldet, ist ein Kernelement des Glaubens, der die wissenschaftliche Arbeit trägt und stabilisiert.«[10] Gleichsam zwangsläufig verschränken sich damit Professionelles, Persönliches, Privates und Soziales auf mitunter unheilvolle Weise. Angesichts des »hohen individuellen Einsatzes«[11] – denn

8 Lorraine Daston, Die wissenschaftliche Persona. Arbeit und Berufung, in: Theresa Wobbe (Hg.), Zwischen Vorderbühne und Hinterbühne. Beiträge zum Wandel der Geschlechterbeziehungen in der Wissenschaft vom 17. Jahrhundert bis zur Gegenwart, Bielefeld 2003, S. 109–136, hier S. 110.

9 Beate Krais/Sandra Beaufaÿs, Wissenschaftskultur und Geschlechterordnung. Verborgene Mechanismen der Macht, in: Ulrike Vogel (Hg.), Was ist weiblich – was ist männlich? Aktuelles zur Geschlechterforschung in den Sozialwissenschaften, Bielefeld 2005, S. 135–151, hier S. 138.

10 Ebd., S. 140.

11 Beate Krais, Wissenschaft als Lebensform. Die alltagspraktische Seite akademischer Karrieren, in: Yvonne Haffner/Beate Krais (Hg.), Arbeit als Lebensform? Beruflicher Erfolg, private Lebensführung und Chancengleichheit in akademischen Berufsfeldern, Frankfurt a. M./New York 2008, S. 177–211, hier S. 181.

nichts Geringeres als »die soziale Existenz«[12] steht zur Disposition – kann berufliches Scheitern nicht nur einem gesamtbiografischen Scheitern gefährlich nahe kommen; mit dem Ausscheiden aus der Wissenschaft droht neben dem Abbruch eines spezifischen *academic way of life* auch der Verlust von Kontakten und Beziehungen zu Bekannten, Kolleg_innen und selbst Freund_innen. Vorstellungen von »Wissenschaft als Berufung« ignorieren überdies die zunehmende, mitunter sogar gewünschte Brüchigkeit von (Berufs-)Biografien, die auch vor Wissenschafter_innen keinen Halt macht. Wissenschaft »nur« eine Zeitlang gut, gerne und – ja! – auch erfolgreich zu betreiben, scheint ausgeschlossen oder wird als unkollegial empfunden.

Um mich dem, was ich als mein un/freiwilliges Scheitern in der Wissenschaft bezeichne, anzunähern, scheint mir die Unterscheidung zwischen *cognitive career*, *community career* und *organisational career*, wie sie von Grit Laudel und Jochen Gläser getroffen wurde, hilfreich.[13] Eine akademische Karriere setze sich demnach aus den drei genannten Karriereformen zusammen, die in Wechselbeziehung zueinander stünden und dennoch weitgehend unabhängig voneinander verlaufen würden. Die *cognitive career* stellt das Ergebnis all jener Forschungsprojekte und Forschungsprozesse dar, die der Wissenschafter/die Wissenschafterin abgeschlossen hat, durchführt bzw. an denen er/sie beteiligt war oder ist. Daneben hätten Wissenschafter_innen eine vierstufige *community career* – in Analogie zum Lehrberuf – zu durchlaufen, die vom Status der/des Auszubildenden über die Kollegin/den Kollegen hin zur Meisterin/Meister und gegebenenfalls bis zur Elite führen kann. Die *organisational career* wiederum sichert die/den Wissenschafter_in materiell ab und verläuft innerhalb von Forschungsinstituten, Universitäten oder Unternehmen. Jede einzelne akademische Karriere verfügt über eine individuelle und einzigartige Dynamik zwischen diesen drei Karriereformen.

Während ich im nächsten Abschnitt das Scheitern meiner *cognitive career* speziell unter der Perspektive vorhandener Ängste nachzuvollziehen versuche, beschreibt der darauffolgende Teil meinem Umgang mit bestehenden Anforderungen im Hinblick auf *community* sowie *organisational career*. »Scheitern« wird sich dabei als ein Prozess des Suchens und Lernens erweisen, der von Momenten der Verweigerung und des Widerstandes getragen wird, die ein graduelles Scheitern mehr oder weniger bewusst in Kauf nehmen.

Den *Ängsten* ins Auge sehen

Die Handlungsunfähigkeit, welche Scheiternsprozesse zwangsläufig begleitet, lässt sich anhand meiner *cognitive career* verfolgen. Als ich noch Hoffnung hegte, mein Forschungsthema in den Griff zu bekommen, versuchte ich es mit Georges Devereux. Nach gut 15 Jahren barg die Relektüre des Bandes *Angst und Methode in den Verhaltenswissenschaften*[14] einige erhellende Erkenntnisse: So ist es Georges Devereux zufolge die Methode, die Forscher_innen dazu diene, ihre Angst vor den Daten zu beschwichtigen. Oder in seinen eigenen Worten: »[V]erhaltenswissenschaftliche Daten erregen Ängste, die durch eine von der Gegenübertragung inspirierte Pseudomethodologie abgewehrt werden.«[15] Was aber, wenn die Methode selbst Ängste auslöst?

12 Beate Krais, Das soziale Feld Wissenschaft und die Geschlechterverhältnisse. Theoretische Sondierungen, in: dies. (Hg.), Wissenschaftskultur und Geschlechterordnung. Über die verborgenen Mechanismen männlicher Dominanz in der akademischen Welt, Frankfurt a. M./New York 2000, S. 31–54, hier S. 40.

13 Siehe Grit Laudel/Jochen Gläser, From Apprentice to Colleague. The Metamorphosis of Early Career Researchers, in: Higher Education 55 (2008) 3, S. 387–406.

14 Georges Devereux, Angst und Methode in den Verhaltenswissenschaften, 4. Aufl., Frankfurt a. M. 1998.

15 Ebd., S. 18.

Nach meiner Dissertation zur Historiografie von Frauenbewegungen[16] hatte ich das Gefühl, *so* nicht weitermachen zu können. *So* hieß konkret: mich auf gedruckte und/oder geschriebene Texte als Quellenmaterial zu beschränken. Ich erweiterte meine Quellenbasis um (audio)visuelles Material. In einem Projektantrag formulierte ich das Zusammenspiel von historiografischen und visuellen Repräsentationen der Partisanin im sozialistischen Jugoslawien als zentrales Forschungsziel. Zugleich kämpfte ich mit der hohen Achtung, die ich vor jenen wissenschaftlichen Verfahrensweisen empfand, die audiovisuelle Quellen in den Mittelpunkt stellen. Mein Respekt vor der betreffenden Quellenart wie auch dem einschlägigen methodischen Instrumentarium sollte nicht nachlassen und erlangte schier unüberwindbare Ausmaße. Dies wurde zu einem der Gründe, die mich veranlassten, das ursprüngliche Vorhaben zu modifizieren. Ein weiterer: Die geplanten Archiv- und Bibliotheksrecherchen erwiesen sich als weniger ertragreich als erhofft. Mit einem Artikel schien mir all das bereits gesagt, was zuvor ein Buch hätte füllen sollen.[17] Die vorläufige Lösung brachte eine Erweiterung der Ursprungsidee. Aus dem audiovisuellen Zugriff auf die Partisanin machte ich einen unter mehreren. Jetzt wollte ich die »Figur der Partisanin« aus (vor) theoretischen, historiografischen, belletristischen und autobiografischen Texten ebenso wie audiovisuellen Repräsentationen herausdestillieren. Diese Figur sollte sowohl über die geschlechtsspezifische Vergangenheitspolitik als auch über die sozialistische Geschlechterordnung Jugoslawiens Auskunft geben.

Doch die Angst nahm nicht ab, eher kehrte sie in neuem Gewand wieder: Der Angst vor dem »Phänomen«. Mit dem Studium der Geschichte hatte ich 1991 begonnen – in jenem Jahr, als der Krieg in Jugoslawien ausbrach. Ich wollte verstehen, warum es zu diesem Krieg gekommen war. Heute bin ich erleichtert, an der Universität bald eine Art von Geschichtsschreibung kennen gelernt zu haben, die derartigen Fragestellungen mit Skepsis begegnet. Mein Diplomarbeitsthema widmete ich der *zadruga*, einer südosteuropäischen, ländlichen Familienform; mit der Dissertation wandte ich mich der Geschichte und Geschichtsschreibung von Frauenbewegungen in südslawischen Gebieten der Habsburgermonarchie zu. Beides Themen, die nur bedingt inhaltliche *sexiness* verhießen. Aber womöglich hatte genau das sie für mich so spannend und letztlich handhabbar gemacht?[18] Der Geschichte des sozialistischen Jugoslawiens und damit der Zeitgeschichte ging ich unterdessen aus dem Weg. Irgendwann erschien mir das »Phänomen Partisanin« – und seine Repräsentationen in der Nachkriegszeit – geeignet, mich doch noch mit der Geschichte des sozialistischen Jugoslawien auseinanderzusetzen. So erkor ich die Partisanin zu einer Art Vermittlungsinstanz zwischen mir und diesem Jugoslawien aus. Durch die Re/Konstruktion einer »Figur der Partisanin« beabsichtigte ich die Bewunderung zu bearbeiten, die ich für antifaschistische Widerstandskämpferinnen hege. Doch egal von welcher Seite ich das Thema anzupacken versuchte – theoretisch, methodisch, inhaltlich – ich schien es nicht in den Griff zu bekommen. Alte Fragen tauchten wieder auf. Jetzt lauteten sie nicht: »Wieso ist es zum Krieg in Jugoslawien gekommen?«, sondern in abgewandelter Form: »Was war das sozialistische Jugoslawien?« Die biografische Nähe zu diesem Land erlebte ich als Hindernis für die wissenschaftliche Distanz. Es gelang mir nicht, die in Jugoslawien verbrachten, unbeschwerten Sommermonate meiner Kindheit und Jugend mit Repressionen, Parteidiktatur, Totalitarismus, Nationalismus und Krieg – die zu verschiedenen

16 Vgl. Natascha Vittorelli, Frauenbewegung um 1900. Über Triest nach Zagreb, Wien 2007.

17 Vgl. Natascha Vittorelli, Kriegerin und Krankenschwester. Mehr oder weniger spektakuläre Inszenierungen der Partisanin im sozialistischen Jugoslawien, in: L'Homme 23 (2012) 1, S. 73–90.

18 Im Vergleich dazu stieg das Interesse an der wissenschaftlichen Auseinandersetzung mit Partisaninnen und Partisanen in den letzten Jahren deutlich an.

Zeitpunkten in der Geschichte dieses Staates und nach seinem Zerfall in jeweils unterschiedlicher Ausprägung vorhanden waren – in Einklang zu bringen.

Georges Devereux hätte das wohl eine »affektive Verstrickung«[19] genannt, an deren Lösung ich letzten Endes scheitern sollte. Denn es bedeutet nur einen geringer Trost, dass sich *mit* Georges Devereux auch argumentieren ließe, dass meine »Abwehrmechanismen«[20] eben nur unzureichend funktionierten. Oder dass »mit den Hindernissen auf dem Weg zur Objektivität am besten fertig [zuwerden] ist, indem man ihnen direkt ins Auge sieht«[21]. Über den Anblick der Hindernisse auf dem Weg zu wissenschaftlicher Distanz kam ich nicht hinaus.

Und den eigenen Sound, auf den meiner Ansicht nach kein Text verzichten sollte,[22] fand ich ebenso wenig. Unter Sound verstehe ich Stil, Rhythmus und Melodiösität ebenso wie Erzählhaltung, Strukturaufbau und schließlich auch Anliegen, Aussage, Botschaft – bestenfalls gehen diese Komponenten miteinander einher. In meiner Dissertation hatte ich einen solchen Sound gefunden.[23] Bei der »Partisanin« wollte er sich nicht und nicht einstellen. Ohne ihn war es mir aber unmöglich, zu schreiben – vielleicht ja nur ein weiterer Ausdruck für vorhandene »Störungen«.

Georges Devereux rät dazu, »Störungen als die signifikantesten und charakteristischsten Daten der Verhaltenswissenschaften [zu] behandeln«[24]; er meint weiters, dass »das größte Hindernis auf dem Wege zu einer wissenschaftlichen Erforschung des Verhaltens […] die ungenügende Berücksichtigung der emotionalen Verstrickung des Untersuchenden mit seinem Material [ist], das er letzten Endes selber ist«; und schließlich hält er »[b]egriffene Angst [für] eine Quelle der Gelassenheit und der Kreativität und damit auch guter Wissenschaft«[25]. So überzeugend ich diese Ansichten theoretisch fand, praktisch scheiterte ich an der Entschlüsselung der mir bewussten Störungen als signifikante und charakteristische Daten. Die Verbindung zur Wissenschaft und ihrem Betrieb mag zu diesem Zeitpunkt bereits so weit gelockert gewesen sein, dass mir Kraft und Zeit für eine konstruktive Nutzung meiner emotionalen Verstrickungen bzw. der damit einhergehenden Konflikte ebenso fehlten wie die Ressourcen zur Transformation begriffener Ängste in Quellen der Gelassenheit und Kreativität sowie guter Wissenschaft.

19 Devereux, Angst und Methode, S. 25.

20 Ebd., S. 186.

21 Ebd., S. 220.

22 Vgl. Natascha Vittorelli/Marnie Sturm/Birte Kohtz, Eine Sache denken. Oder: Jedem Text sein eigener Sound. Im Gespräch mit Natascha Vittorelli, in: zeitenblicke 9 (2010) 2, URL: http://www.zeitenblicke.de/2010/2/sturm-kohtz_vittorelli (letzter Zugriff 17.5.2016).

23 Unabhängig vom äußerlich sichtbaren Erfolg in Form von Publikation und Preisverleihung beruht die von mir auch weiterhin empfundene Zufriedenheit über meine Dissertation gerade auf ihrem eigenständigen Sound. Gemessen an der Wahrnehmung bzw. dem *impact* innerhalb der relevanten Fachkreise war der Arbeit nur geringer Erfolg beschieden: Selbst im überschaubaren Bereich der historischen Frauenbewegungsforschung hat sie keine Diskussionen ausgelöst, wurde kaum rezipiert, hat wenig bewirkt. Dieses Beispiel illustriert die Uneindeutigkeit des Phänomens »Erfolg«, an das sich auch im wissenschaftlichen Feld ganz unterschiedliche Kriterien anlegen lassen. So stellten etwa für Carolyn Ellis über geraume Zeit hinweg Nachfrage bis hin zur Selbstaufgabe die relevanten Indikatoren für wissenschaftlichen Erfolg dar. Vor dem Hintergrund eines sich anbahnenden Burnouts und ihres Unvermögens, Nein zu sagen, befragt sie sich selbst kritisch: »Besides, who would I be if people didn't ask me to do things? Who would I be if I wasn't trying to do more than humanly possible, like the rest of my successful colleagues?« Carolyn Ellis, Jumping On and Off the Runaway Train of Success. Stress and Committed Intensity in an Academic Life, in: Symbolic Interaction 34 (2011) 2, S. 158–172, hier S. 161.

24 Devereux, Angst und Methode, S. 18.

25 Ebd., S. 124.

Should I stay or should I go?

Die Frage »Bleiben oder gehen?« dürfte mittlerweile für zahlreiche Wissenschafter/innen zur ständigen Begleitung geworden sein. Sie kann in Übergangsphasen – nach Absolvierung einer Qualifikationsarbeit oder mit Bewältigung eines Karriereschrittes – an Dringlichkeit gewinnen; die entsprechenden Entscheidungsprozesse vollziehen sich im Kontext eines unübersichtlichen Zusammenspiels von persönlichen, privaten, sozialen, fachlichen, strukturellen und institutionellen Rahmenbedingungen. Gerade dieses Ineinandergreifen bewirkt, dass sich einzelne Entscheidungsfaktoren bzw. Scheiternsmomente nicht präzise voneinander trennen lassen und daher ein mögliches »Scheitern« weder monokausal noch ausschließlich unfreiwillig erfolgt bzw. erfolgen muss. Bislang war von verschiedenen Facetten meiner Wahrnehmung eines intellektuellen Scheiterns die Rede. Auf das Set privater, institutioneller und struktureller Umstände, in welche das Scheitern meiner *cognitive career* eingebunden war und ist, möchte ich im Folgenden eingehen.

Erst kürzlich ist Veronika Wöhrer der bemerkenswerten Tatsache nachgegangen, dass Nachwuchswissenschafter_innen angesichts der bestehenden Zumutungen zwar immer wieder die Absicht äußern, die Wissenschaft sein zu lassen, ihr dessen ungeachtet jedoch über viele Jahre hinweg die Treue halten. Für diesen paradoxen Sachverhalt identifiziert die Autorin vier Beweggründe: die anhaltende Begeisterung für wissenschaftliches Arbeiten; den Mangel an beruflichen Alternativen; die Erfahrung, es trotz existenzieller Unsicherheiten noch immer irgendwie geschafft zu haben und daraus resultierend schließlich die Hoffnung, diesen Weg auch in Zukunft fortsetzen zu können. Bei aller Hingabe an das wissenschaftliche Arbeiten vollzog sich bei den interviewten Nachwuchswissenschafter/innen über die Jahre ein aufschlussreicher Haltungs- und Wertewandel: Während sie ihrem Privatleben zunehmend Beachtung schenkten, nahm die Mobilitätsbereitschaft deutlich ab.[26]

Meine eigene Leistungsbereitschaft sank mit Fertigstellung der Dissertation schlagartig: Während ich bis dahin kaum freie Wochenenden, Feiertage oder Urlaube kannte, wollte ich mich von nun an nie wieder derart verausgaben. Ein zehntägiger Krankenhausaufenthalt wenige Wochen vor dem Abgabetermin hatte mir gezeigt, dass sich Form und Ausmaß meines Arbeitseinsatzes nicht auf Dauer aufrechterhalten ließen. In dieser Haltung fühlte ich mich durch die Tatsache bestätigt, dass mein »großer Wurf« in wissenschaftlichen Fachkreisen kaum wahrgenommen wurde – die Frage nach Relevanz und Sinn meiner Anstrengungen wurde drängender. Mein Unvermögen, mich mit dem neuen, selbst gewählten Forschungsthema derart zu identifizieren, wie dies einerseits zu erwarten und andererseits notwendig gewesen wäre, um die erforderliche Arbeitsmotivation zu mobilisieren, verschärfte die Situation zusätzlich. Weiters hatte ich die Bedeutung dieser Phase einer akademischen Karriere schlicht verkannt und mich auf die fachlichen Aspekte fokussiert. Hinzu kam, dass das Prestige der Habilitation bzw. des habilitationsähnlichen Projektes vornehmlich auf die *academia* ausgerichtet ist.[27] Meine Identifikation mit der Institution Universität hielt sich als freie Wissenschafterin jedoch in Grenzen: Während ich als Studentin die Universität als Lebensraum wahrgenommen und mich hochschulpolitisch engagiert hatte, war ich als Wissenschafterin weder bereit, das System durch unterbezahlte Lehrtätigkeit dauerhaft aufrechtzuerhalten, noch mich für die (meist leider vergebliche) Verbesserung der Arbeitsbedingungen von freien Wissenschafter_innen einzusetzen. Meine Zweifel nahmen insofern zu, als ich beobachtete, dass ein Lehrstuhl zwar Ansehen und Sicherheit verheißen mag, doch realistischer

26 Veronika Wöhrer, To stay or to go? Narratives of Early-Stage Sociologists about Persisting in Academia, in: Higher Education Policy 27 (2014) 4, S. 469–487.

27 Diese Einsicht verdanke ich einem Gespräch mit Michaela Moser.

Weise mit einer Entscheidung für Administrations- und Gremienarbeit d. h. für Universitätspolitik auf Kosten von Forschungstätigkeit einhergeht. Eine »Führungskarriere«[28], an deren Ende eine Berufung steht, reizte mich wenig – eine Alternative dazu ist aber kaum vorhanden:

> *»Diejenigen, die sich in ihrem professionellen Leben mit Forschung befassen und keine Professur anstreben wollen, haben im deutschen Wissenschaftssystem kaum eine Chance, auf eine dauerhafte, interessante Position zu gelangen. Wissenschaftliche Dauerstellen unterhalb der Professur sind in der Regel nicht vorgesehen.«* [29]

Während sich diese Diagnose uneingeschränkt auf die österreichische Hochschullandschaft umlegen lässt, war meiner Berufslaufbahn an der Universität Wien auf Grund der geltenden Rechtsauffassung früher oder später notgedrungen ein Ende gesetzt. Die Entscheidung, eher die »Wissenschaft als Beruf« aufzugeben als Wien zu verlassen, hatte ich allerdings schon relativ früh getroffen: Nach Jahren der inneren Zerrissenheit sollte Wien, in dem ich geboren wurde und aufgewachsen bin, endlich auch mein Zuhause werden. Dieser Entschluss beinhaltete eine ausdrückliche Absage an internationale Mobilitätsanforderungen, mit denen sich Wissenschafter_innen implizit wie explizit konfrontiert sehen. Da sich nicht nachweisen ließe, »dass Auslandserfahrungen oder internationale Kooperationen per se zu besseren (oder gar herausragenden) Forschungsresultaten führen«[30], ist in diesem Zusammenhang zuweilen auch von einem »Mobilitätsmythos« die Rede. Eine Untersuchung der Strategien von Wissenschafterinnen im Umgang mit bestehenden Mobilitätsanforderungen hat gegebene Differenzen zwischen antizipierten Mobilitätserfordernissen und tatsächlichem Mobilitätsverhalten zutage gefördert und gezeigt, dass überzogene Mobilitätsanforderungen Frauen zur »Selbsteliminierung«[31] aus der Wissenschaft bewegen können. Mein durchaus vorhandenes Bedürfnis nach Mobilität deckte ich jahrelang durch Archiv- und Bibliotheksrecherchen in der beforschten Region bzw. mittels Konferenzteilnahmen ab. Doch selbst die Organisation kurzfristiger Auslandsaufenthalte sollte mit Kind/ern und einem Lebenspartner, der seiner Berufstätigkeit in einer anderen österreichischen Universitätsstadt nachgeht, zur fast unüberwindbaren Hürde werden.

Die Relevanz des Zufalls im wissenschaftlichen Karriereverlauf hat Max Weber bereits vor gut einem Jahrhundert betont;[32] ein Befund, dem Pierre Bourdieu wahrscheinlich vehement widersprochen hätte, hielt er doch den »Zufall der individuellen Talente« gerade für *keinen* Zufall, sondern für die »Logik der sozial Privilegierten«.[33] Und wenngleich beide Positionen mehr gemein haben, als es zunächst den Anschein haben mag, wirkt mein eigenes Vorgehen rückblickend

28 Heike Kahlert, Was kommt nach der Promotion? Karriereorientierungen und -pläne des wissenschaftlichen Nachwuchses im Fächer- und Geschlechtervergleich, in: Sandra Beaufaÿs/Anita Engels/Heike Kahlert (Hg.), Einfach Spitze? Neue Geschlechterperspektiven auf Karrieren in der Wissenschaft, Frankfurt a.M./New York 2012, S. 57–86, hier S. 61.

29 Ebd., S. 62.

30 Regula Julia Leemann/Stefan Boes, Institutionalisierung von »Mobilität« und »Internationalität« in wissenschaftlichen Laufbahnen. Neue Barrieren für Frauen auf dem Weg an die Spitze?, in: Beaufaÿs/Engels/Kahlert (Hg.), Einfach Spitze?, S. 174–203, hier S. 198.

31 Ruth Becker/Cornelia Tippel, Akademische Nomadinnen? Zum Umgang mit Mobilitätserfordernissen in akademischen Karrieren von Frauen, in: Beaufaÿs/Engels/Kahlert (Hg.), Einfach Spitze?, S. 204–230.

32 Siehe Max Weber, Wissenschaft als Beruf. Nachwort von Friedrich Tenbruck, Stuttgart 1995, S. 7.

33 Pierre Bourdieu, Pädagogische Folgerungen. Plädoyer für eine rationale Hochschuldidaktik, in: ders./Jean-Claude Passeron, Die Illusion der Chancengleichheit. Untersuchungen zur Soziologie des Bildungswesens am Beispiel Frankreichs, Stuttgart 1971, S. 82–91, hier S. 88.

betrachtet geradezu mutwillig unstrategisch: Mit der Verbindung von süd/jugoslawischer Geschichte mit feministischen Geschichtswissenschaften bin ich meinen Interessen gefolgt und habe dabei eine doppelt marginalisierte Forschungsnische besetzt; als Südosteuropahistorikerin, die der Zeitgeschichte längst möglich auswich, fühlte ich mich am Institut für Zeitgeschichte inhaltlich deplatziert. Angesichts dieser Umstände sowie meiner Entscheidung, in Wien bleiben zu wollen, wäre gezieltes *networking* nicht allein zur Absicherung meiner *organisational career* angebracht gewesen; die Bedeutsamkeit so genannter »fragiler Freundschaften« wird schließlich gemeinhin anerkannt:

> *»neben der hervorragenden Leistung [gilt es,] die Qualifikationsanforderungen bezüglich networking und Persönlichkeit zu beachten […]. Denn stillschweigend wird vorausgesetzt: networking praktiziert man geschickt und umsichtig und eine Persönlichkeit ist man oder man entfaltet sich dazu, man spricht jedoch nicht darüber. Wer darüber spricht, macht sich verdächtig, darauf angewiesen oder ›Hilfe bedürftig‹ zu sein.«* [34]

Ich hingegen wollte davon ausgehen, Netzwerke würden sich über Inhalte und gemeinsame (fachliche) Interessen ergeben, über gegenseitige Sympathien vielleicht – oder eben nicht. Eine Einstellung, an der ich festhielt, die mein Gefühl der Einsamkeit und Isolation im Wissenschaftsbetrieb jedoch zunehmend verstärkten sollte – etwas, das mir während der Arbeit an meiner Dissertation gänzlich unbekannt gewesen war.[35] In der Zwischenzeit war mir allerdings ein wichtiger Denk- und Gesprächspartner abhandengekommen; zugleich sieht die *post-doc*-Phase keinerlei institutionalisierte Austausch- und Betreuungskontexte vor. Gerade solche Zusammenhänge wären jedoch geeignet, anhaltende Anerkennung und konstanten Beistand insbesondere für (jüngere) Wissenschafterinnen sicherzustellen; zumal davon ausgegangen wird, dass »fehlende kontinuierliche Unterstützung und Wertschätzung der eigenständigen Leistung von jungen Wissenschafterinnen diese dazu veranlassen können, sich von der Wissenschaft als Beruf abzuwenden.«[36] Meinem Versuch, eine informelle, interdisziplinäre Wissenschafterinnengruppe zu installieren, war kein dauerhafter Erfolg beschieden. Ein Ort, an dem ich das Gefühl des Scheiterns formulieren hätte können, fehlte mir ebenso wie eine Anlaufstelle für Hilfe und Unterstützung.[37] Denn: »For women in science, there is no ›threshold effect‹ – a plateau that one reaches, beyond which barriers disappear. Each stage of a scientific career poses its own problems«.[38] In der Folge zog ich mich

34 Elisabeth Maurer, »Wunderbare« oder fragile Freundschaften in der Wissenschaft. Notwendigkeit und Stolperstein für eine akademische Laufbahn, in: Carola Bauschke-Urban/Marion Kamphans/Felizitas Sagebiel (Hg.), Subversion und Intervention. Wissenschaft und Geschlechter(un)ordnung, Opladen/Farming Hills 2010, S. 263–278, hier S. 267f.

35 Einsamkeit und Isolation tragen nicht zuletzt zum Gefühl von Sinnlosigkeit bei. Siehe dazu Carol Kemelgor/Henry Etzkowitz, Overcoming Isolation. Women's Dilemmas in American Academic Science, in: Minerva 39 (2001) 2, S. 239–257, hier S. 255.

36 Sigrid Metz-Göckel/Petra Selent/Ramona Schürmann, Integration und Selektion. Dem Dropout von Wissenschafterinnen auf der Spur, in: Beiträge zur Hochschulforschung 32 (2010) 1, S. 8–35, hier S. 30.

37 Das Zögern, im wissenschaftlichen Kontext um Hilfe zu bitten, beschreiben Carol Kemelgor und Henry Etzkowitz als ein vornehmlich weibliches Phänomen: »Women are also quick to blame themselves for perceived failure, and are reluctant to ask for help since, if they do so, they are likely to be labelled as ›dependent‹.« Kemelgor/Etzkowitz, Overcoming Isolation, S. 249.

38 Die Aussage bezieht sich zwar auf Natur- und Technikwissenschaftlerinnen, ist meines Erachtens aber auch darüber hinaus zutreffend. Ebd., S. 246.

mehr und mehr zurück – je mehr ich mich zurückzog, umso weniger fühlte ich mich zugehörig – je unbehaglicher ich mich fühlte, umso mehr zog ich mich zurück.

Vermisst habe ich weiters ein weibliches *role model*: Eine Wissenschafterin, die ich fachlich schätzte, deren (politisches) Agieren im wissenschaftlichen Feld ich achtete und der es gelang, Wissenschaft und Mutterschaft in einer Weise zu leben, wie es mir wünschenswert erschien. Dieser Mangel mag auch meinen überzogenen Idealen geschuldet sein; je länger ich nach einem derartigen Vorbild Ausschau hielt, umso weniger konnte ich mich allerdings des Eindrucks erwehren, dass strukturelle sowie institutionelle Gegebenheiten für seine Abwesenheit verantwortlich waren.

Auch musste ich feststellen, dass sich die Arbeitstechnik, die ich im Verlauf meines Forscherinnen-Daseins entwickelt und die sich hinreichend bewährt hatte, kaum mehr mit meiner veränderten Lebenssituation vertrug: Nach mehreren fehlgeschlagenen Anläufen, Exzerpte anzufertigen, die mir bei der Arbeit tatsächlich nützlich gewesen wären, hatte ich mir eine Arbeitsweise angeeignet, die mich im Prozess der Text- sowie Wissensproduktion gänzlich unabhängig von Exzerpten machen sollte. Das ging so lange gut, bis es galt, Wissenschaft mit Elternschaft zu vereinbaren. Während ich mir davor gemerkt hatte, wo Inhalte und Argumente standen, mir einen Strukturaufbau sowie ein hilfreiches Ablagesystem zurecht gelegt hatte, das meine Erinnerung und Schreibarbeit unterstützten, wollte dies mit Kind/ern nicht mehr klappen: Wenn ich am Nachmittag meine Tochter aus der Krippe abholte, war ich gänzlich von ihr und ihrer Präsenz eingenommen. Was ich vormittags gelesen hatte, schien unzureichend abgespeichert. Ich vermisste die Zeit, in der das Gelesene und Gedachte nebenbei (nach)wirken konnten: Beim Kochen, beim Einkaufen, am Fahrrad – unverplante Zeit, wo Überlegungen in mir weiterarbeiteten oder auch erst entstanden. Erst als ich über diese Zeit nicht mehr verfügte, erkannte ich ihre Qualität und Produktivität.[39] Zur Entwicklung einer Arbeitstechnik, die meiner neuen Lebensrealität entsprach, fehlten mir wohl schon Begeisterung und Motivation. Parallel dazu verschoben sich meine Ansprüche und Wertigkeiten: Mein Erkenntnisinteresse sollte von meiner Mutterschaft nicht unberührt bleiben – die Re/Konstruktion einer »Figur der Partisanin« schien sich darin nicht mehr so recht einzufügen. Und während meine wissenschaftlichen Anstrengungen und Bemühungen früher auf die fachliche Anerkennung[40] der *scientific community* abzielten, sank in Reaktion auf deren »Vorenthaltung« die Bedeutung, die ich selbiger beimaß.[41]

39 Zur Unberechenbarkeit ebenso wie Unverzichtbarkeit der »Eingebung« bzw. des »Einfalls« meinte Max Weber: »Es ist in der Tat richtig, daß die besten Dinge einem so, wie Ihering es schildert: bei der Zigarre auf dem Kanapee, oder wie Helmholtz mit naturwissenschaftlicher Genauigkeit für sich angibt: beim Spaziergang auf langsam steigender Straße oder ähnlich, jedenfalls aber dann, wenn man sie nicht erwartet, einfallen und nicht während jenes Grübelns und Suchens am Schreibtisch. Sie wären einem nur freilich nicht eingefallen, wenn man jenes Grübeln am Schreibtisch und wenn man das leidenschaftliche Fragen nicht hinter sich gehabt hätte.« Weber, Wissenschaft als Beruf, S. 14. Bei aller zeitlichen Distanz von gut einem Jahrhundert: Welch Klassen- und Geschlechterdifferenzen sich da zwischen Küche und Kanapee auftun!

40 Nicht nur für das wissenschaftliche Feld gilt, dass Anerkennung – und damit Erfolg bzw. Scheitern – in keinem direkten Verhältnis zu erbrachten Leistungen steht bzw. stehen muss und umgekehrt: Anerkennung scheint neben fachlichem Können, insbesondere auf der überzeugenden Inszenierung bestimmter Persönlichkeitsmerkmale zu beruhen. Vgl. Krais/Beaufaÿs, Wissenschaftskultur und Geschlechterordnung, S. 143f.

41 Vgl. Sigrid Metz-Göckel, Diskrete Diskriminierung und persönliches Glück im Leben von Wissenschafterinnen, in: Brigitte Aulenbacher/Birgit Riegraf (Hg.), Erkenntnis und Methode. Geschlechterforschung in Zeiten des Umbruchs, 2. Aufl., Wiesbaden 2012, S. 27–49, hier S. 28–33.

Meine »Abweichungsenergie«[42] – insbesondere was die ebenso unerlässliche wie alltagspraktische Ebene der Wissenschaftskultur betraf: – die impliziten Sitten und sozialen Gebräuche – brauchte sich nicht zuletzt angesichts einer bildungsfernen Herkunft langsam aber sicher auf. Alternativen außerhalb der Universität und des wissenschaftlichen Feldes gewannen an Attraktivität. Etwas halbherzig, spontan und aus dem Bauch heraus traf ich vor einigen Jahren die Entscheidung, einen Plan B voranzutreiben. Bestenfalls als ein zweites berufliches Standbein angedacht, hatte ich keine konkreten Vorstellungen, was sich daraus entwickeln könnte; ich besaß nicht einmal die Gewissheit, dass ich mein Vorhaben überhaupt durchziehen würde. Zunächst vergrößerte diese Option nur meinen gedanklichen Spielraum, danach erweiterte sie meinen realen Handlungsraum und damit meine Unabhängigkeit von der Wissenschaft und ihrem Betrieb. Ich hatte zwar schon in Betracht gezogen, dass die strukturellen und institutionellen Umstände des wissenschaftlichen Arbeitens mich früher oder später dazu veranlassen würden, die Wissenschaft aufzugeben; als ich dann aber auch noch feststellte, dass mir unter den gegebenen Bedingungen das Interesse an wissenschaftlichen Inhalten sowie die Freude am Forschen zusehends verloren gingen, schien mir die Möglichkeit, »in und mit der wissenschaftlichen Arbeit glücklich zu sein, ohne ausschließlich auf sie fixiert zu sein«[43] schon längst nicht mehr in greifbarer Nähe. Vielleicht ließe sich in diesem Zusammenhang von »Prozessen der Selbsteliminierung« reden, von einer »Abfolge von mehr oder weniger bewusst getroffenen, immer jedoch freien Entscheidungen [einer jungen Frau], die für sich eine andere Wahl als die einer Karriere in der Wissenschaft«[44] trifft. Ein mehr aus Ratlosigkeit, denn Überzeugung gefasster Entschluss sollte letztlich auslösen, was ursprünglich weder absehbar noch beabsichtigt war: Plan B leitete meinen Ausstieg aus der Wissenschaft ein.

Richtig Abschied nehmen

Ganz gleich, ob »das, was […] wie eine Folge von persönlichen Wahlen, von individuellen Entscheidungen gegen eine wissenschaftliche Laufbahn [aussieht], in hohem Masse geprägt und beeinflusst ist von den Institutionen, Strukturen und sozialen Beziehungen im Wissenschaftssektor selbst«[45] oder eben nicht bzw. in welchem Ausmaß das im konkreten Fall zutreffen mag; gleich auch, ob ich dem so genannten *cooling out* erlegen bin, einem »stille[n] Modus« mittels »Prekarisierung der Beschäftigungsverhältnisse […] Personen auszuscheiden, die nicht über ein ausreichendes Maß an Motivation und Hingabe für die Wissenschaft verfügen«[46]: Die Entscheidung ist gefallen – ich verlasse das wissenschaftliche Feld. Im Spannungsfeld von Freiwilligkeit und Unfreiwilligkeit bin ich in und an der Wissenschaft gescheitert, nun soll der Abschied von ihr gelingen; denn immerhin beende ich einen Lebensabschnitt, der von einer beruflichen Tätigkeit geprägt war, der ich mich lange und leidenschaftlich verbunden gefühlt habe. Ich bin dankbar für Begegnungen, Erfahrungen, Erkenntnisse, Erlebnisse, Erfolge, Gespräche, Reisen, Scheitern und Veränderungen – und insbesondere danke ich all jenen Personen, mit denen ich Freuden und Leiden des wissenschaftlichen Alltagsgeschäfts teilen konnte, jenen, die meinen wissenschaftlichen Berufsweg über kürzere

42 Fredericke Hassauer, Homo. Academica. Geschlechterkontrakte, Institution und die Verteilung des Wissens, Wien 1994, S. 33.

43 Metz-Göckel, Diskrete Diskriminierung, S. 29.

44 Krais/Beaufaÿs, Wissenschaftskultur und Geschlechterordnung, S. 137.

45 Ebd.

46 Metz-Göckel/Selent/Schürmann, Integration und Selektion, S. 17. An anderer Stelle wird *cooling out* als »Distanzierung und Entfremdung [junger Wissenschafterinnen] von der Wissenschaft als Beruf« beschrieben. Bettina Heintz/Martina Merz/Christina Schumacher, Wissenschaft, die Grenzen schafft. Geschlechterkonstellationen im disziplinären Vergleich, Bielefeld 2004, S. 198.

oder längere Etappen wohlwollend und unterstützend begleitet haben. Eine Identität wie die der Historikerin und Wissenschafterin, die sich über Jahre und Jahrzehnte formiert hat, lässt sich nicht abstreifen und ich bin froh, mir Aspekte davon in Zukunft bewahren zu können.

Es heißt, dass gelingende Abschiede Aufmerksamkeit erfordern; dass unabgeschlossene Projekte dazu führen können, weiterhin Energien und Kapazitäten zu binden, hinausgezögerte Projektabschiede der Abwehr von Verlustängsten dienen und sich konfliktreiche Projektabschiede durch rechtzeitige Planung verhindern ließen.[47] Dass ich mein eigenes Abschließen mit der Wissenschaft derart bewusst vollziehen kann, verdankt sich einer persönlichen Entscheidung und einer zeitlichen Koinzidenz: Mit dem Gedanken, der Wissenschaft den Rücken zuzukehren, spielte ich schon länger. Ein Vortrag, den ich im Herbst 2013 halte, wird zum überraschend endgültigen Wendepunkt; schlagartig erkenne ich, dass mein Forschungsprojekt weder in inhaltlicher, noch in methodischer oder theoretischer Hinsicht »aufzugehen« scheint; ich erkenne, dass die Vortragende, die sichtlich damit ringt, dank und trotz der Fragen des Publikums Sinn und Ordnung in ihre Präsentation zu bringen und dabei zu scheitern droht, kaum noch etwas mit jener aufstrebenden Wissenschafterin gemein hat, die einst beherzt eine problematische Themenwahl traf; und schließlich erkenne ich, dass sich die Form von Mutterschaft, wie ich sie mittlerweile lebe und leben möchte, weder mit den realen noch den imaginären – und damit zuweilen auch nur vermeintlichen – Anforderungen an die wissenschaftliche *persona* vereinbaren lässt. Doch soweit bin und bleibe ich Wissenschafterin, dass ich in der darauffolgenden Nacht Gefallen an der Idee finde, meinen Abschied von der Wissenschaft in wissenschaftlich anerkannter Manier zu begehen: Indem ich einen Text schreibe. Wenige Tage später erfolgt der *CfA* für das Themenheft »Scheitern« der Werkstatt*Geschichte*; mein *proposal* wird angenommen.

Nun also liegt mein akademischer Abschiedsbrief vor und streckenweise liest er sich wie die Chronik eines angekündigten Scheiterns. Bisweilen habe ich mich gefragt, ob mein »Scheitern« tatsächlich derart unausweichlich war, wie es rückwirkend erscheinen mag bzw. inwiefern ich selbst zu seiner Notwendigkeit beigetragen habe: Was, wenn ich ein anderes Thema gewählt hätte? Wenn ich zu einem anderen Zeitpunkt Mutter geworden wäre? Mein Scheitern früher erkannt oder benannt hätte? Was, wenn ich über mehr Unterstützung verfügt hätte, mit der ich mich vertrauensvoll über fachliche Inhalte, institutionelle Bedingungen sowie feldeigene Spielregeln der *scientific community* austauschen hätte können? Wenn ich »durchgehalten« hätte? Das Schreiben dieses Beitrags, die Auseinandersetzung mit (dem eigenen) Scheitern, die Bewusstwerdung der – auch statistischen – Normalität des Aussteigens aus der Wissenschaft in den unterschiedlichsten Karriereabschnitten haben Ambivalenzen re/aktiviert, mein schlechtes Gewissen, das angekündigte Projekt nicht in der geplanten Form zu Ende gebracht zu haben, allerdings gelindert und mein persönliches Gefühl des »Scheiterns« relativiert.

Der Versuch, einen unabgeschlossenen Prozess zu beschreiben, hat sich als mindestens so herausfordernd wie bereichernd erwiesen. Denn während der Erfolg dazu verleitet, schlicht so weiterzumachen wie bisher, eröffnet Scheitern die Möglichkeit, zu reflektieren und über die eigene Lebensgeschichte nachzudenken: »In diesem Sinn trägt Scheitern zur persönlichen Entwicklung bei, indem es die Erkenntnis fördert, auch ein anderer [eine andere, Anm. der Autorin] sein zu können.«[48]

47 Siehe Katharina Heimerl/Georg Zepke/Andreas Heller/Martin Schmid, Abschiede, in: Gert Dressel/Wilhelm Berger/Katharina Heimerl/Verena Winiwarter (Hg.), Interdisziplinär und transdiziplinär forschen. Praktiken und Methoden, Bielefeld 2014, S. 193–204.

48 Morgenroth/Schaller, Misserfolg und Scheitern, S. 25.

■ Bernhard Groß

Wirkung und Wahrnehmung in Alessandro Blasettis *1860* (Italien 1934)

»Es wurde schon alles gesagt, nur noch nicht von allen.«
Karl Valentin

Poetik des Historischen: Was ist filmwissenschaftliche Historiographie?

Mein Ansinnen, hier über einen höchst ambivalenten italienischen Propagandafilm zu schreiben, Alessandro Blasettis *1860* von 1934, der sowohl ›diktatorische‹ als auch ›demokratische‹ Elemente der Zuschaueradressierung enthält, bedarf einiger Vorbemerkungen. Als Filmwissenschaftler frage ich hier weniger danach, welche (i. d. R. schriftlichen) Quellen die Stellung eines Films in der Filmgeschichte bestimmen, noch danach, auf welche Art und Weise Filme historische Vorgänge repräsentieren. Vielmehr interessiert mich, wie Filme selbst als Bildner von Geschichte fungieren: Wie sie also Geschichte als einen Prozess der Organisation von Zeit- und Raumverhältnissen erfahrbar machen – als Spannung zwischen vergangener Gegenwart und gegenwärtiger Verlebendigung der Vergangenheit. Die Grundlage dafür bildet die Fähigkeit des Kinos, einen Wahrnehmungsmodus herzustellen, der uns unsere eigene, alltägliche Wahrnehmung als historisch gewordene unmittelbar physisch erfahrbar werden lässt. Siegfried Kracauers Projekt der Verschränkung von Film- und Geschichtstheorie, die er von seinem ersten Aufsatz zur Fotografie (1927) bis zu seinem letzten, geschichtsphilosophischen Buch von 1965 verfolgte, sieht in der Historizität der Wahrnehmungs- und Empfindungsweisen, die Film und Fotografie überhaupt erst erkennbar machen, den zentralen Beitrag der technischen Medien im 20. Jahrhundert. Sie sind der Gegenentwurf zum Historismus des 19. Jahrhunderts und dessen Manifestationen, etwa Geschichtsdarstellungen im Film.[1]

Bei der Erforschung des Verhältnisses von Geschichte und Film frage ich in erster Linie nach dieser Historizität der Wahrnehmung. Dieser theoretische Fokus schließt gängige (film)historiografische Methoden nicht aus, will diese eher ergänzen: Ich meine die Beschäftigung mit schriftlichen Quellen zu den Filmen,[2] die Analyse des Bezugs der Filme zu dem historischen Hintergrund, den sie darstellen; und schließlich die Betrachtung der Filme als mentalitätsgeschichtliche Quellen oder als solche der materiellen Kultur. Dabei ist allerdings zu beachten, dass die Filmwissenschaft spätestens seit der notwendigen Auseinandersetzung mit den digitalen Medien (und eigentlich von Anfang aller filmtheoretischen Überlegungen an)[3], die Annahme, Filme bildeten Realität ab, verworfen hat. Zudem gibt es seit den 1970er Jahren, dem Einzug des Strukturalismus in die Filmwissenschaft, das Wissen darum, dass Filme sich nicht ausschließlich über ihre narrative Konstruktion und ihre inhaltliche Aussagen erschließen lassen.[4]

Dieser Prämissen eingedenk, sehe ich eine konkrete Verbindung zwischen Geschichts- und Filmtheorie, die einsichtig machen kann, wo es Berührungspunkte beider Disziplinen auch über die Auslegung schriftlicher Quellen hinaus geben kann. In seinem einflussreichen Buch *Vergangene Zukunft* schreibt Reinhart Koselleck, dass Geschichtsschreibung immer etwas damit zu tun hat, wie man Zeit (und Raum) ordnet. Dieser Gedanke bildet für Koselleck die Grundlage, Geschichtsschreibung nicht nur als Disziplin zu begreifen, die erst im 19. Jahrhundert entstanden ist, sondern als abendländische Kulturtechnik.[5]

Mit der Formel, Geschichte als Ordnung von Zeit und Raum zu begreifen, annonciert Koselleck eine Struktur, die man zugleich als grundlegende filmische Operation verstehen kann, wie sie der Kunsthistoriker Erwin Panofsky bereits in den 1930er Jahren mit seinem Begriff der »Dynamisierung des Raums« und der »Verräumlichung der Zeit« beschrieben hat.[6] Wie also, so wäre auch hier die konkrete Frage, die Koselleck an die historische Forschung stellt, ist im Film das Verhältnis von Vergangenheit, Gegenwart und Zukunft angeordnet? Auf welche Art und Weise stellen Filme mit der spezifischen Anordnung dieser Konstellation selbst erst ein Bewusstsein dafür her, was historisch ist bzw. wie Geschichte erfahren werden kann? Kracauers zuvor erwähnte Invektive, wonach der Film die historische Gewordenheit alltäglicher Erfahrung sichtbar macht, bildet dafür die Grundlage.

In diesem Sinn ist Film in der Lage, sich zugleich sowohl auf individuelle Geschichtserfahrungen als auch auf die historischen Zeitläufte zu beziehen: Dadurch stehen Mikro- und Makrogeschichte in einem unauflöslichen Spannungsverhältnis, die der Film als eben jene Veränderungen der Historizität von Wahrnehmung erfahrbar macht.[7] Genau dieses Verhältnis suche ich systematisch, theoretisch und analytisch in meiner Studie zur Geschichtlichkeit des deutschen Nachkriegskinos zu ergründen.[8] Dies beschreibt also meine spezifisch filmwissenschaftliche Perspektive auf das Verhältnis von Film und Geschichte, wenn ich die Filme als empirisches Material betrachte, die ein historisches Bewusstsein als unmittelbare audiovisuelle Erfahrungsform herstellen können, etwa als Erfahrung des Abgrunds zwischen Geschichtsverläufen und persönlichen Erlebnissen oder als die schroffe Unvereinbarkeit einer »Gleichzeitigkeit der Zeiten«, wie sie Achim Landwehr bezeichnet hat.[9] Landwehr untersucht sozusagen die ›imperiale‹ oder ›hegemoniale‹ Seite der geläufigen und gebräuchlichen Formel von der »Gleichzeitigkeit des Ungleichzeitigen«, die gesellschaftliche Unterschiede nicht als Entwicklungsstufen (etwa »mittelalterliche Fundamentalisten« versus »modernes säkulares Bürgertum«), sondern als unter Umständen sich gegenseitig bedingende Formen oder aber unvereinbar nebeneinanderstehende Prinzipien verstanden wissen will. Filmtheoretisch gewendet, steckt in dieser Formel Landwehrs das Zeitkonzept des kinematografischen »Kristallbilds« bei Gilles Deleuze: »Das Kristallbild wird durch die grundlegendste Operation der Zeit konstituiert: da sich die Vergangenheit nicht nach der Gegenwart, die sie gewesen ist, bildet, sondern gleichzeitig mit ihr, muss sich die Zeit in jedem Augenblick in Gegenwart und Vergangenheit aufteilen.«[10] Mit dem Film wird, anders formuliert, die Reversibilität von Zeit, wie sie Einstein 1905 mit der Relativitätstheorie und Bergson 1896 mit *Materie und Gedächtnis* philosophisch begründet hatten, sinnlich erfahrbar.

Diesem Blickwinkel wohnt ein spezifisches methodisches Konzept inne, das sich nicht allein auf die kulturhermeneutische Auslegung der Filmerzählung bezieht, sondern ganz direkt nach der historisch veränderbaren audiovisuellen Konstruktion des Films fragt. Filmanalytisch heißt das, dass der Fluchtpunkt der audiovisuellen Konstruktion des Films nicht dessen Erzählung ist, sondern umgekehrt, die Filmerzählung selbst nur *einen* spezifischen Fall verschiedener Modulationen der audiovisuellen Konstruktion darstellt. Es gibt dementsprechend also weit mehr an einem Film zu analysieren und zu theoretisieren als seinen Plot und seine Aussage. Die Wahrnehmung des Zuschauers und deren Historizität wird auch geformt durch Dramaturgieverläufe, Figurengestaltung und den Rhythmus eines Films; die Wahrnehmung wird bestimmt durch die Art und Weise, wie dieser Rhythmus Veränderungen von Formen, Farben, Licht, von Tempi und musikalischen Verläufen, von Tonalität und Stille, von Leere und Fülle und deren Wechsel in der Dauer des Films hervorbringt. Der Zuschauer wird dadurch in Weltverhältnisse gesetzt, die ihn affektiv und somatisch bestimmen, ohne dass er zu dieser Welt des Films gehört. Um nur mit einem kurzen Beispiel auf meine folgende Analyse vorzugreifen: Ohne genau wissen zu müssen, wer in *1860* gegen wen kämpft, ermöglicht der Film durch die Art und Weise, wie die verschiedenen Figurengruppen im Film in der Landschaft angeordnet sind und sich darin bewegen, deren Kräfteverhältnisse, Verbindungen und Trennungen unmittelbar in der bewegungsbildlichen Anordnung als gegensätzlich zu erfahren (s. Abb. 7–9).

Diesen Ansatz verfolgt die Bildraumanalyse; man könnte sie in Bezug auf das gerade beschriebene Beispiel in Verbindung bringen mit Landwehrs Plädoyer für die »Oberflächlichkeit« kritischer Geschichtsschreibung, was hier heißen würde, das Hör- und Sichtbare genau zu untersuchen.[11] Im besten Fall kann eine solche Herangehensweise bedeuten, der Geschichtswissenschaft aus filmwissenschaftlicher Perspektive einen heuristischen Impuls für ihre Arbeit zu geben, indem ein Feld analysiert wird, das dem gesichtswissenschaftlichen Untersuchungsfeld komplementär ist.

In Bezug auf meine Filmanalyse von Blasettis *1860* lässt sich der Befund noch verschärfen: Nur mit dem oben beschriebenen spezifischen methodischen Ansatz der Filmwissenschaft, der Bildraumanalyse, und einer solchen Perspektive macht es überhaupt Sinn, noch einmal die Frage nach den propagandistischen Absichten dieses faschistischen italienischen Films aus dem Jahr 1934 aufzuwerfen. Die Erzählung des Films und seine Repräsentation ihm vorgängiger historischer Ereignisse wurden bereits eingehend, wenn nicht erschöpfend insbesondere von der italienischen Filmhistoriografie untersucht. Fragte ich also nicht nach der spezifischen Seh- und Hörerfahrung des Propagandistischen und seiner Unterscheidung nach diktatorischem und demokratischem Hintergrund, dann gälte Karl Valentins zu Beginn genannte Aussage und meine Filmanalyse wäre hier zu Ende, bevor sie angefangen hat.

Die vorgestellte Position verbindet aber die theoretischen, historischen und analytischen Parameter, die die Voraussetzung bilden, um einen neuen Blick auf das Verhältnis von faschistischem italienischem Kino und Neorealismus werfen zu können, wie sich im Folgenden zeigen soll. Das bezieht sich zuallererst auf das Kino als einen Ort, an dem die Filme als solche erst die historischen Bedingungen erfahrbar werden lassen, unter denen der Einzelne lebt – und ohne dass diese sich per se einem vorgegebenen Sinn oder Zweck, der Annahme eines teleologischen Geschichtsverlaufs oder eines Schicksals unterordnen müssen.

Wirkungs- und Wahrnehmungsästhetik: ›diktatorische‹ und ›demokratische‹ Propaganda

Auf der Grundlage der zuvor ausgeführten These, dass der Film die historischen Bedingungen der Wahrnehmung erfahrbar machen kann, basiert nun meine Annahme, dass es im italienischen Kino der 1930er und frühen 1940er Jahre durchaus propagandistische Filme gibt, die dem diktatorischen System zuwiderlaufen; Filme, die, anders formuliert, eher etwas von einem demokratischen Propagandismus haben.

Wie aber lassen sich die propagandistischen Filme einer Diktatur von der einer Demokratie unterscheiden, wenn es nicht darum geht, anhand der Plots der Filme zu entscheiden, wer für die bessere Sache kämpft? Gibt es also ästhetische Unterschiede, die sich auf die Art und Weise der Organisation von Zeit, Raum und Wahrnehmung, die Art und Weise der Adressierung des Zuschauers beziehen und damit auf die Frage, wer ihn auf welche Weise beeinflusst?

Meines Erachtens kann man insbesondere am Kino der 1930er und 1940er Jahre diesen Unterschied sehr deutlich festmachen. Die Ästhetik dieses Kinos zielt, sei es in Deutschland, Italien oder Russland jener Jahre, auf Wirkung, und zwar ganz in der Kontinuität der klassischen Avantgarden der 1920er und frühen 1930er Jahre. Dieses Kino zielt auf die Agitation der Massen, das heißt es adressiert das Publikums als ein zu mobilisierendes; sei es die Mobilisierung zum revolutionären neuen Menschen, sei es die »Mobilisierung zur Immobilität«, d. h. zum ›alternativlosen‹ Einrichten in die Verhältnisse, wie Karsten Witte die propagandistische Wirkung des NS-Kinos beschrieben hat.[12] Wird der Zuschauer also in den Diktaturen als Masse adressiert, die der Film als historisches Subjekt zu bewegen sucht, wird er im »demokratischen Kino« verstanden als konkretes individuelles Subjekt der ästhetischen Erfahrung – jedoch nicht als ein ideales geschichtsmächtiges Subjekt, sondern als Subjekt, dessen individuelles Dasein von dem Versuch geprägt ist, geschichtliche Prozesse überhaupt erst einmal zu verstehen. Dabei wird dieser Zuschauer als Einzelner adressiert, der der Massengesellschaft gegenübersteht. Annonciert ist mit dieser theoretischen Figur genau jene zuvor beschriebene Historizität der Wahrnehmung und ihr Wandel. Diese Wahrnehmung bezieht sich nicht auf einen empirischen Zuschauer, sondern die Art und Weise, in welche Position der Film den Zuschauer setzt (was empirisch an der genannten filmischen Konstruktion, der affektiven Adressierung des Zuschauers zu beschreiben ist). Diese Denkfigur einer subjektlosen Subjektivität, die das Kino schafft, entwickeln Kracauer und der französische Filmkritiker André Bazin auf dem Hintergrund ihres katastrophischen Geschichtsverständnisses während und nach dem Zweiten Weltkrieg.[13] Als theoretische Konstruktion ist dieses Denken also selbst historisch, indem es auf die erwähnte Mobilisierung durch das Kino mit einer Hinwendung zu kinematografischen Formen der Erfahrbarmachung konkreter physischer Individuen in ihrer alltäglichen Lebenswelt reagiert, ohne dass der Darstellung dieser Welten per se ein Ziel oder ein Sinn zugeschrieben würde. Insofern setzt dieses Denken den Zuschauer als Suchenden, sich Orientierenden ein. Genau darin zeigt sich der beschriebene Wandel der Wahrnehmung und mithin die Historizität ihrer poetischen Struktur.

Darauf bezogen lassen sich auch US-amerikanische, britische und französische Filme der Zeit als propagandistisch beschreiben; es lässt sich aber ein anderes ästhetisches Verfahren erkennen, das mit den Prinzipien der demokratischen Verfasstheit der Staaten zu tun hat.

Why we fight (USA 1942–45, Frank Capra), warum wir kämpfen, demonstriert eine Serie solcher US-amerikanischer Propagandafilme zum Kriegseintritt gegen Europa. Die Filme erklären dabei vor allem auch den unauflösbaren Widerspruch, der entsteht, wenn ein demokratisches Land Krieg führt: Das höchste Gut der Demokratie, die Freiheit und der Schutz des Einzelnen, wird zu seiner Verteidigung außer Kraft gesetzt. Die Soldaten verteidigen Schutz und Integrität des Einzelnen, wofür sie sich selbst und ihre Individualität preisgeben müssen. Der Zuschauer kann im paradoxen Bild militärisch gedrillter Individuen diesen Widerspruch in seiner ganzen Schärfe erfahren.

Nicht umsonst wurde für die Realisierung dieser Filmserie ein bekannter Hollywoodregisseur verpflichtet. Denn es ist gerade das Genrekino Hollywoods jener Jahre, das auf vielfältige Weise nach dem unauflösbaren Verhältnis von Individuum und Gemeinschaft fragt, nach den Grundlagen der Demokratie also: Sei es in Capras oscargekrönter Screwball Comedy *It happened one Night* (USA 1934) oder in seinen »Joe-Normal-Filmen«, wie etwa *Mr. Deeds goes to Town* (USA 1936), *Mr. Smith goes to Washington* (USA 1939) oder in seinem Weihnachtsmelodrama *It's a Wonderful Life* (USA 1946). Auch viele *Noir*-Filme der Zeit stellen diese Frage, etwa mit dem Außenseiter als Protagonisten, der gegen die korrupte Gesellschaft kämpft, aber auch Kriegsfilme oder Musicals, um nur die wichtigsten Genres zu nennen. Immer halten diese Genrefilme dabei, das ist ihre wahrnehmungsästhetische Seite, die Widersprüchlichkeit zwischen Einzelinteressen und denen der Gemeinschaft als Spannung in der audiovisuellen Darstellung aufrecht.

In Szene gesetzt sind diese Befragungen des Verhältnisses von Einzelnem und Gesellschaft als konkrete Seh- und Hörerfahrungen, als *Wahrnehmungsakte* des Zuschauers, die ihm eine Wahl lassen, wie es etwa Bazin in seinem zuvor zitierten Aufsatz über William Wyler bezeichnet. Der Zuschauer erfährt im Rollenspiel der Filme die Möglichkeiten seiner eigenen Verortung im gesellschaftlichen Gefüge, sei es als Chance oder als Sackgasse. Mit einer Formel Kracauers könnte man von einer »Anschaulichkeit des Sozialen« sprechen, die dieses Kino und nur das Kino hier über die Befragung der Wahrnehmung und ihre Historizität überhaupt erst herstellt.

Diese Wahrnehmungsästhetik der Wahl wird also lesbar als politischer Akt: Sie lässt das stets prekäre Verhältnis von Individuum und Gemeinschaft konkret einsehbar werden. Politisch daran wäre die Art und Weise, wie die Filme mit ihrer »Aufteilung des Sinnlichen«[14] eine eigene, eine andere Art der Möglichkeiten zeigen, wer in welchem Zusammenhang sprechen darf oder schweigen muss, wer hervorgehoben oder marginalisiert ist; auf eine andere Art jedenfalls als sie die Realpolitik bietet. Das meint in dem hier beschriebenen Zusammenhang konkret, einer unauflösbaren Spannung Raum und Zeit zu geben; der Spannung, die zwischen Individuum und demokratischer Gesellschaft entsteht, wenn diese in den Krieg zieht. Jacques Rancière nennt dies eine »Politik des Ästhetischen« und unterscheidet sie von der »Ästhetisierung der Politik«, wie Walter Benjamin die Inszenierungsformen des Nationalsozialismus beschrieben hat.[15]

Blasetti und das italienische Kino der 1930er und 1940er Jahre

Das italienische Kino ab Mitte der 1930er Jahre steht meines Erachtens genau zwischen den genannten Polen. Die Erneuerung des westeuropäischen Kinos in dem genannten demokratischen Sinne einer Wahl wird in der Regel mit dem italienischen Neorealismus ab Anfang der 40er verbunden. Neben Originalschauplätzen, Laiendarstellern usw. hat man als dessen ästhetische Signatur vor allem eine Dramaturgie des Alltäglichen verstanden, die darin besteht, dass nicht von vornherein klar ist, wie die Geschichte verläuft, wer »gut« und wer »böse« ist. Das bedeutete aber auch, dass Protagonisten und Statisten, Haupt- und Nebenschauplätze die gleiche Wichtigkeit bekommen, sodass auch in diesem Zusammenhang der Zuschauer eine Wahl hat, worauf er fokussiert. Gerade in diesem Inszenierungsmodus der Wahl besteht, so die filmtheoretische Stoßrichtung bei Kracauer und Bazin, die stärkste Beziehung zwischen dem US-amerikanischem Genrekino der 30er bis 40er Jahre und dem italienischen Neorealismus sowie der damit verbundenen Abkehr von der Programmatik der klassischen Avantgarden, der Programmatik der Massenmobilisierung und der Schaffung eines ›Neuen Menschen‹. Damit ist das theoretische Feld historischer Poetik abgesteckt, das die genannten Autoren als den historischen Wandel der Wahrnehmungsästhetik zwischen den 30er und 40er Jahren beschrieben haben.[16]

Auf der Ebene konkreter Filme deutet sich m. E. diese Art von ästhetischer Egalität im italienischen Kino schon vorher an. Bereits in den 1930er Jahren ist ein Schwanken zwischen einer ›demokratischen‹ und ›diktatorischen‹ Zuschaueradressierung und Wahrnehmungskonstruktion der Filme feststellbar, etwa in Raffaello Materazzos *Treno popolare* von 1933, der einerseits die Aktivitäten der seit 1925 bestehenden faschistischen Freizeitorganisation *Opera nazionale del dopolavoro* preist, andererseits ein Potpourri einfacher und unbedeutender ›Menschen am Sonntag‹ entwirft; ähnlich schwankend zwischen faschistischem Kriegs- und Heldenpathos und einer alltäglichen Figurenzeichnung zeigt sich die 1941–1943 entstandene Kriegstrilogie[17] Roberto Rossellinis, eines der später wichtigsten Protagonisten des Neorealismus. Mit diesem Schwanken ist aber noch etwas anderes gemeint als die Inszenierung einfacher Figuren, die sich zu heroischen Taten aufschwingen – ein beliebtes Mittel faschistischer wie nationalsozialistischer Dramaturgie. In den genannten Filmen, und das will ich an *1860* im Folgenden analytisch einsichtig machen, steht die Einfachheit und Mittelmäßigkeit der Figuren *quer* zu ihrem heroischen Handeln; die Darstellung von Liebe und Freundschaft etwa steht dann nicht als Basis dafür, dass der ›kleine Mann ganz groß rauskommt‹, sondern sie steht als gleichwertig und irreduzibel *neben* dem Kampf und ohne kausale Bedeutung für diesen. Was die neorealistischen Filme dann zu einer ›horizontalen Dramaturgie‹ der beliebigen Lebensläufe ausbauen und was sich im deutschen Nachkriegskino als Dramaturgien systematischer Entheroisierung zeigt, das ist, so meine These, im italienischen Film der 30er Jahre andeutungsweise schon erkennbar.

Insbesondere an den Filmen Alessandro Blasettis lässt sich dieser allmähliche Wandel des filmästhetischen Bewusstseins von einem wirkungs- zu einem wahrnehmungsästhetischen Verstehen des Films beobachten. Man könnte die beschriebene Zwitterstellung des italienischen Kinos zwischen Wirkungs- und Wahrnehmungsästhetik, zwischen totalitärer und demokratischer Propaganda und der damit verbundenen Auseinandersetzung mit dem US-amerikanischen Genrekino noch auf einer anderen Ebene beschreiben, der Ebene der Filmproduktion. Blasetti produzierte wie viele Regisseure im faschistischen Italien für die Produktionsfirma Cines, die bis Mitte der 30er Jahre privatwirtschaftlich arbeiten konnte; nur Verleih und Aufführung waren in staatlicher Hand. Vergleichbar dem amerikanischen Studiosystem gab es eine extrem arbeitsteilige Produktionsweise, die aber (wie beispielsweise bei John Ford in den USA) auch in Italien individuelle Gestaltung und große Gestaltungsfreiheiten gerade für erfolgreiche Regisseure zuließ.

Blasetti gehört zu den einflussreichsten und wichtigsten Regisseuren Italiens der 30er und 40er Jahre. Nach einer schweren wirtschaftlichen Krise des italienischen Kinos bis Anfang der 30er Jahre erholte sich die Filmindustrie auch Dank der protektionistischen Unterstützung des faschistischen Regimes, die den in den italienischen Kinos dominierenden US-amerikanischen Film zurückdrängte. Propagandistische Speerspitze waren dabei die Dokumentarfilme des 1924 gegründeten und seit 1925 verstaatlichten *Istituto Luce*, das insbesondere mit seinen ab 1926 vor jeder Filmvorführung verpflichtend gezeigten staatlichen Wochenschauen (*cinegiornali*) hervortrat.

Blasetti arbeitete in diesem Umfeld nicht nur als Regisseur, sondern auch als Gründer und Leiter der Filmzeitschrift *Cinematografo*. Film sei Unterhaltung und Dokument zugleich, so könnte man seine Vorstellung von Kino paraphrasieren, die er als schreibender Regisseur in zahlreichen Aufsätzen immer wieder reformuliert hat. Man könnte darin auch die »Politik des Ästhetischen« des amerikanischen Genrekinos formuliert sehen: die Dokumentation der Wahrnehmung in festen Formaten; im Gangster- und Film Noir, im Melodram und Musical – wobei das Format gerade die Voraussetzung der dokumentierten Wahrnehmung ist und umgekehrt, und zwar als Spannungsverhältnis[18].

Blasettis eigene Filmografie ist von diesem vermeintlichen Widerspruch von Unterhaltungs- und Dokumentarfilm gekennzeichnet: Legte er doch neben einem der bedeutendsten italienischen Stummfilme *Sole* (1928), der als Wegbereiter des Neorealismus gilt, auch fantastisch-märchenhafte Arbeiten wie *La cena delle beffe* oder *La corona di ferro* (beide 1941) vor, die man auch zu den eskapistischen Filmen zählt, die die faschistische Realität ausblendeten. 1942 gelang ihm dann mit *Quattro passi fra le nuvole* die wohl erste neorealistische Komödie. Blasettis Autorenschaft sticht in den 30er und 40er Jahren besonders heraus, neben ihm steht nur noch Mario Camerini mit seinen leichten, von seinem Protagonisten Vittorio de Sica getragenen Komödien. Auf der anderen Seite gibt es aber eben auch Blasettis Propagandafilme wie *Terra madre* (1931), *Vecchia guardia* (1935) über die Anfänge des italienischen Faschismus und schließlich *1860* (1934), der den Faschismus als Vollendung der italienischen Einigungsbewegung von 1860 darstellt.

1860 – wirkungsästhetische Propaganda

1860 steht meines Erachtens paradigmatisch für einen wirkungs- *und* einen wahrnehmungsästhetischen Zugang, für eine, auf den Zuschauer bezogen, diktatorische *und* demokratische Adressierung. Der Film vereint beide Strömungen höchst kunstvoll.

1860 hat als historischen Hintergrund den so genannten »Marsch der 1000« im Jahre 1860 von Genua nach Sizilien. Die Truppen Garibaldis unterstützen die aufständischen Einwohner gegen die bourbonische Herrschaft und befreien schließlich nicht nur die Insel, sondern auch Süditalien bis hinauf nach Neapel. Dieser Feldzug fand im Zuge der Bestrebungen Norditaliens zur Einigung des Landes und der Staatsgründung Italiens statt. *1860* erzählt diesen Hintergrund, indem er zwischen Schauplätzen auf Sizilien und Norditalien (Civitavecchia, Genua) und auf Zug- bzw. Schiffsreisen zwi-

Abb. 1–3: Die zu Beginn den Inserts unterlegte, fragmentiert gezeigte Hinrichtung verstärkt die Dringlichkeit des Widerstands

schen Nord und Süd wechselt. Protagonisten sind ein Liebespaar, Carmelo und Gesuzza, die zwischen den Ansprüchen an ihre Liebesbeziehung einerseits und dem Kampf gegen die Besatzer und für ein freies Italien andererseits schwanken; ein Kampf, der die Entfaltung dieser Liebe immer wieder verunmöglicht. Bei dieser Konfrontation handelt es sich zunächst um eine im Genrekino jeglicher Couleur gebräuchliche Formel der Personalisierung historischer Konflikte.

Ohne Zweifel kann man in den Einstellungen und Sequenzen des Films, nicht nur aufgrund der genannten Personalisierung, wirkungsästhetische Mechanismen feststellen, die seine propagandistischen Absichten wirkungsvoll in Szene setzen: seien es die heroisierenden Untersichten der republikanischen Widerstandskämpfer oder die Kollisionsmontagen, die die Brutalität der Besatzer unterstreichen und die Schlachttotalen, die den Kampf gegen einen scheinbar übermächtigen Feind heroisieren. Schon die ersten Szenen des Films, die auf Inserts die historische Situation – den ausweglosen aber heroischen Kampf der sizilianischen Bauern gegen die Übermacht der bourbonischen Herrschaft schildern – sind mit wirkmächtigen Geräuschkulissen von Erschießungen und suggestiven Großaufnahmen von Hinrichtungen am Galgen (Abb. 1–3) unterlegt.

Und schließlich lässt der Schluss des Films an Deutlichkeit nichts zu wünschen übrig: Von den Schlachtfeldern auf Sizilien schneidet der Film auf faschistische Schwarzhemden im Jahr 1922 um, die, nach Mussolinis Machtübernahme durch dessen so genannten »Marsch auf Rom«, am Forum Romanum an einer Gruppe so genannter Rothemden, den Veteranen Garibaldis, vorbeidefilieren. Im Oktober 1922 inszenierte Mussolini mit faschistischen Freischärlern die Besetzung der Hauptstadt, die, militärisch ohne Wert, politisch dazu führte, dass Mussolini in der herrschenden Regierungskrise zum Ministerpräsidenten ernannt wurde.

Damit setzt der Film die Einigungsbewegung um 1860 mit ihrem Anführer Garibaldi in direkte Linie zu Mussolinis Putsch: Was Garibaldi nicht schaffte – er besiegte zwar die Bourbonen auf Sizilien und bis Neapel, scheiterte aber bei der Eroberung des päpstlichen Rom – das, so suggeriert der Film, vollendet Mussolini sechzig Jahre später. Diese Schlusssequenz wurde 1951 bei der erstmaligen Wiederaufführung des Films herausgeschnitten; seitdem wird nur noch die um diese Sequenz gekürzte Fassung gezeigt.

Die aktuelle italienische Filmwissenschaft[19] deutet diesen Schluss heute nicht nur als Tribut an die faschistischen Machthaber, sondern, auch über rekonstruierbare Intentionen Blasettis und seines Teams hinaus,[20] als Parallelisierung der Zeit um 1860 mit der um 1922. Es geht dabei nicht nur um die Faktizität des Ereignisses, d. h. das tatsächliche Anhalten der Bemühungen um ein geeintes Italien zwischen Risorgimento und Faschismus. Zugleich wird betont, dass sowohl um 1860 als auch 1922 das gedankliche Konstrukt nationalstaatlicher Einheit gegenüber einer von breiten Bevölkerungsschichten getragenen Einigungsbewegung dominiert.[21] Die Kritik begründet dies mit der ähnlichen politischen Situation, einer Einigungsbewegung, die aus einer Vielzahl divergierender Interessen und Gruppierungen bestand; von einer unübersichtlichen Interessenvielfalt und einer babylonischen Verwirrung politischer Stimmen ist da die Rede.

1860 – wahrnehmungsästhetische Propaganda

Ohne diese Deutung historisch bewerten zu wollen und zu können, lässt sich an der vorherigen Beschreibung doch ein Prinzip der Figurenzeichnung und Dramaturgie von *1860* herauslesen, mit der ich mich nun der spezifischen *Wahrnehmungs*konstruktion von 1860 annähern will. Denn die »babylonische Verwirrung politischer Stimmen« kann man filmanalytisch auch ganz wörtlich nehmen: nicht nur als eine Vielfalt politisch divergierender Einstellungen, von denen der Film erzählt, sondern auch als eine physisch präsente Vielfalt der Sprachen, Jargons, Dialekte und Ausdrucksformen, die der faschistischen Ideologie des *einen* Italien mit *einer* Sprache ohne Dialekte und regionale Gebräuche zuwiderlaufen. Mir geht es nun darum, diesen Befund als Ausdruck einer grundlegenden Ambivalenz des Films herauszuarbeiten, die seine Poetik zu einem guten Teil bestimmt.

So ist es etwa nicht die historische Figur des Führers der Aufständischen, Garibaldi, die der Film in den Mittelpunkt stellt. Dessen Figur taucht nur zweimal kurz im Bildhintergrund auf. Vielmehr wird die historische Makroperspektive der Vielen von der Mikroperspektive eines Paares durchkreuzt: Aus beiden zusammen erst entsteht die spannungsreiche Chronik eines Ereignisses – wie der lapidare Titel *1860* bereits andeutet. Damit zielt der Film schon mit seiner dramaturgischen Grundkonstruktion darauf, eine Spannung zwischen dem historischen Ereignis und der individuellen Geschichtserfahrung zu schaffen, die, wie ich im Folgenden zeigen möchte, mehr ist als die Dramaturgie einer indirekten Propaganda, die individuierte Figuren konstruiert, um Identifikationsträger für eine die einzelnen Figuren letztlich übersteigende Gesamtdarstellung zu schaffen – und die somit auch aus den oben erörterten Genrekonventionen ausschert.

Im Mittelpunkt des Spielfilms steht das junge Ehepaar Carmelo und Gesuzza. Während er beauftragt wird, nach Genua zu reisen, um Garibaldi über die Lage auf Sizilien zu informieren, erduldet seine Frau dort die Massaker der bourbonischen Söldnerheere. Der Zuschauer erlebt die Perspektive der Protagonisten und ihrer Gemeinschaft nicht nur visuell, sondern vor allem als Hörerfahrung: Der Film besticht durch außergewöhnliche Toncollagen. Durch diese erfährt der Zuschauer unter anderem die Fremdheit der Besatzer als das Eindringen einer fremden Sprache, die Figuren und Landschaft buchstäblich zerschneidet und trennt: Das meint das unübersetzte Befehlsdeutsch der königlichen Soldaten auf Sizilien (es handelt sich um bourbonische Truppen schweizer bzw. bayerischer Herkunft[22]); ihr Stakkato harter Konsonantenfolgen, die häufig flankiert sind vom Trommelwirbel der Truppen, der immer wieder aus dem Off eingeblendet wird, während wir horizontale Schwenks über die karge Landschaft sehen: Diese Landschaft wird so buchstäblich von Stimmen und Tönen besetzt. Dem entgegengesetzt ist der Dialekt der aufständischen Bauern, der sich ebenso horizontal wie die genannten Schwenks von einem oft im Bild zu sehenden Rufer in der Landschaft ausbreitet. Denn durch die weiche Sprachmelodie dieses Dialekts verbindet der sich unüberhörbar mit den Geräuschen der Landschaft, dem Rauschen des Wassers und des Windes wie dem Ruf der Vögel zu einem gemeinsamen Rhythmus des Fließens. An dieser Stelle des Films könnte man noch von einer zwar kunstvollen, aber ideologisch doch eindeutigen Unterscheidung zwischen (guten) Einheimischen und (bösen) ausländischen Besatzern ausgehen.

Aber die genannten Unterscheidungen sind nur der Auftakt für weitere sprachliche und vor allem akustische, aber auch visuelle Ausdifferenzierungen, die sich »inneritalienisch« ereignen, also nicht der Freund/Feind- bzw. Inländer/Ausländer-Markierung dienen und trotzdem zu keinem Konsens, zu keiner finalen Einheit führen.

En miniature zeigt Blasetti den Aufenthalt Carmelos in Genua als die aus Sicht des sizilianischen Bauern verwirrende Vielfalt der Interessen und Gruppierungen, die Italiens Einigung entgegen stehen: Schon in seinem Heimatort sind es sowohl Klerus als auch Bauern, die den Aufstand tragen; auf seiner Reise trifft Carmelo nun darüber hinaus das ganze sprachliche und politische Spektrum Italiens: Nach dem Deutsch auf Sizilien begegnen ihm neben dem Französisch napoleonischer Truppen in Norditalien auch die verschiedenen Dialekte des Landes. Dieses Stimmengemisch findet seinen Höhepunkt während einer Zugfahrt nach Genua, wo mit den Dialekten die unterschiedlichsten Figuren und deren politische Überzeugungen aufeinander treffen: piemontesische liberale Demokraten, römische Papsttreue und Monarchisten, Republikaner und Sozialisten, die bei aller Einigungskraft der Tat (ihres Kampfes auf Sizilien) doch in erster Linie als unabhängige, unterschiedliche Individuen gezeigt werden: Eines dieser Individuen etwa, ein Republikaner, scheint vor allem deshalb mit in den Kampf zu ziehen, weil er nicht nur patriotische, sondern auch höchst private Gründe hat: Er will seinen jugendlichen Sohn beschützen, der ebenfalls mitkämpft. Auch hier haben wir es wieder mit einer Genrerhetorik zu tun, die den Zuschauer über Individualisierungen zu affizieren sucht. Aber der Film führt, das ist der Unterschied, diese Individualisierung nicht als historisches Schicksal pars pro toto zu einem Ende; zwar begegnen wir Vater und Sohn noch einmal vor der finalen Schlacht auf Sizilien, aber weder triumphieren sie am Ende, noch müssen sie für die Sache sterben. So bleibt ihre Heroisierung aus.

Dieses »sprachliche Babylon« – also das Gemisch aus unübersetztem Deutsch, aus Französisch und verschiedenen italienischen Dialekten – gibt aber auch unmittelbar Anschauung von den divergierenden Mächten und Einflusssphären, die die Landschaft buchstäblich durchpflügen: Es sind die sizilianischen Einwohner, die mit dieser Landschaft vertraut und verwachsen sind, was sich an der beschriebenen Parallelisierung der Rhythmen von Landschaftsdarstellung und Sprachduktus der Bauern zeigt. Die Söldnerheere der Bourbonen hingegen und ebenso die norditalienischen Freiwilligen unter Garibaldi, allesamt Städter, erscheinen in dieser sizilianischen Landschaft wie groteske Fremdkörper. Denn im Gegensatz zu den einheimischen, in abgetragenen Pelzen gekleideten Figuren, ihren ›antiken‹ Häusern und der kargen Landschaft sind die Bourbonen stets im vollen Ornat; herausgeputzt und glänzend wie die städtischen Garibaldiner in ihren Jagd- und Ausgehanzügen. Dass diese Parallelisierung von Besatzern und Befreiern der faschistischen Ideologie höchst anstößig erscheinen muss, wird aber erst durch den Kontrast einer lyrischen und einer prosaischen Inszenierung von Figuren und Landschaft deutlich. Darin liegt das erste Moment einer »Politik des Ästhetischen« in diesem Film: Hier beglaubigt die Spielfilmhandlung nicht einfach den historischen Hintergrund, vielmehr wird umgekehrt der historische Hintergrund durch die affektive Diskrepanz erst als ebenso unhaltbare wie aktuelle Spannung geradezu physisch erfahrbar; eine Spannung, die uns bis heute als das italienische Nord-Süd-Gefälle und der Hass auf die römische Nomenklatura bekannt ist.[23]

Zwar besiegen diese Figuren (Bauern und ›städtische‹ Freiwillige) später zusammen auf Sizilien das bourbonische Königshaus. Dennoch legt der Film bis ganz zum Schluss Wert darauf,

Abb. 4–6: Vater & Sohn, der kämpfende Beau, das Liebespaar Gesuzza & Carmelo

die Unterschiede und damit die Individualität der einzelnen Figuren in der Aktionsgemeinschaft nicht nur in ihrer sprachlichen Eigenart, sondern auch dadurch hervorzuheben, dass er sie in kleinen Episoden einzeln vorstellt.

Da ist der bereits genannte politisch streitbare Kämpfer, der auch in die Schlacht zieht, um seinen Sohn zu beschützen (Abb. 4). Da gibt es den Adeligen, der – im Ausgehanzug kämpfend – seine Vorstellung von einem geeinten Italien mit der eines außerordentlichen Abenteuers zu verbinden scheint, mit dem er hernach bei den Damen der Tischgesellschaft punkten kann (Abb. 5); schließlich die Protagonisten Carmelo und Gesuzza, Aufständische und Liebespaar zugleich, ohne dass das eine das andere überwiegen oder negieren würde (Abb. 6; alleine die Kussszene dauert im Film 12 Sekunden). Dass dabei die Darstellung des Individuums nicht zugunsten der der Gemeinschaft geopfert wird, zeigt sich in Carmelos Renitenz nicht nur gegenüber den Herrschern auf Sizilien, sondern auch der Führung Garibaldis gegenüber. Einerseits reist Carmelo für die Sache unter Lebensgefahr nach Genua, andererseits aber ist die Liebe zu seiner Frau buchstäblich tonangebend: Denn um diese nach seiner Rückkehr mit den garibaldinischen Truppen wiedersehen und küssen zu können, widersetzt er sich den Befehlen des Oberst und entfernt sich – wie man es militärisch ausdrücken würde – unerlaubt von der Truppe (vgl. Abb. 9, Carmelo links im Bild).

Man versteht plötzlich, wie sehr die individuelle Unabhängigkeit und die Renitenz gegen staatliche Eingriffe miteinander verzahnt, wie sehr sie in diesem Film der eigentliche Motor dieser sehr eigenen Einigungsbewegung Italiens sind. Darin erscheint *1860* – zweites Moment seiner »Politik des Ästhetischen« – als Utopie: Nur auf der Basis des Glücks des Einzelnen und der Erfüllung seiner Bedürfnisse kann ein geeintes Land entstehen.[24] Solcherart metaphorisiert der Film hier schon die kommende Öffnung zur US-Demokratie und ihrer Maxime der *Pursuits of Happiness.*

1860 registriert all diese Gegensätze, Widersprüche und Abschweifungen. Die Abschweifungen bestehen darin, dass die Kamera unabhängig von allem anderen immer wieder die Landschaft, das Meer, den Bach, die Steine und Gesichter als gleich gültig im Verhältnis zum politischen Zusammenhang zeigt. Das heißt, dass das Rauschen des Baches, der Schwenk über die sizilianische Landschaft oder die Einstellung in der Enge norditalienischer Städte, die Großaufnahme eines für die Handlung unbedeutenden Gesichts, genauso viel Zeit bean-

Abb. 7–9: Bewegungsmuster Garibaldiner, Bourbonen, Sizilianer

sprucht wie die Darstellung einer politischen Rede oder einer heroischen Schlacht. Diese Gleichwertigkeit der Elemente wird später dann als zentrales Merkmal des Neorealismus beschrieben.

Gegensätze und Widersprüche offenbart *1860* zwischen individuellen Bedürfnissen und gemeinschaftlichen Aufgaben, zwischen Räson und Renitenz, zwischen der Enge des städtischen Nordens und der Weite der Landschaft des Südens – und schließlich zwischen den Figuren. Dabei macht die Kamera gerade keinen Unterschied zwischen den königlichen Besatzern und den garibaldinischen Befreiern: Diese wie jene erscheinen als die beschriebenen Fremdkörper in der sizilianischen Landschaft. Und doch findet der Film noch einen je eigenen Ausdruck der Fremdheit für die Besatzer und die Befreier sowie für die Verbundenheit der einheimischen Bauern. Während die Garibaldiner in unkoordinierten, häufig gegenläufigen Bewegungen durch die sizilianische Landschaft ziehen (Abb. 7), bilden die Bourbonen immer der Landschaft äußerliche Linien (Abb. 8). Die sizilianischen Bauern hingegen bewegen sich stets in aufeinander bezogenen Gruppen durch die Landschaft (Abb. 9, rechts).

Für einen faschistischen Film von 1934 ist dies wie gesagt eine ideologisch höchst zweifelhafte Gleichsetzung von Besatzern und Befreiern. Sie lenkt den Blick zudem auf ein weiteres politisches Moment einer ›demokratischen‹ Ästhetik: Wir nehmen noch einen dritten Protagonisten wahr, die Landschaft selbst, in deren karger Schönheit sich die der Einwohner spiegelt. Immer wieder zeigt der Film nämlich, ohne Funktion für die Handlung oder den historischen Hintergrund, nur diese Landschaft in Mikro- (Kakteen, Abb. 10; Blumenwiese, Abb. 11) oder in Makroperspektive (Meer, Abb. 12; Berge, Abb. 13). Damit kommt auch noch einmal eine andere Form von historischer Zeit ins Spiel, die Zeitlichkeit der Natur und ihrer spezifischen Dauer, die hier die Zeitläufte des Befreiungskampfes und das einzelne Erleben der Figuren um eine weitere Facette ergänzt und, wenn man so will, relativiert.

Nicht nur an den Laiendarstellern, sondern vor allem an dieser spezifischen »Aufteilung des Sinnlichen« kann man die Ähnlichkeit zu Luchino Viscontis sizilianischem Fischerdrama *La terra trema* von 1948 erkennen – begreift der Zuschauer doch eine weitere Facette der sozialen Gemeinschaft und ihrer Historizität, die die *Handlung* des Films gerade nicht erschließt: die historische Zeitlichkeit der Landschaft formt die Menschen, wie sie als Einzelne auch von den historischen Zeitläuften bestimmt werden. Zugleich formen diese Figuren die

Abb. 10–13: Dimension der Landschaft als historische Zeitformation

Landschaft, sind ihr zugehörig, ohne ganz in ihr aufzugehen; genauso sind die Rebellen Teil der Einigungsbewegung, ohne dieser ununterscheidbar subsummiert zu werden. Nur auf dieser Grundlage, so erfahren wir ganz konkret, lässt sich die politische Einigung denken. Genau hierin liegt der Kern »demokratischer Propaganda« aus der Perspektive audiovisueller Modulationen beschrieben: Nicht, dass zu einer historischen Situation eine individuelle oder private ebenso wie eine naturhistorische Dimension hinzukommt, ist entscheidend; entscheidend ist, dass alle drei irreduzibel aufeinander bezogen werden und gleichwertig nebeneinander stehen, sich gegenseitig bedingen. Hier wird das Individuelle nicht dem großen Ganzen subsummiert, die Zeit der Natur nicht den Zeitläuften und umgekehrt. Das erscheint im Film nicht als These, als Aussage oder Teil seiner Erzählung oder seiner politischen Statements, sondern als eben jene Wahrnehmungskonstellation der gleichwertigen Darstellung von Dingen und Figuren, Küssen und politischen Entscheidungen, Blumenwiesen und Schlachten, die für Rancière eine »Politik des Ästhetischen« ausmachen.

Bazin hat, wie bereits angedeutet, diese Wahrnehmungsfunktion des Films, die sich dem Zuschauer Stück für Stück entfaltet, nach dem Zweiten Weltkrieg als das Wesen des Kinos beschrieben und sich dabei insbesondere auf den Neorealismus bezogen.[25] In Blasettis *1860* findet sich schon Mitte der 1930er Jahre neben einer ideologischen Funktion dieses politische Vermögen des Ästhetischen realisiert.

Der hier vorgestellte Prozess der Veranschaulichung dessen, was Erfahrung von Geschichtlichkeit im Film bedeuten kann, kann als diskursive Ergänzung geschichtswissenschaftlicher Forschung verstanden werden. Dabei ist es für mich entscheidend, die Filme selbst als empirisches Material zu betrachten. Dieses Material gilt es nicht länger nur in Form methodisch anderer Quellenauslegung in Bezug auf narrative Zusammenhänge kulturhermeneutisch zu interpretieren, vielmehr lässt sich an ihm studieren, wie es durch das spezifische Setting des audiovisuellen Angebots affektive Adressierungen der Zuschauer hervorbringt. Dies bietet einen anderen Zugang zum historischen Feld. Dessen Mechanismen zu verstehen und dabei die in ihnen wirksamen Antagonismen anschaulich zu machen, dazu kann die Bildraumanalyse einen Beitrag leisten; einen Beitrag in dem Sinne, dass erst die Vielschichtigkeit der Lesarten der Vergangenheit es ermöglichen, ihrer Komplexität von heute aus gerecht zu werden.

Anmerkungen

Bei den Abbildungen handelt es sich um Stills aus dem Film *1860*, die der Autor selbst gezogen hat. Sollten durch dieses Zitieren wider Erwarten Bildrechte berührt sein, bitten wir um Nachricht an den Verlag.

1 Vgl. Siegfried Kracauer, Geschichte – Vor den letzten Dingen [1970], hg. u. übers. v. Karsten Witte, Frankfurt/Main 1973, S. 126ff. Diese Zuspitzung impliziert natürlich nicht, dass alle filmischen Geschichtsdarstellungen per se historistisch sind. Historische Darstellungen im Film, die in der Lage sind, einerseits eine Spannung zwischen Aufzeichnungs- und Darstellungsfunktion des Films aufrecht zu erhalten, und andererseits die Fähigkeit des Mediums, Vergangenheit zu verlebendigen, nicht zur »narrativen Schließung« nutzen, eröffnen zugleich eine Perspektive auf die Historizität des Mediums. Vgl. Gertrud Koch: Nachstellungen – Film und historischer Moment, in: Eva Hohenberger, Judith Keilbach (Hg.), Die Gegenwart der Vergangenheit. Dokumentarfilm, Fernsehen und Geschichte, Berlin 2003, S. 216–229.

2 Schriftliche Quellen sind etwa Kritiken, Produktionsberichte, Wirtschaftsdaten etc.; diese Untersuchungsmethode hat sich in der Filmwissenschaft erst in den 1980er Jahren mit der sog. *New Film History* etabliert.

3 Vgl. etwa Georg Lukács, Gedanken zu einer Ästhetik des Kino [1913], in: Karsten Witte (Hg.), Theorie des Kinos, Frankfurt/Main 1972, S. 142–148.

4 Vgl. Stephen Heath, Film and System. Terms of Analysis, Part I & Part II, in: Screen XVI/1&2 (1975), S. 7–77 und S. 91–113.

5 Vgl. Reinhart Koselleck, Geschichte, Geschichten und formale Zeitstrukturen, in: ders., Vergangene Zukunft. Zur Semantik geschichtlicher Zeiten, Frankfurt/Main 1989, S. 130–143.

6 Erwin Panofsky, Die ideologischen Vorläufer des Rolls-Royce-Kühlers & Stil und Medium im Film[1936/1947], Frankfurt/Main, New York 1993, S. 21–51.

7 Grundlegend hat diese Problematik Paul Ricœur als Differenz zwischen Geschichtsschreibung auf der einen und geschichtlicher Erfahrung und Erinnerung des Einzelnen auf der anderen Seite analysiert. Ihm kommt es darauf an, zwischen beiden Ebenen zu vermitteln, ja, diese als zwei Seiten einer dialektischen Entwicklung zu beschreiben, die ein gegenseitiges Korrektiv darstellen. Ricœurs philosophische Herleitung räumt der Kunst keinen expliziten, eigenen Stellenwert ein, der sich von anderen kulturellen Funktionen unterscheidet. Gleichwohl gehört sein Text zu den grundlegenden Arbeiten, die sich mit dem Verhältnis von Geschichte und Individuum auseinandersetzen. Paul Ricœur, Gedächtnis-Vergessen-Geschichte, in: Klaus E. Müller/Jörn Rüsen (Hg.), Historische Sinnbildung, Hamburg 1997, S. 433–454. Vgl. auch Paul Ricœur, Gedächtnis, Geschichte, Vergessen, München 2004; sowie sein opus magnum: Zeit und Erzählung, 3 Bde., München 1988–1991.

8 Bernhard Groß, Die Filme sind unter uns. Zur Geschichtlichkeit des frühen deutschen Nachkriegskinos: Trümmer-, Genre- und Dokumentarfilm, Berlin 2015.

9 Achim Landwehr, Von der ›Gleichzeitigkeit des Ungleichzeitigen‹, in: Historische Zeitschrift, Band 295, Heft 1 (2012), S. 1–34.

10 Gilles Deleuze, Das Zeit-Bild. Kino 2, Frankfurt/Main 1991, S. 111.

11 Der Begriff des Bildraums wird erstmals von Walter Benjamin in seinem Kunstwerkaufsatz beschrieben (s. Endnote 15) und von Hermann Kappelhoff in Anlehnung an Stanley Cavell zu einem filmanalytischen Konzept entwickelt. Das Konzept beinhaltet komplexe audiovisuelle Prozesse, die sich dem Zuschauer als Erfahrung ästhetischer Weltprojektionen entfalten. Hermann Kappelhoff, Die Dauer der Empfindung. Von einer spezifischen Bewegungsdimension des Kinos, in: e_motion, hg. v. Margrit Bischof et al., Hamburg 2006, S. 205–220. Vgl. auch Stanley Cavell, The World Viewed. Reflections on the Ontology of Film. Enlarged Edition, Harvard 1979. Zum Begriff »Oberflächlichkeit« vgl. Achim Landwehr, Die Kunst, sich nicht allzu sicher zu sein: Möglichkeiten kriti-

scher Geschichtsschreibung, in: WerkstattGeschichte, Nr. 61 (2012), S. 7–14, hier S. 11f.

12 Vgl. Karsten Witte, Film im Nationalsozialismus. Blendung und Überblendung, in: Wolfgang Jacobsen et. al. (Hg.), Geschichte des deutschen Films, Stuttgart/Weimar 2004, S. 117–166.

13 Vgl. etwa Siegfried Kracauer, Warum die Franzosen unsere Filme mochten [1942], in: ders.: Werke Bd. 6.3, hg. v. Inka Mülder-Bach, Frankfurt/Main 2004, S. 344–355. Vgl. auch André Bazin, William Wyler oder der Jansenist der Inszenierung [1948], in: ders., Filmkritiken als Filmgeschichte, hg. v. Helmut Färber, München/Wien 1981, S. 41–62.

14 Jacques Rancière, Die Aufteilung des Sinnlichen. Die Politik der Kunst und ihre Paradoxien, hg. v. Maria Muhle, Berlin 2006.

15 Walter Benjamin, Das Kunstwerk im Zeitalter seiner technischen Reproduzierbarkeit [1936], in: ders., Das Kunstwerk im Zeitalter seiner technischen Reproduzierbarkeit, Drei Studien zur Kunstsoziologie, Frankfurt/Main 1988, S. 8–44.

16 Ich beziehe mich hier auf einen Wandel des *filmtheoretischen Verständnisses* des europäischen und US-amerikanischen Kinos der 30er und 40er Jahre; davon unbenommen ist zunächst die Frage, ob diese Kinematografien im Einzelnen tatsächlich diesen Wandel vollzogen haben.

17 Es handelt sich um folgende Filme: *La nave bianca* (I 1941), *Un pilota ritorna* (I 1942), *L'uomo dalla croce* (I 1943). Es sind zugleich Rossellinis erste Filme als Regisseur.

18 Ich beziehe mich hier auf die Genretheorie von Stanley Cavell, der, gegenläufig zum gemeinen Verständnis des Genrekinos, die Formatierung als Voraussetzung für die Wahrnehmung kleinster Veränderungen und Nuancen begreift. Vgl. Cavell, The World Viewed Reflections on the Ontology of Film, Harvard 1979.

19 O. Caldiron (Hg.), Storia del cinema italiano 1934–39, Vol. V, Rom/Venedig 2006, S. 217f.

20 Vgl. etwa Gianfranco Gori, Alessandro Blasetti, Florenz 1984.

21 Vgl. dazu Francesco M. Biscione, Konstanten der Gewalt. Soziale und politische Wurzeln von Italiens schwieriger Demokratie, in: Lettre International, Nr. 82 (2008), S. 62–66. Das italienische Kino betont meist stärker den Einzelnen und die Differenz, denn Einheit und Kollektivität. Dies ist meine These in: Bernhard Groß, Figuren struktureller Gewalt. Zur Genealogie eines ästhetischen Modus im italienischen Kino, in: Anja Streiter, Hermann Kappelhoff (Hg.): Die Frage der Gemeinschaft. Das westeuropäische Kino nach 1945, Berlin 2012, S. 143–168.

22 Der letzte bourbonische König auf Sizilien, Franz II., war verheiratet mit der Herzogin Marie in Bayern, wodurch es auch deutschsprachige Soldaten im bourbonischen Heer gab.

23 Matteo Renzi bedient sich bei der Befriedung dieser aktuellen Konflikte undemokratischer Methoden, die in Italien zuletzt Benito Mussolini anwendete: Er entsendet immer häufiger in ›Krisengebiete‹ (wie es die italienische Hauptstadt inzwischen selbst eines ist) Präfekten, die die demokratisch gewählten Repräsentanten ersetzen.

24 Wenn man so will, könnte man im Missachten dieser Utopie strukturell auch das Scheitern des Faschismus in Italien sehen, das hier bildräumlich schon angedeutet wird.

25 Vgl. dazu André Bazin, A propos de *Pourquoi nous combattons*: Histoire, documents et actualités, in: ders., Qu'est ce que le cinéma? Vol 1: Ontologie et Langage, Paris 1958, S. 31–33. Vgl. auch André Bazin, Filmkritiken als Filmgeschichte, hg. v. Helmut Färber, München, Wien 1981; Siegfried Kracauer, Theorie des Films. Die Errettung der äußeren Wirklichkeit [1960], hg. v. Karsten Witte, Frankfurt/Main 1985; ders., Warum die Franzosen unsere Filme mochten [1942].

■ Sabine Stach

Gescheitert? Ein Besuch im Museum des Warschauer Aufstands (Muzeum Powstania Warszawskiego) in Warschau Dauerausstellung

Katalog: Grzegorz Jasiński/Paweł Ukielski, Przewodnik po Muzeum Powstania Warszawskiego [in engl. Übersetzung: Guidebook to the Warsaw Rising Museum], Warszawa (Muzeum Powstania Warszawskiego) 2007, 197 S., zahlr. Abb., 25,00 PLN

Der Warschauer Aufstand der polnischen Heimatarmee (*Armia Krajowa – AK*) gegen die deutschen Besatzer endete in der Nacht vom 2. zum 3. Oktober 1944 nach 63 Tagen mit der Kapitulation der AK. Der Kampf war gescheitert, etwa 15.000 Aufständische sowie mindestens zehnmal so viele Zivilist/innen hatten ihr Leben verloren, die Stadt lag in Trümmern. Auf Befehl Heinrich Himmlers systematisch von den deutschen Besatzungstruppen zerstört, war Warschau größtenteils unbewohnbar geworden. Ist ein Museum über den Aufstand also auch ein Museum über das Scheitern?

Keineswegs ist diese Frage so einfach zu beantworten, wie man meinen könnte. Dies illustriert die urbane Legende von einem japanischen Touristen, der nach dem Museumsbesuch resümiert: »Sehr interessant, sehr beeindruckend! Aber eines verstehe ich noch nicht ganz: Wer hat denn nun gewonnen?« Auch jene, die sich nicht zum ersten Mal mit polnischer Geschichte befassen, entlässt das Museum verwirrt. Wer sind nun eigentlich Sieger und wer Besiegte? Sind wir Helden begegnet oder Opfern? Und welchen Anspruch hat dieses Museum eigentlich, das 2004 zum 60. Jahrestag des Aufstandsbeginns in Warschau eröffnet wurde?

Erste Eindrücke

Das Museum, das ich an einem Vormittag besuche, befindet sich in einem roten Backsteinbau – ein ehemaliges Elektrizitätswerk im Stadtteil Wola, das eigens für die Ausstellung saniert und mit einem Aussichtsturm versehen wurde. Weithin sichtbar prangt darauf das Anker-Emblem des »Kämpfenden Polens« (*Polska Walcząca – PW*), das auch im Stadtbild Warschaus auf zahllosen Gedenktafeln höchst präsent ist. Ganz oben weht die polnische Fahne – ein weiteres sinnstiftendes Symbol.

Betritt man den Innenhof, bleibt der Blick zunächst an einer Gedenkplakette für Lech Kaczyński hängen, den beim Flugzeugabsturz in Smolensk ums Leben gekommenen Präsidenten, der die Museumsinitiative in seiner Zeit als Warschauer Oberbürgermeister entschieden vorangetrieben hatte. Vorbei an gutgelaunt wartenden Schulklassen gehe ich zum Kassenhäuschen. Die Schlange ist lang, weshalb mir Zeit bleibt, das Sortiment des Shops in aller Ruhe zu betrachten. Unter den zahlreichen Ausstellungsführern und Geschichtsbüchern fällt mir die vom Museumsdirektor Jan Ołdakowski mitverfasste Publikation *Muzeum. Miejsce, które zwróciło Warszawie duszę* (Das Museum. Ein Ort, der Warschau seine Seele zurückgab) ins Auge, daneben Bilderbücher mit dem Titel *Kocham Polskę. Historia Polski dla naszych dzieci* (Ich liebe Polen. Geschichte Polens für unsere Kinder), weiter hinten Filme, das Brettspiel »Der kleine Aufständische« sowie Aluminium-Feldflaschen mit dem Logo des Museums. Dass der Warschauer Aufstand Gegenstand sowohl von Politik, Kommerz als auch umfassender Didaktik ist, wird schon vor dem Betreten der Ausstellung mehr als deutlich.

Den Aufstand erleben – Interaktionen

Die eigentliche museale Inszenierung beginnt mit dem Eintreten in die Garderobe. Abgeplatzter Putz sowie Graffiti an den Wänden stimmen auf das Kommende ein, durch die Türen zum Ausstellungsraum dringt Gefechtslärm. Auch wenn das Museum auf seiner Webseite www.1944.pl einen »virtuellen Rundgang« anbietet, wird schnell klar, worin der Mehrwert eines echten Besuchs liegt: Hier soll der Aufstand nachempfunden, ja am eigenen Körper erfahren werden. Und gern darf man diese Erlebnisse auch festhalten, wie das zentrale Schild »Fotografieren erlaubt« verkündet.

Tatsächlich ist das Museum, das als seine Vorbilder das Holocaust Memorial in Washington und das Terror Háza (Haus des Terrors) in Budapest nennt, äußerst reich an modernen, interaktiven Präsentationsformen, die es erlauben, nicht nur kognitiv, sondern auch sinnlich in das Thema einzutauchen. »Wir wollten in erster Linie das Klima dieser Tage vermitteln, die Atmosphäre des kämpfenden Warschau wieder erschaffen«, benennen die Ausstellungsmacher ihre Ziele auf der Homepage. Zu diesem Zweck sind neben zahllosen Fotografien viele Filme zu sehen – zum Teil in 3D und auf großen Leinwänden, zum Teil versehen mit dem Warnhinweis »Attention, drastic scenes«. Diese, sowie viele autonome Lautsprecher erschaffen eine Geräuschkulisse, der man sich nirgends im Museum entziehen kann: Überall, so scheint es, wird geschossen, geflogen, marschiert, agitiert, gesungen und zeitgleich über all das berichtet.

Die ausgestellten Objekte scheinen auf diese Weise in Aktion zu sein, in vielen Fällen darf man sie berühren oder gar testen. In der Druckerei erhalte ich ein Flugblatt mit dem Aufruf »Polen! Der bewaffnete Kampf um die Befreiung unserer Hauptstadt hat begonnen!« Ein Stockwerk höher schart sich eine Schulklasse um ein Gewehr. Alle wollen einmal den Abzug drücken. In der zentralen Halle schwebt als Hauptexponat über den Köpfen der Besucher/innen eine Replik des »B 24-Liberator«, eines amerikanischen Flugzeugs mit britischem Aufdruck, das die Unterstützung durch die Alliierten versinnbildlicht. Darunter liegen abgeworfene Hilfsgüter. Eine besondere haptische Qualität verleiht dem Ganzen der durchgängig gepflasterte Boden. Er ist im Erdgeschoss mit Gullydeckeln versehen, die wiederum Durchblicke in die nachgebauten Kanalgänge im Keller freigeben, durch die sich Mutige selbst hindurchbewegen können, um die sprichwörtliche Untergrundaktivität nachzuspielen.

Zentral ist demnach die Erlebnisqualität des Museumsbesuchs. Die Information der Gäste scheint sich dem unterzuordnen. Demgemäß sind die Ausstellungstexte im Präsens formuliert, die Geschehnisse von 1944 ins Hier und Jetzt verlängert. Die große Uhr, die den Aufstandsbeginn – die »Stunde W« – am 1. August um 17.00 Uhr markiert, ist daher auch keineswegs stehengeblieben. Nein, der Sekundenzeiger dreht seit 2004 endlos seine Kreise. Er hebt den Start des Aufstandes – wohlgemerkt nicht dessen Verlauf oder sein Ende – heraus und entzieht ihn der normalen Zeitrechnung. Der heldenhafte Kampf dauert, so scheint es, ewig an. Indem die Besucher/innen sich darauf einlassen, werden sie Teil dieser entzeitlichten Inszenierung, sie werden selbst zu Aufständischen für ein paar Minuten (oder zumindest für das Erinnerungsfoto). All das geschieht freilich aus der sicheren Distanz musealer Inszenierung – geschossen und gestorben wird nicht wirklich, die Kanalisation ist weder feucht noch stinkt sie.

Die Grenze zwischen Ausstellungsarchitektur und Exponat verschwimmt in dieser Präsentation. So wird der Raum etwa durch Sandsackbarrikaden oder ruinöse Hauswände strukturiert, als Exponatträger dienen oft Objekte, die eine assoziative Verknüpfung zum vermittelten Inhalt herstellen: Eine nachgebildete Eisenbahnwaggonwand umrahmt das Thema der Deportationen nach der Niederlage, auf zerschlagenen Fensterscheiben wird über das Leben der »Robinsons« in den Ruinen Warschaus berichtet. Zum Teil allerdings bleibt der konkrete Bezug unklar. Die Darstellung der »Deutschen in Warschau« etwa ist in eine eiserne Raumstruktur eingelassen, die Assoziationen an ein Gefängnis ebenso weckt, wie an große Maschinen mit unbekanntem Zweck. Generell untergeordnet bleibt die Frage, ob es sich bei den ausgestellten Objekten um Originale handelt und welche Geschichte diese jeweils erzählen könnten. Nicht ihre objektimmanente »Aura« erzeugt die Vorstellung von Authentizität, sondern ihre kohärente Einbindung in das übergeordnete Narrativ.

Den Aufstand erzählen – vom moralischen Sieg

Worin besteht nun diese Erzählung? Es ist ganz offensichtlich eine Heldengeschichte derer, die 1944 den Mut gefunden haben, ihre Heimat gegen die deutsche Besatzungsmacht zu verteidigen. Ihre Opferbereitschaft und ihr Kampfgeist stehen im Zentrum der Inszenierung. Insofern erzählt die Schau nicht vom Scheitern der AK, sondern von ihrem moralischen Sieg. Als Kontrastfolie dafür dienen die Verbrechen ihrer Gegner. Neben »den Deutschen«, deren Kriegsverbrechen klar benannt werden, taucht ein zweites Feindbild auf – »die Sowjets«. Ihre Verurteilung ruht auf zwei Säulen: Einerseits wird das Nicht-Eingreifen der Roten Armee als eine bewusst unterlassene Hilfeleistung kritisiert, die ihr klares Gegengewicht in der – im »Liberator« versinnbildlichten – Hilfe der westlichen Verbündeten hat. Andererseits ist die UdSSR vor allem als politischer Gegner relevant, der für die Implementierung des Kommunismus und damit die Nachkriegsordnung in Polen steht. Das bereits im Juli 1944 gegründete Polnische Komitee der Nationalen Befreiung (Polski Komitet Wyzwolenia Narodowego) erscheint allein als von Moskau etabliertes Organ. Die an dieser provisorischen Regierung beteiligten polnischen Kommunisten sind somit kein Teil des Polens, dessen Geschichte hier erzählt wird.

Dieser Externalisierung »der Kommunisten« aus der Nation steht auf der anderen Seite eine Inkorporation der gesamten Bevölkerung in die Aufstandserzählung gegenüber: Obwohl keineswegs alle Warschauer/innen den Aufstand freudig begrüßt haben, erweckt die Ausstellung den Eindruck größter Geschlossenheit. Immer wieder taucht die Rubrik »Unterstützung der Aufständischen« auf, einzelne Protagonisten aus der Zivilbevölkerung und dem Klerus werden dabei herausgehoben. Zweifel an der Sinnhaftigkeit des gewaltsamen Aufbegehrens und seiner Folgen haben in dieser säuberlich nach den großen Kollektiven »Sowjets«, »Kommunisten«, »Deutsche« und »Polen« sortierten Erzählung keinen Platz.

Das sinnstiftende Element der Erzählung ist demnach nicht in der Frage nach dem »Warum«, sondern in der Idee einer historischen Gerechtigkeit zu suchen. Dies erklärt dann auch, weshalb die Hinführung zum Thema im Museum rückwärts geschieht: Die erste Ausstellungssektion, eine Installation von Telefonzellen, in denen man Zeitzeugen lauschen kann, repräsentiert Sichtweisen von 2004. Daneben findet sich eine längere Erklärung zur Gesamtkonzeption der Ausstellung unter dem Titel »Erinnerung und Geschichte«. Sie berichtet von der Verfolgung der AK-Kämpfer in den ersten Nachkriegsjahren, von der völligen Unterdrückung des Gedenkens im Stalinismus und der Geschichtsklitterung im Staatssozialismus. Daneben das erste Exponat der Ausstellung – Trümmerteile des Warschauer Königsschlosses. Auf diese Weise Schritt für Schritt in die Vergangenheit geleitet, betritt man die Schau. Am Ende der Ausstellung schließt sich dieser Kreis dann wieder: Nach den Themenbereichen »Kapitulation«, »Exodus« und »Die Aufständischen in der Volksrepublik« folgen – als erstem erinnerungskulturellen Lichtblick – Verweise auf frühe Würdigungen durch den Papst, Ronald Reagan und schließlich die *Solidarność*.

Des Aufstands gedenken

Ganz offensichtlich liegt der Anspruch des Museums also in der Erinnerung an die heldenhaften Opfer des Aufstandes, deren Vermächtnis sich erst mit dem politischen Umbruch von 1989 erfüllt habe. Dieses geschichtspolitische Anliegen verschleiern die Ausstellungsmacher nicht, sie exponieren es vielmehr ganz explizit: Als verbindendes Element zieht sich »das Monument«, eine dunkle Metallwand, durch die verschiedenen Etagen der Ausstellung. In sie sind (Schuss-)Löcher eingelassen, aus denen ein monotoner Herzschlag, Gefechtsgeräusche, Gebete, Lieder und Radiosendungen dringen. Eine Tafel erklärt dazu: »Das ›Herz‹ des Museums schlägt für die, die kämpften und fielen – und die, die überlebten. Es ist das Symbol unseres Andenkens und ein Ehrenbeweis für den Warschauer Aufstand und seine Teilnehmer.« Auch andernorts sind Orte der Besinnung und der Andacht in die Ausstellungs- sowie die Museumsarchitektur eingelassen. Im ersten Stock befinden sich symbolische Gräber dreier junger Gefallener, neben denen – Reliquien gleich – einige ihrer Habseligkeiten ausgestellt sind. Das Gebäude beherbergt darüber hinaus eine Kapelle, in der regelmäßig Gottesdienste stattfinden. Zudem ist es vom »Park der Freiheit« umgeben, dessen dominantes Element die »Mauer der Erinnerung« mit tausenden Namen gefallener Kämpfer/innen darstellt.

Das Gedenken wird als nationales Gedenken gepflegt und ist von einem patriotischen Pathos geprägt, der aus deutscher Perspektive irritiert. Jedoch führt mir eine Begegnung am Rande der Ausstellung vor Augen, dass der Anspruch aktiver Erinnerung gerade für Überlebende eine weitere, wichtige Funktion erfüllt – nämlich das Erlebte zu teilen. Und dies geschieht keineswegs nur im festen Rahmen der musealen Heldengeschichte: In der »Druckerei« am Ende des ersten Ausstellungsteils spricht mich ein älterer Herr an, der dort in einer Ecke sitzend das Geschehen verfolgt. Er selbst hat in seiner Jugend an solchen Druckmaschinen gestanden und war dafür von den Deutschen verhaftet worden. Heute kommt er wöchentlich ins Museum und freut sich, wenn er mit Gästen ins Gespräch kommt. Als er hört, dass ich aus Deutschland komme, leuchten seine Augen auf. »Ich habe nichts gegen Sie«, ruft er und erklärt mir, dass man damals keine Wahl hatte – man musste kämpfen, ob man wollte oder nicht. Und, dass es gut ist, wenn hier an den Krieg erinnert wird, der seine Generation so geprägt hat. Die Worte »Held«, »Mut« oder »Ehre« fallen in unserer Unterhaltung nicht.

Den Aufstand reflektieren?

Scheint die Zielsetzung erfüllt, einen Ort des Gedenkens für den – in der Volksrepublik Polen zuerst kriminalisierten und später marginalisierten – Aufstand zu erschaffen, bleiben im Falle des hohen didaktischen Anspruchs Zweifel. Explizit benennt das Museum als Hauptzielgruppe »junge Leute«, denen es »die Geschichte des Aufstands erzählen, all seine Aspekte zeigen und seine Bedeutung vermitteln« will. Alle Aspekte? Tatsächlich bietet die Ausstellung jenseits der erlebnisorientierten multimedialen Präsentation, alternative – zumeist textuelle – Informationsquellen an, die der Vertiefung dienen sollen. Auf Begleittexten zum Mitnehmen und in Schubladen werden hier und da durchaus ambivalente Deutungen angerissen, darunter die keineswegs so eindeutig positive Haltung der Alliierten gegenüber dem Aufstand oder das Leiden der Zivilbevölkerung, die die eindimensionale Erzählung aufbrechen könnten. Welche/r Besucher/in aber ist angesichts der Reizüberflutung im Museum überhaupt in der Lage, Detailinformationen zur Kenntnis zu nehmen? Ich jedenfalls bin es nicht. Auch dass die Schüler/innen die um die Wette gesammelten Kalenderblättchen, auf denen für jeden einzelnen Aufstandstag Informationen zusammengestellt sind, zu Hause eifrig lesen, darf bezweifelt werden.

Doch nicht allein die Tatsache, dass die omnipräsente Sinnesreizung eher überwältigt als historische Reflexion stimuliert, hemmt eine gezielte Weiterbildung, sondern auch die verwirrende Ausstellungsführung. So verläuft der Rundgang vom Erdgeschoss in das Mezzanin-Geschoss ganz oben, um dann im ersten Stock fortgesetzt zu werden. Den Eingang zum Ausstellungsbereich im Keller zu finden, erweist sich als Herausforderung. Auch der Lageplan hilft hier nur bedingt weiter: Oft sind die in dem Faltblatt angegebenen Titel der Themenbereiche nicht identisch mit den in der Ausstellung präsentierten. Sollte man sich also einfach auf die assoziative Wirkung der Ausstellungsarchitektur verlassen und sich ohne Plan treiben lassen? Vielleicht. Aber auch dann kommt es vor, dass man verwirrt zurückbleibt. Die Ausstellungssektion, die sich der Rolle Stalins und der UdSSR widmet, entpuppt sich etwa als Sackgasse, was man durchaus als bewusste Metaphorik auffassen könnte. Warum aber endet sie dann im gemütlichen Museumscafé?

Man könnte nun mutmaßen, dass auch dieses visuelle Verwirrspiel Teil der Museumsdidaktik ist. Tatsächlich werden die Aufständischen wohl kaum in der Lage gewesen sein, das Kampfesgeschehen zu überblicken, geschweige denn, es für sich zu strukturieren. Dies aber wäre eine Überinterpretation des erlebnisorientierten musealen Ansatzes. Eher spricht aus der Detail- und Medienfülle eine Vorstellung von historisch-politischer Bildung, die grundsätzlich problematisch ist. Was fehlt, ist ein Anreiz zur Reflexion. Der Kopf schwirrt. Man nimmt irgendwann nur noch das wahr, was einem ohnehin bekannt vorkommt. Nicht zuletzt sind dies Bilder von Häuserkämpfen und Zerstörung. Wir kennen sie aus der Ostukraine, aus Syrien; wir sehen sie jeden Tag im Fernsehen. Diese Assoziation zu benennen wäre eine Möglichkeit, um aus dem Aufstand etwas zu »lernen«. Daran aber scheitert die Ausstellungskonzeption.

Warschau, im Sommer 2015

Die Verbundenheit der Dinge

Sebastian Gießmann, Die Verbundenheit der Dinge. Eine Kulturgeschichte der Netze und Netzwerke, Berlin (Kadmos) 2014, 512 S., 80 Abb., 29,80 €

Sebastian Gießmann hat ein großes Buch geschrieben. Sein »Archiv der Netzwerkgeschichte« beginnt im alten Ägypten und endet mit Reflexionen zum Heute, es behandelt antike Mythologie und das Neue Testament ebenso wie die Saint-Simonisten und die Computerwissenschaft der 1960er Jahre. Es basiert auf einem breiten kultur- und medienwissenschaftlichen Theoriekanon, der von Walter Benjamin bis Ludwig Wittgenstein reicht und große Inspiration insbesondere von Michel Serres bezieht. Bei der Bandbreite der erzählten Geschichten und in Anbetracht des extrem langen zeitlichen Horizonts, über den sie sich erstrecken, wird der geschichtswissenschaftlichen Leserin bisweilen schwindelig. Sie muss innehalten und sich noch eine Weile am ersten automatisierten Apparat zur Telefonvermittlung in La Porte bei Chicago festhalten, während der Autor schon die spielerischen Anfänge der mathematischen Graphentheorie im 18. Jahrhundert in Frankreich und Irland beschreibt. Sich mit Sebastian Gießmann auf diese »polyhistorische« Karussellfahrt durch die Geschichte der *Verbundenheit der Dinge* zu begeben, lohnt sich jedoch. Denn eine Geschichtswissenschaft, die sich dem Stil transnational oder global vernetzter Erzählungen verschrieben hat, sollte sich über die Historizität des Begriffs und des Bildes des Netzwerks bewusst werden. Zudem bietet Gießmanns Studie die Möglichkeit, die Netzwerkgesellschaft, in der wir heute leben, historisch zu verorten und beschreibbar zu machen.

Dem Autor geht es um die Objektreferenz von Netzwerken. Welche Rolle spielt das materielle Netz in der Kulturtechnik der Netzwerke, und wie wandelt es sich im Laufe der Zeit? Die Entstehung dieser Kulturtechnik der Netzwerke datiert Gießmann auf das 18. Jahrhundert. Erst dann werden Praktiken des Vernetzens menschlicher und nicht-menschlicher Akteure auch in einen reflexiven Diskurs eingebunden und somit »explizit zum Netzwerk erhoben«. Dieses Netzwerk fasst Gießmann als ein Quasi-Objekt im Sinne Michel Serres, das »Menschen und Dinge, Zeichen, Institutionen und Räume« gleichermaßen integriert. Mit dieser Herangehensweise kann Gießmann beidem, dem Diskurs und der Materialität von Netzwerken, nachgehen und insbesondere darauf kommt es ihm an.

Gießmanns Studie ist grob chronologisch geordnet. Sie setzt ein mit einer Analyse des »dinglichen Kerns« von Netzwerken, dem Fang-, Sammel- und Spinnennetz und seiner symbolischen Aufladung vom Alten Ägypten und Mesopotamien über die Antike bis in die Frühe Neuzeit. Die Zeugnisse mesopotamischer und ägyptischer Kultur verweisen auf das Netz als Machtinstrument der Götter. Osiris spannt ein Jenseitsnetz auf, und zaubernde Götter fangen mit Netzen ihre Feinde. Götter oder den Gott, der mit Netzen fängt und straft, finden sich auch in den ersten Schriften des Hinduismus sowie im Alten Testament. In den alten Hochkulturen stand das Netz folglich nicht für den Aufbau von Verbindungen und von Anschlussfähigkeit. Vielmehr etablierte es sich als Machttechnik der Ein- und Umschließung.

Die Frage, wie das Netz vom Fangenden zum Verbindenden werden konnte, erschließt Gießmann dann anhand der *longue durée* der Spinnenfaszination in der abendländischen Kultur. Ausgangspunkt dafür ist Ovids Geschichte von Arachne und Minerva. Minerva, Göttin der Webkunst, wird von der einfachen Menschenfrau Arachne im Bilderweben überflügelt und von Minerva zur Strafe in eine Spinne verwandelt. Gießmann sieht in Ovids Geschichte sowohl den Wettstreit im Textilhandel in der Ägäis im 2. Jahrtausend v. Chr. verhandelt als auch die lange Tradition des Webens von Bildern historischer Ereignisse als Erinnerungsform. Das gesponnene Netz ist hier nicht nur Fangnetz, sondern ebenso Produzent und Speicher eines kulturellen Gedächtnisses. Die

Transformationsgeschichte von Ovids Arachne-Erzählung bis in die Frühe Neuzeit lässt auf den weiteren Wandel der Bedeutung von Netzen schließen. Gießmanns Analyse gelangt von Ovid-Umschriften im Spätmittelalter, die die Geschichte Arachnes allegorisch und christlich-moralisch einbetteten, zur Renaissance. Betrachtet man die Abbildung eines Spinnennetzes als Indiz für eine Verbindung zu Ovid, so gehört auch das Deckengemälde Paolo Veroneses aus dem Dogenpalast in Venedig von 1577 zur Geschichte der Ovid-Transformation. In Veroneses Allegorie *Dialektik oder die Industrie* sieht Sebastian Gießmann die Abbildung eines Netzes erstmals für vielfältige vernetzte Kulturtechniken einstehen, die ein Netzwerk bilden. Betrachtet als »Bild im Netz« anderer Gemälde der Decke im Dogenpalast, spielt Veroneses Netzdarstellung sowohl auf die antike Geometrie, eine Figur der Rhetorik, die blühende venezianische Manufakturenkultur und das menschliche Schaffen als Tugend an. Das Netz besitzt hier die Qualität »mannigfaltig zu sein und Mannigfaltiges zu organisieren«. Vom Ding-Symbol ist das Netz bei Veronese zum Quasi-Objekt »Netzwerk« geworden und weist damit in die Zukunft des Netzes.

Ein erstes explizites Vernetzungsprogramm mit einem entsprechenden Netzwerkdiskurs beobachtet Gießmann dann rund 250 Jahre später bei den Saint-Simonisten im Paris um 1830. Die technische Vernetzung über Kanäle und Telegrafen zielte in ihrer Programmatik auf die Beherrschung von Menschen im Raum. Hier wurde eine liberale Regierungstechnik entworfen, die Kontrolle nicht durch ein disziplinierendes Zentrum, sondern durch Zirkulation und Kommunikation zwischen miteinander vernetzten Orten ausübte. Um den Regierungsraum auszudehnen, mussten mehr Verbindungen geschaffen werden. Der Bau des Suez-Kanals ist deshalb – das überrascht die Historikerin eher weniger – Kolonialpolitik.

Eine Verschiebung im Stil der Vernetzung konstatiert Gießmann mit der Automatisierung des *switching* beim Telefonieren. Sie führte zu einem Unsichtbarmachen der Materialität telefonischer Vernetzung und drängte die Objektreferenz von Netzwerken deshalb erstmals in den Hintergrund. In knappen Ausführungen zum »Wissen der Telefonvermittlung« findet Gießmann Spuren des Schaltens und *switching* in der Filmgeschichte, in der Neurologie und in der Assoziationspsychologie. Gleichzeitig wandern Darstellungen des Blutkreislaufs in Bilder der händischen Telefonvermittlung. Die genauen Verbindungen dieser so verschiedenen Wissensfelder bleiben auf Grund der Kürze der Ausführungen aber nur angedeutet.

Nach dieser Genealogie eines expliziten Netzwerkdiskurses und seiner Entmaterialisierung im beginnenden 20. Jahrhundert erkundet Gießmann im weiteren Verlauf des Buches drei Bildgeschichten des Netzwerkdiagramms und zeigt dabei insbesondere, dass die Kulturtechnik der Netzwerke nicht nur Raum, sondern auch Zeit strukturier(t)e. Der Weg seiner Analyse ist dabei weniger thesengeleitet, sondern folgt den Spuren des Materials in alle erdenklichen Richtungen. Die daraus resultierende Disparatheit der untersuchten Phänomene gilt es – bei aller Gefahr eines Schwindelanfalls – auszuhalten, will man Gießmann auf seiner inspirierenden Reise durch das Archiv des Netzwerks folgen.

In seiner ersten Bildgeschichte des Netzwerkdiagramms stehen erneut Analogien des Wissens im Vordergrund. So lässt Gießmann seine Genealogie der Netzästhetik bei der Darstellung der Lunge als kapillares Netz in der frühneuzeitlichen Anatomie beginnen. Von hier aus formuliert der Autor Thesen zur Entstehung der Graphentheorie in der Mathematik und springt dann in die Chemie und zum Bildprogramm dreidimensionaler Atommodelle in den 1860er Jahren. Das entscheidende Charakteristikum dieser Modelle bestand darin, dass sie nicht die Gestalt des Atoms selbst, sondern seine Verbindungen darstellen sollten. Sie sind deshalb nicht Modell *von*, sondern Modell *für* etwas. Das visuelle Programm der Chemie wird in der zweiten Hälfte des 20. Jahrhunderts von der Soziologie aufgegriffen. Auch hier schufen Netzwerkdiagramme in erster Linie Modelle *für* etwas: Sie ermöglich(t)en die Imagination sozialer Zusammenhänge als Netz, deren

Komplexität sie gleichzeitig nie gerecht werden können.

Die Verzeitlichung von Netzwerken steht im Vordergrund von Gießmanns Geschichte der *tubemap*. Ihr ist ein separates Kapitel gewidmet, mit dem der Autor die Temporalität von Netzwerken explizit als Thema einführt. Die Karte der Londoner Untergrundbahn, so zeigt Gießmann, gilt es mit den Techniken der Synchronisation zusammen zu denken. Ein spezifisches Uhrensystem, die Gestaltung von Umsteige-Knotenpunkten sowie die politische Koordination der verschiedenen Bahn- und Linienbetreiber sollte gemeinsam mit der Karte zeitliche und räumliche Taktung leisten.

Um Zeitregime geht es auch in der zweiten Bildgeschichte des Netzwerkdiagramms, die die Netzdiagramme der *Operational Research* der 1960er Jahre behandelt. Sie stehen für eine Form der lokal und global vernetzten Ökonomie, die auf die geregelte Zirkulation von Wissen und Information angewiesen ist und deren Güter nur in der zeitlichen Abstimmung der diversen an ihrer Produktion beteiligten Stellen entstehen können. Diese Ökonomie bringt »netzige Objekte« hervor. Synchronizität und Linearität informieren die Ästhetik ihrer Netzdiagramme. Mit einer kurzen Darstellung des Just-in-time-Systems bei Toyota macht Gießmann auf kulturelle Unterschiede im verwissenschaftlichen Management aufmerksam.

Zeitmanagement ist auch ein wichtiges Thema für die zumindest im Science Fiction in den 1960er Jahren miteinander zu sprechen beginnenden Computer. Wie der Transport von Daten ohne Verzögerung organisiert werden soll, beschäftigte Computerwissenschaftler, die sich hierbei insbesondere der Kulturtechniken der Post – Paket, Speichern und Verteilen – bedienten. Mit der Geschichte der Anfänge des Internets im ARPANET US-amerikanischer Universitäten tritt die Materialität von Netzwerken wieder stärker in den Vordergrund der Studie. Das »Sprechen« der Computer des ARPANET untereinander wurde zunächst als ein materiell-technisches Problem behandelt. Mit der Aushandlung von Netzwerkprotokollen aber wurde die Materialität der Computervernetzung vermehrt in den Hintergrund gedrängt. Bedeutsam werden der Akt der Kommunikation, die interaktive Anwendung und die soziale Vernetzung, die Computer ermöglichen.

Dass das Netzwerk in der zweiten Hälfte des 20. Jahrhunderts, insbesondere auch in seiner virtuellen Form, nicht mehr als materielles Netz, sondern als soziale Praxis verstanden wird, ist für Gießmann auch am Genre der Verschwörungstheorie seit den 1940er Jahren erkennbar. Es ist Gegenstand der dritten Bildgeschichte des Netzwerkdiagramms. Wenn Vernetzungen nicht mehr als materiell fassbar diskursiviert werden, so hat ihre Beschreibung stets den paranoischen Zug, etwas Unsichtbares aufzudecken. Die gesellschaftspolitische Brisanz der Entkopplung des Netzwerkdiskurses von seiner Objektreferenz tritt an dieser Stelle der Studie deutlich zu Tage.

Sebastian Gießmann gibt mit seinem Buch dem Netzwerkdiskurs ein Stück seiner Materialität zurück und macht Vernetzen und Netzwerkmacht als Kulturtechniken historisch analysierbar. Dies sollte die Geschichtswissenschaft ernst nehmen. Studien, die soziale oder ideelle Verbindung über Raum und Zeit schlicht als gegeben annehmen, sollten ihre Verortung in einem entweltlichten Netzwerkdiskurs reflektieren und ihren Gegenstand in Bezug auf Materialitäten und zeitgenössische Netzwerkpraktiken hinterfragen.

An vielen Punkten des Buches wäre – aus einer geschichtswissenschaftlichen Perspektive heraus – eine genauere Begründung der vom Autor eingeschlagenen Wege durch die *Kulturgeschichte der Netze und Netzwerke* sowie ein eindeutiges Verfolgen argumentativer Linien hilfreich gewesen. Das Buch wäre dann für Historiker_innen etwas weniger schwindelerregend. Allerdings gelingt Gießmann mit seinem Vorgehen ein beeindruckender Längsschnitt durch das »Archiv der Netzwerkgeschichte«, der große kulturelle Verschiebungen sichtbar machen kann und gleichzeitig die inspirierende Heterogenität dieses Archivs aufzeigt.

Katharina Kreuder-Sonnen
(Giessen/Bonn)

Gift Giving and Economy in the Ancient World

Filippo Carlà/Maja Gori (Hg.), Gift Giving and the »Embedded« Economy in the Ancient World, Heidelberg (Universitätsverlag Winter) 2014, 437 S., 48 €

Hervorgegangen aus einer Konferenz an der Heidelberger Akademie der Wissenschaften im Februar 2012 mit dem Titel »From Social Altruism to Commercial Exchange: Gift Giving and the ›Embedded‹ economy in the Ancient World« widmet sich der vorliegende Tagungsband einer Erörterung von »aspects of the relationship and ›tensions‹ between gift-giving and commerce« in der Antike. Die Intention ist dabei, »the interaction of wealth, performance and status in the mechanisms connected to gift-giving and gift-exchange« in einer breiten thematischen Fächerung zu untersuchen.

Das gewählte Thema des Gabentauschs und seiner sozialen sowie ökonomischen Implikationen ist nicht nur in der althistorischen Forschung sehr präsent und rege diskutiert. Die Auseinandersetzung mit der einflussreichen Schrift *Essai sur le don* (*Die Gabe*) des französischen Soziologen und Ethnologen Marcel Mauss von 1923/24, die besonders in der Anthropologie prägend wirkte, erlebte in den Geschichtswissenschaften speziell in den 1970er und 1980er Jahren eine Blütezeit. In der aktuellen Debatte ist nicht nur erneut ein verstärktes Interesse an der Thematik festzustellen, sondern auch ein gewandelter, kritischerer Umgang mit Mauss' Theorie zu einer »Gabentauschwirtschaft« in archaischen Gesellschaften als soziales Phänomen. Diese Entwicklung spiegelt sich in der ausführlichen Einleitung von Filippo Carlà und Maja Gori wider, die eine sorgfältige und umfassende theoretische Fundierung für die folgenden 17 Beiträge darstellt und sich in differenziert dekonstruierender Weise mit Mauss' theoretischen Vorgaben auseinandersetzt. Mit der Kritik an Schematisierungen wie einer Dichotomie von Gabentausch und Marktwirtschaft sowie der Öffnung der Perspektive hinsichtlich einer breiteren Diskussionsebene bezüglich sozio-politischer, ökonomischer, kultureller sowie religiös-kultischer Aspekte werden die anschließenden vier thematischen Sektionen schlüssig und anschaulich vorbereitet. Indes zeigen die Beiträge auch, wie unterschiedlich die Beteiligten mit Mauss' Theorie umgehen: Das Spektrum bewegt sich zwischen Dekonstruktion, Kritik und Akzeptanz.

Die erste Sektion, überschrieben mit »Gift Giving, Gift Exchange, Gift Economy«, beinhaltet fünf theoretisch ausgerichtete Beiträge. Beate Wagner-Hasel referiert über die Rolle des Gabentauschs in den Schriften des weithin vergessenen Gelehrten Karl Bücher, den sie gleichsam als Vorreiter von Mauss vorstellt, und über seinen Einfluss auf Max Weber. Marcel Hénaff kommt bei der Erörterung der Frage: »Is there such a thing as a gift economy?« zu einem negativen Ergebnis: »[T]hese exchanges do not have an economic character«. David Reinstein widmet sich vormodernen und modernen Gaben im weitesten Sinne – darunter auch Steuern – »from a mainstream (and behavioral economics) perspective«. Lucio Bertelli verbindet in seinem Beitrag zur »ratio of gift giving in the Homeric Poems«, einem zentralen Thema der Forschung zum »Gabentausch«, anthropologische Ansätze mit philologischer Analyse. Mit einem ebenso viel diskutierten Sujet beschäftigt sich zum Abschluss der Sektion Koenraad Verboeven, der den Gabenaustausch in der römischen Welt aus anthropologischer Perspektive betrachtet.

Die folgenden Sektionen beinhalten Einzelstudien zu unterschiedlichen Aspekten in der griechisch-römischen Welt. Unter dem Oberthema »Gift and Society«, dem abermals fünf Beiträge zugeordnet sind, behandelt Lucia Cecchet in einer sehr interessanten Studie Formen der Zuwendungen für materiell Bedürftige in der griechischen und hellenistischen Welt. Dabei diskutiert sie, inwieweit sich von »social aid« sprechen lässt und inwiefern »services, social control, and preservation of political stability« als »Gegengabe« für Spenden an Arme verstanden wurden.

Sabien Colpaert betrachtet das bereits vielfältig erforschte, bedeutende politische Phänomen des *Euergetismus* in der hellenistischen und römischen Zeit. Dabei überwiegen die theoretischen Reflektionen, was gerade angesichts der Materialfülle antiker Evidenz bedauerlich erscheint. So wäre bei diesem Thema eine vertiefte politische Analyse anhand von Quellenbeispielen sehr wünschenswert gewesen. An Colpaerts Sujets anknüpfend, zeigt Lellio Cracco Ruggini Elemente von Kontinuität und Neuerung des christlichen *Euergetismus* vom 3. bis zum 6. Jahrhundert auf.

Es folgen zwei Beiträge, in denen jeweils die Anwendung der Kategorie der Gabe für Phänomene in den römischen Rechtsstrukturen hinterfragt und in beiden Fällen negativ beantwortet wird: Andreas Fleckner verneint dies für das *peculium*, Marta García Morello für die *donatio*. Bei der Debatte über das *peculium* wäre eine nähere Erörterung des Falls wünschenswert gewesen. Denn der Verzicht eines Freilassers oder dessen Erben auf die Verfügbarkeit über die aus *peculia* resultierenden Vermögen seiner Freigelassenen (wie dies etwa Plinius d. J. mehrmals tut und für seine Großzügigkeit von Trajan gelobt wird) galt nach römischen Rechtsverständnis als *donum*.

Die Sektion »Gift to the Gods, Gift to the Priests« umfasst vier Aufsätze zu Fallbeispielen aus dem religiös-kultischen Bereich. Maja Gori untersucht spätbronzezeitliche Hortfunde hinsichtlich der möglichen rituellen, symbolischen und performativen Ebene von Gaben an Gottheiten. Irene Berti widmet sich äußerst instruktiv dem *do-ut-des*-Prinzip im kultischen Kontext der archaischen und klassischen griechischen Welt. Sie zeigt anschaulich die verschiedenen Möglichkeiten des antiken Tempelbesuchers auf, durch Gaben den Göttern zu gefallen und zugleich etwas für die Selbstdarstellung zu tun, und geht auch auf die Kostenfrage ein. Michael L. Satlow entwirft ein luzides Bild der im Gegensatz zu Mauss' Konzept ungleich komplexeren kultisch-ökonomischen Netzwerke im römischen Palästina. Er untersucht die Abgabeformen im religiösen Kontext wie etwa den Zehnten in ihren Verbindungen zum Marktgeschehen. Hinsichtlich Mauss' Theorie kommt er zum Ergebnis, dass er die Vorstellung von einer antiken Gabentauschwirtschaft als Hebel seiner Kritik an modernen Praktiken gebraucht habe. Luigi Canetti beschließt die Sektion mit einem interessanten Schlaglicht auf Paradoxien in der christlichen Kultur von Gabe und Gabentausch, angesiedelt bis ins frühe Mittelalter.

Die letzte Sektion mit vier Beiträgen unter dem Oberthema »The Object Gift« ist materiellen Objekten gewidmet. Sie beginnt mit dem einzigen Aufsatz, der sich nicht auf die griechische, hellenistische oder römische Welt bezieht: Luca Peyronel behandelt die Rolle und Verbreitung von Silber im bronzezeitlichen Nahen Osten. Gerade an dieser Stelle macht sich bemerkbar, dass weitere Untersuchungen zum Gabentausch in den östlichen Reichen, die einen zentralen Aspekt der diesbezüglichen Forschungsdebatte darstellen und rege untersucht sind, im Band fehlen. So hätte Peyronels Studie gut um eine Untersuchung der Rolle von Silber in der nachfolgenden Zeit im Nahen Osten, vor allem auch im Achaimenidenreich, ergänzt werden können.

Thomas Blank widmet sich dem antiken philosophischen Streitpunkt der bezahlten Lehre am Beispiel der griechischen Sophisten und ihrer Kritiker. Wünschenswert wäre zur Konturierung der Argumente ein Ausblick auf die Zweite Sophistik gewesen: Lukians Schriften bieten reichlich Material zur spöttischen Abwertung von geldgierigen Lehrern, die wenig an Gegengabe für ihren Lohn bieten können. Zuletzt behandelt Filippo Carlà in einem – hinsichtlich des nie versiegten Interesses an und Geschäfts mit religiösen Devotionalien – ebenso aktuell relevanten wie instruktiven und luziden Beitrag die Kommerzialisierung von Reliquien als Gabe und Handelsware.

Insgesamt bietet der Band eine beeindruckend breite Fülle von anregenden Einblicken in das weite Feld der Forschung zum »Gabentausch« in der griechisch-römischen Welt. Signifikant spiegelt er zudem die heterogenen Standpunkte zu theoretischen Modellen wie dem prägenden von Marcel Mauss wider und zeigt durch die Dominanz der kritisch dekonstruierenden Beiträge die aktuelle Tendenz der Forschung zur Dekonstruktion an. Dies wird sehr deutlich anhand der Spezialstudien der Sektion »Gift to the Gods, Gift to the Priests«, die eine besondere Stärke des Bands ausmachen.

Wünschenswert wäre indes noch ein etwas weniger eurozentrischer Ansatz des Bandes gewesen. Gerade für den antiken Nahen Osten, dessen Reiche interessantes Material zum Thema bieten, ist die Kategorie »Gabe« ein zentraler Aspekt, denkt man nur an die Ideologie der »Geschenke«, die an den achaimenidischen Großkönig entrichtet wurden. Bezüglich der mediterranen Welt scheinen auch die Makedonen zu wenig berücksichtigt. So wäre die Behandlung der Bedeutung der Gabe in den politischen Strukturen des argeadischen Hofs durchaus relevant gewesen.

Davon abgesehen ergibt sich der Eindruck eines lehrreichen, vielfältig anregenden Bandes. Er enthält reichlich Anknüpfungspunkte für weiterführende Diskussionen, gibt einen erhellenden Einblick in den heterogenen Forschungsstand und beleuchtet zudem instruktiv die grundsätzlichen Probleme der Anwendung moderner Theorien auf antike Quellenbefunde.

Sabine Müller (Marburg)

■ Prekäre Ökonomien

Gabriela Signori (Hg.), Prekäre Ökonomien. Schulden in Spätmittelalter und Früher Neuzeit (Spätmittelalterstudien; Bd. 4), Konstanz/München (UVK) 2014, 270 S., 1 Abb., 39 €

Kredite als soziale Beziehungen in Mittelalter und früher Neuzeit haben in den letzten 20 Jahren zunehmendes Interesse in Wirtschafts-, Sozial- und Kulturgeschichte gefunden. Leihe- und Schuldbeziehungen waren – und sind – weit verbreitet, weshalb sich ihre vielfältigen Formen in unterschiedlichen Perspektiven untersuchen lassen. Die Herausgeberin Gabriela Signori stellt einleitend fest, es sei das »erklärte Ziel der Tagung, aus der dieser Sammelband hervorgegangen ist, den Platz der Schulden in der vormodernen Welt aus einer Vielzahl unterschiedlicher Perspektiven – ›historischer Teildisziplinen‹ – zu beleuchten und in Ansätzen die Besonderheit einer Ökonomie herauszuarbeiten, die sich auf allen Ebenen, auch auf der Ebene der Institutionen, mit Hilfe von Krediten organisierte und finanzierte«. Dabei werden die häufig überlieferten Sanktionierungen von Schuldnern als »ein in weiten Teilen prekäres Wirtschaften« betrachtet. Die zehn Beiträge decken ganz unterschiedliche Felder der Schuldbeziehungen ab und richten den Fokus anhand von Bürgern, Frauen, Kaufleuten, Adeligen, Söldnern und Gelehrten auf die damit verbundenen sozialen Praktiken. Methodisch fallen die Beiträge unterschiedlich aus, neben eher systematisch angelegten Überblicken (Peter Schuster) finden sich lokale Fallstudien, die entweder von exemplarischen Ereignissen oder seriellen Überlieferungen ausgehen.

Die reichhaltigen Beobachtungen können hier nur knapp umrissen werden. Die Frage nach einer spezifischen Ökonomie wird dabei entsprechend der Zielsetzung des Bandes übergreifend verfolgt, denn in der empirischen Vielfalt werden Grundzüge einer *Economy of Obligation* (so schon 1998 der Titel der einschlägigen Monografie von Craig Muldrew) sichtbar. Hinsichtlich der Terminologie kommen mehrere Beiträge zu dem Ergebnis, dass in der historischen Überlieferung nicht von Krediten, sondern von Schuld und Schuldbeziehungen die Rede ist. Viele Leihebeziehungen wurden demnach nicht als geschäftliche Kreditverhältnisse, sondern als Sozialbeziehungen wahrgenommen, die mit starken moralischen Bewertungen verbunden waren. Schuldbeziehungen konnten daher heftige moralisch konnotierte Konflikte hervorrufen. Neben der öffentlichen moralischen Verurteilung von säumigen Schuldnern und Schuldnerinnen bis hin zur Schmähung auf Aushängen standen auch rigide rechtliche Sanktionsmittel zur Verfügung. Zur Durchsetzung der jeweiligen Interessen wurden alle Möglichkeiten der strategischen Nutzung obrigkeitlicher Institutionen herangezogen. Die Schuldhaft war zwar nicht an allen Orten üblich, wenn sie jedoch erwirkt werden konnte, war sie mitunter ein derart häufiger Grund der Inhaftierung, dass sie schon von Zeitgenossen als gesellschaftliches Problem wahrgenommen wurde (Julie Claustre). Ähnlich wie Pfändungen, die teilweise in einer Grauzone von persönlicher Willkür und policeylich legitimer Sanktion stattfanden, diente die Schuldhaft seitens der Gläubiger wohl weniger der endgültigen Bestrafung als vielmehr der Erzwingung von Verhandlungen mit den Schuldnern. Verbannung war eine weitere Möglichkeit der Bestrafung. Umgekehrt konnten die Gläubiger auch des Wuchers bezichtigt werden. In Köln wurden Konflikte zwischen Rat und Offizialat über die für Wucher zuständige Gerichtsbarkeit mit Prozessen kommunaler Identitätskonstitution so verbunden, sodass dann auch die Vertreibung der Juden legitimiert werden konnte (Franz-Josef Arlinghaus).

Die Beiträge sind erfreulicherweise nicht nur auf die Schuldbeziehungen der meist besser dokumentierten gesellschaftlichen Eliten ausgerichtet und öffnen damit auch das Feld für gesellschaftlich weiter angelegte Analysen. Im Bezug auf die im Handwerk verbreiteten Vorschüsse schlägt Rudolf Holbach vor, Verlagsbeziehungen mit wirtschaftswissenschaftlichen Methoden zu untersuchen. Dieser Ansatz wäre meines Erachtens hinsichtlich der Übertragung gegenwartsbezogener Theoreme in Fallstudien genauer zu prüfen. Der Verlag schützte weder vor Ausbeutung noch löste er das Prekariatsproblem, vielmehr verweisen die Konstellationen der Leihe- und Schuldbeziehungen im Handwerk auf die zugrunde liegenden Machtverhältnisse.

Mit Machtverhältnissen ist ein zentraler Aspekt angesprochen. Frauen konnten zwar Schuldverhältnisse eingehen, je nach Konstellation waren sie jedoch auf männliche Vormünder angewiesen. Im Zusammenhang mit Handelsgesellschaften war daher ein strategischer Umgang mit dem Vermögen von Ehefrauen üblich (Mark Häberlein). In Basel folgten Leihebeziehungen von Frauen keinem einheitlichen Muster, bei Prostituierten lassen sich Formen der Schuldknechtschaft erkennen (Hans-Jörg Gilomen). In Thun versuchten Männer, ihre »entlaufenen« Frauen durch Vorenthaltung von deren Gütern zur Rückkehr zu zwingen. Grundsätzlich schützte Verwandtschaft oft weniger vor Konflikten, sondern bot vielmehr wegen vielschichtiger Vermögensansprüche eher den Anlass dazu (Simon Teuscher). Generell lässt sich jedoch ein starker rechtlicher Schutz der persönlichen Vermögen von Frauen zur Sicherung von deren Versorgung feststellen.

Die Komplexität von Schuldbeziehungen wird häufiger betont und auch anhand der Beuteökonomie von Schweizer Söldnern deutlich. Diese hatten ihre Kriegsbeute abzuliefern, gleichzeitig sollte bei dieser Gelegenheit ihr einsatzbedingter Schaden, ihr Sold und ihre Steuerschuld kompensiert werden (Michael Jucker). Die Gastfreundschaft von Gelehrten lässt vielfältige Beziehungen und Konventionen zwischen Reputation und materieller Versorgung im Tausch unterschiedlicher Kapitalien erkennen (Gabriele Jancke). Der dabei konstatierte Unterschied zwischen Gaben und Kredit wird im Band mehrfach hervorgehoben. Die häufigen, oft prekären Schuldbeziehungen zwischen Kaufleuten und Adel werden im Beitrag von Franz Irsigler anschaulich anhand eines Pferdehandels dargestellt.

Hinsichtlich der gesellschaftlichen Wirkmächtigkeit von Schuldbeziehungen sollte der Fokus auf die breite Bevölkerung nicht übersehen lassen, dass die Schuldverhältnisse des Adels auf Grund des Volumens der Schulden und Machtverteilung innerhalb der politisch-sozialen Ordnung sehr wirkmächtig sein konnten. Der Ansatz des Bandes sollte daher eine zentrale Grundlage politischer Geschichtsschreibung werden, die bereits rege Diskussionen zur Herrschafts- und Staatsfinanzierung mit einem Fokus auf soziale Beziehungen und Praktiken führt. Insofern wären die verschiedenen Bereiche der Schuldbeziehungen – Steuerschulden werden im Band mehrfach erwähnt und vermögende Bürger waren oft Gläubiger der Obrigkeiten – vor allem noch enger aufeinander zu beziehen.

Insgesamt bieten die Beiträge einen guten Überblick über mögliche soziale Praktiken von

Schuldbeziehungen, die vielfältige Anregungen für weitere Forschungen bieten. Der Band eignet sich als Einführung in der Lehre, dafür wäre allerdings eine Übersetzung des sehr fundiert und strukturiert argumentierenden Beitrags von Julie Claustre wünschenswert gewesen. Ein Orts- und Namensindex erschließt den Band, wegen der Kohärenz der Thematik und der konstatierten Desiderate der Forschung hätte sich ein Verzeichnis der in den Anmerkungen enthaltenen Literatur gelohnt.

Da in den Beiträgen auf historisch differenzierte Begrifflichkeiten durchaus Wert gelegt wird, bleibt kritisch anzumerken, dass die dargestellten Ökonomien als »vormodern« klassifiziert werden, ohne – von eher vagen Überlegungen abgesehen – ausreichend zu reflektieren, worin eine Epochendifferenz bestehen könnte. Der Unterschied besteht sicher nicht darin, dass »moderne« Gesellschaften weniger Schuldverhältnisse kennen als »vormoderne«: Jedes Konto, jede Versicherung, jede offene Rechnung begründen Schuldverhältnisse. Private Schuldverhältnisse sind weit verbreitet, Mikrokredite als Instrument wirtschaftlicher Entwicklung werden kritisch diskutiert. Die Verschuldung der öffentlichen Institutionen ist ein Dauerthema, und das heutige Geld ist im Grunde ein Indikator von Schuldverhältnissen, da es nicht mehr materiell fundiert ist. Lediglich Claustre hebt die Institutionalisierung von Schuldbeziehungen seit dem 19. Jahrhundert als wesentliches Distinktionsmerkmal hervor. Jede Genealogie zur »Moderne« als Konzept der Strukturierung von Epochen zeigt die Komplexität dieser Genese, die nicht auf einen simplifizierenden, binären Gegensatz holistischer Gesellschaftsformationen reduziert werden sollte. Die Diskussion zur historischen Spezifik und Entwicklung der Praktiken von Schuldbeziehungen bleibt zu führen, der Band bietet dazu einen guten Einstieg.

Christof Jeggle (Bamberg)

■ Die Ökonomie sozialer Beziehungen

Gabriele Jancke/Daniel Schläppi (Hg.), Die Ökonomie sozialer Beziehungen. Ressourcenbewirtschaftung als Geben, Nehmen, Investieren, Verschwenden, Haushalten, Horten, Vererben, Schulden, Stuttgart (Franz Steiner Verlag), 2015, 249 S., 7 Abb., 46 €

In frühneuzeitlichen Gesellschaften war der Zugang zu Ressourcen und deren Nutzung an direkte zwischenmenschliche Kontakte gebunden, was sich beispielsweise in der Rolle von Gemeinbesitz zeigt. Daher sollte man die Ökonomie dieser Gesellschaften in enger Verbindung mit sozialen Beziehungen analysieren. Die Autor/innen des Bandes argumentieren gegen die Rational-choice-Theorie. Sie gehen davon aus, dass nicht die Maximierung des Gewinns für alle am Austausch Beteiligten am wichtigsten war, sondern Kooperationen und Kompromisse einzugehen, um Kontakte zu knüpfen und Beziehungen zu pflegen. Das heißt, Beziehungen bestanden darin, jemandem verpflichtet zu sein oder Schulden zu haben. Um dies zu zeigen, stellen die Autor/innen nichtmaterielle Güter wie Ehre oder Loyalität ins Zentrum ihrer Beiträge und lassen sich von folgenden Fragen leiten: Wie wurden Ressourcen wahrgenommen und wie waren sie mit sozialen Kontakten verbunden? Was bedeutet es für die Ökonomie, wenn auch nichtmaterielle Güter wie Loyalität oder Ehre als Ressourcen behandelt werden?

Die Publikation ist in drei Teilen gegliedert. Im ersten Teil werden in zwei Beiträgen »Forschungsbezüge, Theorien und Methoden« vorgestellt. Zwei weitere Aufsätze beschäftigen sich mit »Ressourcen im Transfer«, während im dritten und längsten Teil »Beziehungslogiken« an fünf Beispielen unterschiedliche Verbindungen zwischen Ressourcen und sozialen Beziehungen vorgestellt werden.

Den ersten Teil des Bandes eröffnen die theoretischen Überlegungen von Daniel Schläppi zu den Verbindungen zwischen Wirtschafts- und Kulturgeschichte. Er beruft sich auf die These von Giovanni Levi, dass nicht nur ökonomisches Handeln nie ohne Wirkung auf die zwischenmenschlichen Beziehungen war, sondern dass es auch zwischen Akteur/innen keine sozialen Beziehungen geben kann ohne ökonomische Interaktionen. Schläppi richtet seine Aufmerksamkeit auf die Frage, welches System sozialer Sicherheit frühneuzeitliche Gesellschaften bestimmte – die Gesellschaft suche, so seine These, Sicherheit in der Gruppensolidarität, d. h. in Verwandtschaft, Nachbarschaft und Korporationen.

Der Text von Christof Jeggle geht von der in der neuen Wirtschaftssoziologie diskutierten Auffassung vom Markt als einer Form sozialer Interaktion aus. Um die Spezifik frühneuzeitlicher Austauschbeziehungen aufzuzeigen, unterscheidet er zwischen einem Standardmarkt, wo der Wert der Ware zählt, und einem Statusmarkt, auf dem der Status der Akteure den Wert der Ware beeinflusste. Er stellt die These auf, dass in frühneuzeitlichen Gesellschaften Reputation entscheidenden Einfluss auf Handelsverträge hatte, auch in Business-to-Business-Beziehungen, und untermauert seine Überlegungen mit dem Beispiel der italienischen Obsthändler in Nürnberg und den savoyardischen Textilhändlern am Hochrhein. Er kommt zu dem Schluss, dass die Ökonomie fast aller Handelszweige auf Verwandtschaft basierte, wirtschaftliche Möglichkeiten also mit zwischenmenschlichen Beziehungen unlösbar verbunden waren.

Der zweite Teil des Bandes beginnt mit einem Beitrag von Andreas Pečar über den Hofadel in der Zeit des Barock. Der Autor stützt sich auf das bekannte Kapital-Konzept von Pierre Bourdieu, der, kurz gefasst, drei verschiedene Kapitalsorten unterscheidet: ökonomisches (Besitz), soziales (Kontakte in der Gruppe) und kulturelles (Lebensstil, Wissen). Pečar vergleicht die höfischen Gesellschaften in Versailles und Wien und verfolgt die Frage, welche Ziele der höfische Adel hatte. Welche Mittel wurden als Ressourcen verstanden und wie wurden sie investiert? Ist diese Gruppe etwas Besonderes im Hinblick auf die Ressourcenbildung und -nutzung? Seine These ist, dass es das Ziel des Hofadels gewesen sei, durch die Steigerung seines Status und durch räumliche und soziale Annäherung an die Herrscher seinen Familienbesitz zu vergrößern. Eine besonders wesentliche Rolle spielte Ruhm als symbolisches Kapital, das man mehren konnte, indem man versuchte, die Position eines Beamten einzunehmen (immaterielles Gut), oder einen Palast baute (materielles Gut).

Die Zirkulation von Ressourcen unter den Gelehrten in der Mitte des 18. Jahrhunderts ist Thema des Beitrags von Sebastian Kühn. Er verfolgt die These, dass sich der Charakter der Waren im Prozess des Austausches wandelte, und fragt, auf welche Weise wissenschaftliche Gegenstände Waren werden oder aus Waren wissenschaftliche Gegenstände. Der Text beschäftigt sich mit drei verschiedenen Bereichen, die jeweils unterschiedliche Verfügungsrahmen für die Zirkulation der Ressourcen darstellen: Kauf, Tausch und Haushalt. Kühn betrachtet die Gelehrten als kreative und dennoch hierarchische Produktionsgemeinschaft. Dank des Zugangs zu entsprechenden Ressourcen konnten sie ihr Ansehen und ihre Chancen steigern, innovative Forschungsprojekte durchzuführen.

Ebenfalls mit Gelehrtenkreisen beschäftigt sich Gabriele Jancke. Sie analysiert Gastfreundschaft als Ort des Austausches von Ressourcen und Worte als Objekte des Tausches. Dabei verfolgt sie die Fragen: Welche ökonomischen Funktionen beherrschen Worte? In welchen Praktiken werden sie als Ressourcen genutzt? Die Autorin zeigt, dass das Wort in der Gelehrtenkultur ein nicht-materielles Erbe darstellte, eine Ressource, die auch gegen »harte« Währung getauscht werden konnte.

Margareth Lanzinger entwickelt am Beispiel von verschwägerten Paaren, die sich im 19. Jahrhundert um eine Heiratserlaubnis bemühten, ein interessantes Beispiel zur Funktionsweise von Hauswirtschaften. Sie kann nachweisen, dass die Eheschließung in der Familie, obwohl durch die katholische Kirche verboten, im deutschsprachigen Raum des 19. Jahrhunderts eine immer wieder anzutreffende Praxis war. Besonders betrifft das den Witwer: Dank der Ehe mit seiner Schwägerin konnte seine häusliche Wirtschaft ohne große Veränderungen weitergeführt werden. Verbindungen solchen Typs hatten ihre Vorteile, sowohl materiell – der Besitz blieb »in der Familie« – als auch emotional und sozial (insbesondere wenn der Witwer kleine Kinder hatte) – der Kreis der Familie und das Netz der Freunde blieben unverändert.

Wie man im 19. Jahrhundert auf dem Land mit Verschuldung verfuhr, untersucht Mischa Suter. Er zeigt, dass in dieser Zeit eine Reihe von institutionellen und rechtlichen Reformen erfolgte, die auch die Schuldentilgung betrafen und das Konzept des »unverschuldeten Unglücks« hervorbrachten. Unter Rückgriff auf unterschiedliche Quellengattungen versucht Suter die Perspektive der Schuldner und der Gläubiger gleichermaßen aufzuzeigen, indem er nach dem Einfluss der institutionellen Veränderungen auf die Beziehungen zwischen ihnen fragt.

Der vorletzte Artikel des Bandes argumentiert vor allem biografisch. Claudia Jarzebowski untersucht die Korrespondenz der Familie Fahnenstück, von der ein Teil nach Amerika emigriert war. Die in ihnen sichtbar werdenden Emotionen versteht die Autorin als Ressourcen, die die Gestaltung der Beziehungen selbst über lange geografische Distanzen hinweg beeinflussen können.

Die Kunsthistorikerin Kristina Bake untersucht die Funktionsweisen der »Ökonomie des Eheglücks« auf der Basis von Flugblättern aus dem 16. und 17. Jahrhundert, die sich in Bild und Text mit Moral und ehelichem Haushalten beschäftigen. Die Flugblätter ermöglichen einen Einblick in die normativen Vorstellungen über häusliche Ordnung. Außerordentlich wichtig war die Ehre (das soziale Kapital), die vom Verhalten der Eheleute abhing, besonders von dem der Frauen. Die eheliche Ehre gefährdete insbesondere die Anfechtung der häuslichen Hierarchie. Interessant ist, dass die Erfüllung der Pflichten und die Gefühle der Liebe als direkt miteinander zusammenhängend vorgestellt wurden. Dem Aufsatz sind einige der beschriebenen Illustrationen hinzugefügt.

Der besondere Vorzug der Publikation ist es, aufzuzeigen, was für eine wichtige Rolle nichtmateriellen Ressourcen in der Gestaltung sozioökonomischer Beziehungen zukam. Zu solchen Ressourcen gehörten beispielsweise Anerkennung, Loyalität, Gastfreundschaft, Wissen und Emotionen. Natürlich muss man sich meistens in seiner Analyse beschränken, dennoch ist es schade, dass nicht größeres Gewicht auf die Frage von Ehre und Vertrauen gelegt wurde, die eine Schlüsselrolle für den ökonomischen Austausch in den in Rede stehenden Zeiten hatten. Die Einbindung des 19. Jahrhunderts in den zeitlichen Rahmen kann man ebenfalls zu den Qualitäten des Bandes zählen – der so die historische Perspektive verbreitert und Kontinuität wie Wandel der analysierten Praktiken über die Epochenwende hinweg aufzeigen kann. Aber die Einbindung wirft auch Fragen auf – handelte die Hausvorsteherin des 19. Jahrhunderts nicht schon nach grundsätzlich anderen Regeln und hatte sie nicht auf andere Weise Einfluss auf soziale Beziehungen? Insgesamt ist der Eindruck der Rezensentin jedoch sehr positiv – *Die Ökonomie der sozialen Beziehungen* ist ein vorbildliches Beispiel der Verbindung von Wirtschafts- und Sozialgeschichte. Es betrachtet verschiedene soziale Gruppen – von Bauern über Kaufleute und Gelehrte bis zum Hofadel – und zeigt, wie weit der Einfluss der zwischenmenschlichen Beziehungen auf den Markt reicht – und umgekehrt.

Jaśmina Korczak-Siedlecka (Leipzig)

■ Conversion and the Politics of Religion

David M. Luebke u. a. (Hg.), Conversion and the Politics of Religion in Early Modern Germany (SPEKTRUM: Publications of the German Studies Association; Bd. 3), New York/Oxford (Berghahn Books) 2012, 206 S., 120 $/75 £

Schon das für den Buchumschlag verwendete Gemälde *Die Seelenfischer* des niederländischen Malers Adriaen van de Venne von 1614 verweist auf das Leitthema des zu besprechenden Sammelbands. Das Bildmotiv ist eine der bekanntesten Allegorien für das Ringen der protestantischen und katholischen Konfession um die Seelen der Gläubigen. Die Beiträge thematisieren die politische bzw. institutionelle und individuelle Auseinandersetzung mit der *conversio*, dem Konfessionswechsel, einem Vorgang, der im Heiligen Römischen Reich Deutscher Nation erst im post-reformatorischen Zeitalter zum Gegenstand vielfältiger Konflikte zwischen dem Lager der Katholiken und dem der Protestanten wurde. In diesem Band ist jedoch nicht allein die Konversion im modernen Sinne (Religions- oder Konfessionswechsel) gemeint. Auch die vor-konfessionelle Auffassung von *conversio,* eine spirituelle Umwandlung, die die Gläubigen näher zu Gott brachte (intrareligiöse Konversion), wird berücksichtigt. Laut David Lübke entwickelte sich erst während der Reformation ein neuer Archetypus des Konvertiten, »one who moves between the various forms of Western Christianity as if betweenone religion and another« (interreligiöse Konversion). Darüber hinaus unterschied sich das Verständnis von *conversio* im katholischen und lutherischen Christentum. Während das lutherische Verständnis der Bekehrung besagte, dass ein Konvertit durch Gott erwählt werde und ihm selbst keinerlei *agency* im Prozess der spirituellen Erleuchtung zugesprochen wurde, fußte das Verständnis der katholischen Konfession auf einer aktiven Beteiligung des Proselyten am Prozess seiner *Bekehrung*. Diese Differenzen wirkten sich zwangsläufig auch auf die Strategien der Konfessionen bei der Gewinnung neuer Anhänger/innen aus.

Lübke meint daher, dass die Verfechter des Konfessionalisierungs-Paradigmas ihr Augenmerk zu stark auf die Funktion von Konversion für Staatsbildungsprozesse lenken und der Wichtigkeit theologischer Differenzen der Konfessionen im Umgang mit Konversion zu wenig Bedeutung beimessen würden. Umgekehrt könne man dem Phänomen Konversion ebenso wenig vollständig gerecht werden, würde man dieses ausschließlich durch die theologische Brille betrachten und dabei außer Acht lassen, dass der Konfessionswechsel einzelner Personen nicht nur in post-reformatorischer Zeit, sondern bis ins 18. Jahrhundert hinein politische Schlagkraft besaß.

Der Sammelband besteht aus neun Einzelbeiträgen, in denen sich die Autor/innen Themen wie der jeweiligen Bedeutungen des Konfessionswechsels im protestantischen und katholischen Lager, der politischen Reichweite von Glaubenswechseln, der pietistischen Haltung zum Gegenstand der Konversion und der Frage nach der Entstehung pietistischer Konversionsnarrative annehmen. Der Band beginnt mit einem einführenden Überblicksaufsatz Luebkes, der zentrale Begrifflichkeiten diskutiert und die im Band verwendeten konzeptionellen Ansätze vorstellt. Daneben gibt er auch eine Vorschau auf die einzelnen Beiträge des Bandes. Zum ersten, einführenden Teil gehören außerdem die Aufsätze von Duane J. Corpis und Eric-Oliver Maders. Corpis und Mader widmen sich zunächst der etymologischen Entwicklung und Semantik des Konversionsbegriffs vom Mittelalter bis ins 18. Jahrhundert. Beide Autoren zeigen dabei wichtige Schwellen im Bedeutungswandel und der Multiplikation von Semantiken auf. Corpis konzentriert sich vor allem auf Luthers Verständnis der *conversio*, das zu Beginn intrareligiös war, bevor dann im Laufe des 16. Jahrhunderts eine interreligiöse Ebene hinzutrat, als die lutherische Bewegung begann, sich zu institutionalisieren. Corpis bezweifelt, dass man für das 16. Jahrhundert bereits von Konversionen vom Luthertum zum Katholizismus und vice versa sprechen kann, da dies zwei Konfessionen voraussetze, die sich doch zu dieser Zeit erst im Entstehen befunden hätten. Nach Mader kann überhaupt erst für das 17. Jahrhundert die Rede von Konfessionen und somit auch von konfessionellen Grenzen sein. Daher wäre es falsch, Konversionen im 16. Jahrhundert als Überschreiten konfessioneller Grenzen zu verstehen. Vielmehr wäre zu überlegen, ob für die post-reformatorische Periode nicht noch ein mittelalterliches Verständnis von Konversion als spirituelle Umwandlung (*transformation*) gegolten habe. Zudem habe es im Pietismus des 18. Jahrhunderts ein Revival der intrareligiösen Form gegeben, wie beispielsweise der Beitrag von Jonathan Strom zu pietistischen Konversionserzählungen zeige.

Der zweite Teil des Bandes besteht aus den Beiträgen von Jesse Spohnholz, Ralf-Peter Fuchs und Daniel Riches. Sie richten den Fokus auf die politischen Implikationen und Auswirkungen von Konversionen im diplomatischen Kontext sowie auf Reichsebene. Die dritte Sektion widmet sich mit den Beiträgen von Alexander Schunka, Benjamin Marschke und Jonathan Strom dem Standpunkt, den irenische und pietistische Strömungen innerhalb des Protestantismus des 17. und 18. Jahrhunderts zur Konversionsfrage einnahmen. Während Schunka am Fallbeispiel der »Helmstedter Affäre« die unterschiedlichen Ansichten der anglikanischen Protestanten und derjenigen auf dem Kontinent diskutiert, stellt Marschke die Haltung der Halleschen Pietisten zur Zeit König Friedrich Wilhelms I. von Preußen vor. Dieser strebte eine konfessionelle Vereinigung des calvinistischen und des lutherischen Lagers an, gründete im Zuge seiner Toleranzpolitik Institutionen wie das Militärwaisenhaus in Potsdam und führte die Nutzung von Simultan-Kirchen ein, was auf erheblichen Widerstand pietistischer Kreise stieß. Stroms Beitrag geht schließlich auf pietistische Konversionsnarrative ein. Der letzte Aufsatz des Bandes, der keinem der Teile zugeordnet wurde, analysiert die Autobiografie des Gelehrten Johann Christian Edelmann. Edelmann verfasste einen eher unorthodoxen »Konversionsbericht« über seinen spirituellen Weg zu aufklärerischem Gedankengut.

Die Autor/innen des Bandes schlagen eine Abkehr »from interpretations of conversion in early modern Europe« vor, »that stress rupture over continuity and the primacy of individual experience over social and political contingencies«. Damit stehen sie nur teilweise im Einklang mit der neueren historischen Konversionsforschung aus dem deutschsprachigen Raum. Ihre Argumentation knüpft, vielleicht ohne dass die Autor/innen dies eigentlich im Sinn gehabt hatten, wieder an ältere, bereits als überwunden geglaubte Forschungstraditionen an, nämlich Konversionsforschung als Elitenforschung zu begreifen. So bezieht sich überraschenderweise einzig Eric-Oliver Mader direkt auf jüngere Ergebnisse der neueren historischen Konversionsforschung, während die übrigen Autoren kaum den Anschluss an diese suchen und die konzeptionellen Überlegungen Kim Siebenhüners (Konversion als Grenzüberschreitung), Jörg Deventers (Konversion als Entscheidungshandlung) oder Ute Lotz-Heumanns (Konversion/Konfessionalisierung) nicht in ihre Beiträge einbeziehen. Dabei hätte sich ein stärkerer Bezug auf bisher geleistete Forschungsarbeiten durchaus gelohnt, schließen doch viele der Beiträge an deren Problemfelder an, beispielsweise mit der Frage, ob es sich bei Konversion um ein grenzüberschreitendes und Grenzen aufweichendes Phänomen gehandelt hat oder ob durch den Übertritt von einer Konfession zu einer anderen Grenzen viel eher unterstrichen und verfestigt wurden (Marschke).

Abschließend bleibt zu sagen: Der aktuelle Stand der neueren historischen Konversionsforschung wird in einem wesentlichen Punkt durch die Einzelbeiträge bestätigt. Die Bedeutung frühneuzeitlicher Konversionsprozesse ging über eine rein religiöse Umwandlung des Individuums hinaus. Auch kann man den jeweiligen gesellschaftlichen und politischen Kontext nicht außer Acht lassen.

MANJA QUAKATZ (BREMEN)

■ Les Guise et leur paraître

Marjorie Meiss-Even, Les Guise et leur paraître (Collection »Renaissance«), Tours (Presses universitaires François-Rabelais de Tours)/Rennes (Presses universitaires de Rennes) 2013, 346 S., 78 Abb., 35 €

Studien zum französischen Hochadel in der Renaissance gibt es zahlreich, Studien zu dessen Luxuskonsum und seinen symbolischen Bedeutungen schon weniger. Die vorliegende Arbeit greift das auf und geht nun in dreifacher Hinsicht darüber hinaus. Zunächst dadurch, dass die materielle Kultur eines aristokratischen Haushalts – von Nahrungs- und Transportmitteln über Gefolge, Schlösser und Residenzen, deren Möblierung und Inventar bis zu Kleidung und Körpertechniken – in seiner Gesamtheit erschlossen werden soll. Dann dadurch, dass ein Adelshaushalt über drei Generationen hinweg in der wechselvollen französischen Geschichte des 16. Jahrhunderts verfolgt wird. Schließlich und vor allem liegt ein großer Mehrwert dieser Studie darin, dass die ökonomischen, politischen und sozialen Grundlagen der materiellen Elitenkultur ausführlich untersucht werden. Erst damit lässt sich sinnvoll die Frage stellen, wie im Alltag immer wieder Adel, Würde, Schönheit – letztendlich Herrschaft in der Verbindung von Dingen und Menschen hergestellt wurden: eine »Ökonomie der Macht« in all ihren Verästelungen deutet sich an.

Dieses ambitionierte Programm lässt sich nur durchführen, wenn sehr verschiedene, meist getrennte Forschungszweige miteinander verknüpft werden. Das »paraître« der Guise ist wohl bewusst ein ungenauer, schillernder Begriff und ließe sich nur ungenügend mit Schein, Erscheinen, Repräsentation, Inszenieren übersetzen. Hierzulande würde man symbolische Kommunikation sagen, den *material turn* durchbuchstabieren oder Performanz-Theorien bemühen. Meiss-Even aber schließt an die französische Historiografie der materiellen Alltagskultur im Gefolge von Daniel Roche an, verbindet diese mit einer (eher angelsächsisch und kunsthistorisch inspirierten) Konsumgeschichte von Luxusgütern, der Erforschung höfischer Figuration in der Tradition von Norbert Elias und der neueren soziokulturellen Wirtschaftsgeschichte. Das »paraître« meint daher die materielle Kultur, mit deren Hilfe sich Angehörige der Aristokratie in sozialer Interaktion ihren Rang erarbeiten und bewahren.

Die Einleitung stellt diese Forschungslinien knapp vor. Weitere Anleihen, etwa aus der Kunstgeschichte, Körpergeschichte, Wirtschaftsgeschichte oder Adelsforschung werden im Buch deutlich. Bei dieser noch unvollständigen Liste wird niemand ernsthaft erwarten dürfen, dass die jeweils dahinterstehenden methodischen und theoretischen Prämissen ausführlich diskutiert oder gar in Einklang gebracht werden. Das Augenmerk der Autorin liegt in der detailreichen, empirisch nahezu enzyklopädischen Erarbeitung der Dinge, mit denen die Guise sich umgaben. Als Quellen dienen vor allem Rechnungsbücher, doch auch materielle Hinterlassenschaften, Korrespondenzen, Inventare, Memoiren und die zeitgenössische Literatur werden intensiv ausgewertet. Diese pragmatische Herangehensweise hat ihre Vorteile, und die (empirischen wie systematischen) Ergebnisse können sich sehen lassen – doch dazu später, ebenso zu den offensichtlichen Nachteilen solchen Vorgehens.

Das Buch gliedert sich in zwei Teile. Der erste erschließt die materielle Kultur des Hauses Guise, der zweite untersucht deren ökonomische und soziale Grundlagen. Die Autorin beginnt dort, wo sie die Erwartungen der gebildeten LeserInnen vermutet: bei den Porträts. Schön, würdevoll, stark, reich, mächtig begegnen uns darin die Adligen und dies prägte ein Bild von ihnen, das offenbar alles andere als selbstverständlich war. Die Guise wussten sich auch jenseits dieser Abbildungen in dauernder Anstrengung in Szene zu setzen. Körpertechniken (Sport, Spiele, Tanzen, Reiten, Jagen, militärische Aktionen), Kleidung und Schmuck, Waffen und die Verbindung mit dem Pferd formten den adligen Körper.

Die Küche des Guise-Haushalts wird minutiös und differenziert nach dem Konsum der Herrschaften und des bis zu hundertköpfigen Gefolges rekonstruiert: Brot und Wein, Fisch und Fleisch, Obst und Gemüse, Gewürze und Zucker, Tonwaren und Holzlöffel sind die Alltagswaren, meist lokaler Provenienz. Zwei Sorten Brot und drei Sorten Wein lassen die Hierarchie auch in Mund und Magen deutlich werden. Häufig aber war der Haushalt in Bewegung, zwischen den Residenzen, zum ebenso reisenden Hof, zu militärischen oder diplomatischen Einsätzen. Der logistische Aufwand, auch für große Teile des Gefolges, wurde meist mit Reittieren bewältigt, wobei die Ställe mit sehr unterschiedlichen Pferden und Maultieren (je nach Funktion als Last-, Personen- oder Kriegspferd, Geschlecht der Nutzer, deren Rang in der Hierarchie), Kutschen und

Wagen ausgestattet waren. Die Guise erwarben zahlreiche neue Güter, bauten Schlösser und Residenzen (aus).

Meiss-Evans betont hier die Neuheit und Schönheit von Architektur und Gärten. Daneben aber wird deutlich, das viel Altes lange in Gebrauch war – hier zeigt sich schon ein Problem des analytischen Rahmens der Arbeit, der vor allem auf den Luxus fokussiert ist, damit in kunsthistorischer Tradition das Neue betont und weniger den Gebrauch thematisiert (was in den Alltag führen würde, zu den Praktiken des Umgangs mit den Dingen, die eben auch älter sein können). Dieses Problem wird noch deutlicher bei dem Kapitel zur Möblierung: Ausführlich sind die Luxusbetten nach der letzten italienischen Mode beschrieben, die orientalischen Teppiche und Tapisserien oder die Goldarbeiten. Sie bilden, so die Autorin, ein dekoratives Ensemble, ein räumlich-künstlerisches Ganzes. Der Rezensent fragt sich nur, wie dieses humanistisch-italienisch geprägte Gesamtkunstwerk nach langem Gebrauch wirkte – denn das »neue« Bett wird auch noch 100 Jahre nach seinem Erwerb im Inventar als eines der kostbarsten Einrichtungsgegenstände erwähnt.

Der zweite Teil versucht nun »hinter die Fassade« dieser Inszenierung des Adels in den Dingen zu schauen: Deren Erwerb musste erwirtschaftet werden, war Teil einer Haushaltsökonomie, an der viele beteiligt waren. Dieser Teil ist außerordentlich reich an inspirierenden Thesen. So widerlegt Meiss-Even die alte These, der Adel habe sich durch Luxuskonsum selbst ruiniert, auf interessante Weise: Die Einnahmen der Guise stiegen gewaltig, doch ebenso die Ausgaben. Das lag aber weniger am Luxuskonsum, noch weniger an den eher stagnierenden Kosten für Personal und Nahrungsmittel – insgesamt vernachlässigbare Posten in der Haushaltsökonomie. Diese wurde vielmehr hauptsächlich durch den Erwerb von zahlreichen Ländereien belastet, bis zur Gefahr des Bankrotts. Arm an Ländereien mussten die Guise Güter kaufen, um sich in Konkurrenz mit anderen Adelsfamilien eine Basis für Klientel sowie für politische und wirtschaftliche Potenz zu schaffen, auch um eine gewisse Unabhängigkeit von königlicher Gnade zu erreichen. Die wachsenden Finanzprobleme resultierten daher eher aus der Logik der Adelsmacht als aus ostentativem Konsum.

Meiss-Even analysiert nun in faszinierender Weise verschiedene ökonomische Logiken und Praktiken der Finanz- und Konsumkontrolle. So wurde der im Auftrag der Guise handelnde Einnehmer von Abgaben ersetzt durch den Pächter, der eine vereinbarte Summe vorab zu bezahlen hatte. Das Pachtsystem wurde zudem häufig jährlich neu ausgeschrieben und gezielt die Konkurrenz der Interessenten gesucht, um die Einkünfte zu steigern. Auch bei der Auftragsvergabe für Luxusgüter wurden verschiedene Anbieter in Konkurrenz miteinander gesetzt, um bestmögliche Qualität zu geringem Preis zu erhalten. Auf der anderen Seite gab es verschiedene Ökonomien jenseits des Marktes, um die Finanzen nicht noch mehr zu belasten: Die Eigenwirtschaft lieferte insbesondere Wein, Getreide, Hafer, auch Fleisch, Milchprodukte, Holz. Das Erbe wurde möglichst agnatisch konzentriert. Im Tausch zwischen Adligen wurden Gegenstände, Ländereien und Geldsummen transferiert; auch die Kardinäle Guise unterstützten dadurch den Reichtum des Stammhauses.

Das Bild der ostentativen Verschwendung des Adels korrigiert Meiss-Even ebenso: Wiederverwendung und Sparsamkeit waren durchaus an der Tagesordnung, häufig wurden Kleidung und Möbel umgearbeitet. Das allerdings musste eher unsichtbar bleiben, da die Logik des Sparens der höfischen Modelogik des immer Neuen widersprochen hätte. Der Kampf gegen Verschwendung, die Kontrolle der Rechnungen, das Verhandeln um günstige Preise wurde daher meist der Dienerschaft überlassen.

Weitere Einnahmen konnten aber auch aus Patronagepraktiken resultieren, die man wohl eher einer Zwangsökonomie zurechnen darf: Von Klienten wurden Geschenke eingefordert, die Abtretung ihres Erbes, der Kauf von Ländereien oder Schmuck zu einem lächerlich geringen Preis. In dieser misslichen Zwangslage eines Klienten befanden sich aber auch die Guise selbst: Sie hatten sich politisch und finanziell an das Königshaus gebunden (zeitweise machten die königlichen Pensionen und Gratifikationen 50% der jährlichen Einnahmen aus). Von ihnen wurde daher in Zeiten der Religionskriege erwartet, dass sie den König unterstützten durch die Vorfinanzierung der Truppen – gewaltige Summen, die der König nicht zurückzahlte und damit ein (zu) mächtiges Adelshaus an den Rand des Ruins trieb: ökonomisch, militärisch und sozial (da sich dessen Soldaten, Klienten und Kreditgeber abwandten).

Das letzte Kapitel des zweiten Teils bündelt nochmals viele Aspekte, indem es den Konsum als kollektive Arbeit analysiert. Zahlreiche Akteure, die in unterschiedlichen Beziehungstypen zwischen Patronage, Freundschaft, Geschäftsbeziehung und persönlichem Dienst zu den Guise standen, waren daran beteiligt, Dinge zu erwerben, die das Erscheinen der Guise maßgeblich prägten: Dienerschaft, Händler, Hoflieferanten, dem Haushalt eingegliederte Lieferanten, königliche Beamte, andere Adlige mit ihren je eigenen Netzwerken bildeten das differenzierte und verzweigte Netzwerk des Haushalts, das bis in die Levante reichte. Die Abstimmung zwischen all diesen Beteiligten (und meist indirekt vermittelt über Dritte) war aufwändig, zeigt aber, dass sie alle, standesübergreifend, mitdefinierten, was der Würde der Guise angemessen sei – der Stallmeister etwa musste mehrfach dem Herzog davon abraten, nicht geeignete türkische Pferde als Geschenk anzunehmen.

Gegenüber diesen materialreich belegten Thesen (allerdings wünschte man sich im Detail mehr analytische Durchdringung, im Blick auf das Thema mehr systematische Verknüpfung) fällt das allgemeine, modernisierungstheoretisch inspirierte Narrativ des Buches ab. Im Gefolge von Elias wird die »Verhöflichung« des Adels behauptet, um dann die These anzuschließen, dass sich Adligkeit nun erst im Gebrauch von Luxusgegenständen begründe. Der Schein habe nicht mehr dem Sein (wie offenbar vordem) entsprochen, sondern nur noch dem Wollen. Neben den anthropologischen Problemen, die eine solche These aufwirft (etwa: fielen im Mittelalter oder sonst Schein und Sein zusammen?), ist die Argumentation tautologisch, denn Luxus wird als gegeben vorausgesetzt, wenn etwas nur teuer und selten war und von Adligen benutzt wurde, was wiederum deren Adligkeit begründet. Mühsam werden die verschiedenen Kapitel des Buches durch solche Großthesen zusammengehalten. Je nach Objektart werden unterschiedliche Ansätze angewendet: Vor allem die Untersuchung von Luxuskonsum und materieller Alltagskultur fallen auseinander. Damit werden wichtige Fragen umgangen: Wie kann man beides unterscheiden; wie funktioniert die Singularisierung bestimmter Objekte zu Luxusgegenständen? Welcher Gebrauch wurde von Luxus im Alltag gemacht? Wie greift die Verwendung materieller und immaterieller Ressourcen ineinander? Dazu hätte auch gehört, Beobachter (oder gar widersprechende Symbolisierungen) systematisch einzubeziehen.

Insgesamt bleibt aber das große Verdienst dieser Studie, die Forschungsperspektiven für Arbeiten zu frühneuzeitlichen Adelshaushalten analytisch und empirisch weit geöffnet zu haben. Es darf also weiter daran gearbeitet werden, Adelshaushalte zu untersuchen.

Sebastian Kühn (Hannover)

■ Frauen in der Diplomatie des 18. Jahrhunderts

Corina Bastian, Verhandeln in Briefen. Frauen in der höfischen Diplomatie des frühen 18. Jahrhunderts (Externa. Geschichte der Außenbeziehungen in neuen Perspektiven; Bd. 4), Köln/Weimar/Wien (Böhlau) 2013, 497 S., 64,90 €

Ausgehend von einem Forschungsprojekt der Universität Bern zur Rolle der Frau in der frühneuzeitlichen Diplomatie befasst sich Corina Bastian in ihrer Arbeit mit den Handlungsspielräumen von Frauen in der höfischen Diplomatie des frühen 18. Jahrhunderts. Anhand des Briefwechsels zwischen Madame de Maintenon und der Princesse des Ursins, der *camarera mayor* der spanischen Königin, soll die politische Funktion dieser Akteurinnen auf interhöfischer wie europäischer Ebene eruiert werden. Der untersuchte Fall, so die Hypothese Bastians, verweist auf ein strukturelles Phänomen: »die Einbindung adeliger Frauen in die Außenbeziehungen frühneuzeitlicher Höfe«. Es nimmt daher nicht Wunder, dass die Arbeit neben Anleihen aus der Politik- und Kulturgeschichte auch Ansätze der Geschlechtergeschichte aufgreift. Die breite Quellenbasis, die neben den im Mittelpunkt stehenden Korrespondenzen unter anderem normative Quellen wie Traktatliteratur und Lexika einbezieht, erlaubt es, das Verhältnis von Norm und Praxis zu beleuchten. Insbesondere die akribische Auswertung des Briefwechsels zwischen Maintenon und Ursins – der bis dato nur unvollständig ediert und teilweise lückenhaft ist – darf als wichtige Grundlagenarbeit für das Verständnis dieser bedeutenden historischen Akteurinnen gesehen werden.

Den frühneuzeitlichen Hof als Gravitationszentrum der Macht interpretierend, arbeitet Bastian die zentrale politische Rolle heraus, die den beiden Akteurinnen im höfischen Gefüge zukam. Durch die dabei entscheidenden Kategorien der Nähe und des Zugangs zum Herrscher wurden sowohl Madame de Maintenon in Versailles als auch der Princesse des Ursins in Madrid die Teilhabe an den politischen Entscheidungsprozessen des jeweiligen Hofes ermöglicht. Aufgrund ihrer besonders engen Verbindungen zum Herrscher kam ihnen innerhalb der französisch-spanischen Beziehungen gleichsam eine »Scharnierstelle« zu. Das Geschlecht der Protagonistinnen stellte hierbei keinen Hinderungsgrund dar. Im Gegenteil – waren doch gerade die beiden Frauen aufgrund ihrer besonderen Position prädestiniert, einen zusätzlichen Kommunikationskanal zu bilden, den andere Akteure (etwa die männlichen Diplomaten) nicht hätten bedienen können. Es erscheint daher plausibel, dass Bastian das Wirken Madame de Maintenons und der Princesse des Ursins vor dem Hintergrund einer »höfischen Kultur der Außenbeziehungen« verortet, in die Männer und Frauen gleichermaßen involviert waren.

Den Blick von den Rahmenbedingungen auf den Inhalt der Korrespondenz richtend, geht es in der Folge um die Frage, welchen Stellenwert diese Korrespondenz als Teil der diplomatischen Verhandlungen einnahm. Anhand einer überaus konzisen und umfangreichen Analyse, die auch zahlreiche (Neben-)Korrespondenzen der beiden Akteurinnen mit anderen BriefpartnerInnen einbezieht, kann Bastian nachweisen, dass hier nicht nur zwei Frauen miteinander korrespondierten, »sondern dass von miteinander kommunizierenden Gruppen ausgegangen werden muss«. Durch diesen gezielten und breit angelegten Austausch von Informationen bedienten Madame de Maintenon und die Princesse des Ursins ein umfangreiches Netzwerk, welches bei Bedarf aktiviert werden konnte. Dass die beiden Frauen dabei nicht nur bloße Übermittlerinnen im Dienste ihres Herrschers waren, zeigt sich in ihren Bemühungen um Patronage. So gelingt es Bastian überzeugend nachzuweisen, dass Madame de Maintenon und die Princesse des Ursins aufgrund ihrer Nähe zum Herrscher gleichfalls zu zentralen Maklerinnen im königlichen Patronagesystem aufstiegen. Doch abgesehen von dieser erweiterten Korrespondenzebene bildete der Briefverkehr zwischen den beiden Akteurinnen den Kern der Kommunikation und den zentralen Ort der Beratung. Die Korrespondenz, von Ludwig XIV. als Medium der Kontrolle seines Enkels auf dem spanischen Thron intendierte Kanal, entwickelte sich mit der Zeit immer mehr zu einem Instrument der gegenseitigen Beratung bzw. Beeinflussung. Denn obwohl die Quellenlage vor allem für die Princesse des Ursins durchaus lückenhaft ist, kann die Autorin belegen, dass auch die Princesse es vermochte, über ihre Korrespondenz mit Madame de Maintenon direkten Einfluss auf Ludwig XIV. zu nehmen.

Um den konkreten Verhandlungsmodus darzulegen, werden abschließend drei Aspekte der Korrespondenz detailliert betrachtet – die Verhandlungen um Truppen, die Verhandlungen um die Einheit der Kronen und die Verhandlungen um den Thronverzicht Philipps V. So wird am Beispiel der Verhandlungen um Truppen in den Jahren 1705 bis 1709 exemplarisch deutlich, dass die Princesse des Ursins auf spanischer Seite eine der zentralen Verhandlungsführerinnen war, die mit mehreren Entscheidungsträgern in Versailles zugleich korrespondierte. Madame de Maintenon leitete ihrerseits die Ansichten des französischen Königs stellvertretend nach Madrid weiter und stellte einen direkten Zugang zu ihm sicher. Das heißt, die beiden Akteurinnen verhandelten in diesem Fall stellvertretend für ihren jeweiligen Herrscher. Indem sie die aktive Rolle Madame de Maintenons und der Princesse des Ursins in ihrer ganzen Breite herausarbeitet, kann Bastian – zusätzlich zu den akteursbezogenen Erkenntnissen ihrer Studie – ihre These der strukturellen Einbindung adeliger Frauen in die Außenbeziehungen frühneuzeitlicher Höfe beispielhaft belegen. Dass sie anschließend noch weitere Beispiele für die Mitwirkung von Frauen in den Außenbeziehungen anführt, wie z. B. Botschaftergattinnen und Agentinnen, verleiht ihrer These zusätzliche Plausibilität.

Mit ihrer Arbeit, die sich überdies durch eine gute Lesbarkeit auszeichnet, hat Corina Bastian einen bedeutenden Beitrag zur Diplomatie- wie auch zur Geschlechtergeschichte der Frühen Neuzeit geleistet. So gelingt es ihr zum einen, dem bereits stark beforschten Thema des Spanischen Erbfolgekrieges eine neue, relevante Facette hinzuzufügen. Standen zuvor meist die offiziellen Akteure der beteiligten Mächte im Vordergrund, werden nun erstmals die Akteure ›aus der zweiten Reihe‹ in den Fokus gerückt. Dass es sich dabei nicht selten auch um Frauen gehandelt hat, beeinflusst zum anderen das generelle Verständnis, das wir von der Funktionsweise der frühneuzeitlichen Diplomatie haben. Daher kann die Arbeit gleichsam als ein Anstoß für eine weitere Differenzierung der diplomatischen Praxis des 17. und 18. Jahrhunderts verstanden werden. Dann müsste jedoch auch der Begriff der Geschlechtergeschichte differenzierter angewendet werden, indem nicht mehr die Rolle der Frau, sondern vielmehr das Zusammenwirken beider Geschlechter in den Mittelpunkt gestellt wird.

Lars-Dieter Leisner (Wien)

■ Humour and Laugther in History

Elisabeth Cheauré/Regine Nohejl (Hg.), Humour and Laughter in History. Transcultural Perspectives (Historische Lebenswelten in populären Wissenskulturen/History in Popular Cultures; Bd. 15), Bielefeld (transcript) 2014, 138 S., 24,99 €

Mit dem Titel ihres Sammelbandes kündigen die beiden Herausgeberinnen einen transkulturellen Blick auf Humor und Lachen in der Geschichte an. Tatsächlich sind die sechs Beiträge regional und zeitlich breit angelegt. Sie richten den Fokus auf Europa, beziehen aber auch die USA und Russland ein. Die Fallbeispiele reichen vom Beginn des 19. Jahrhunderts bis zur Gegenwart. Wer nun neue Impulse für die Erforschung gesellschaftlicher Lachkulturen erwartet, ist nach der Lektüre der ersten Hälfte des Buches zunächst etwas ernüchtert, denn ein großer Teil der Beiträge befasst sich mit Karikaturen und satirischen Zeitschriften, weniger mit dem Lachen selbst. Gleichwohl eröffnet der Band viele unterschiedliche Zugänge und Perspektiven.

In seinem Aufsatz über Alfred und Friedrich Alfred Krupp betrachtet Axel Heimsoth das öffentliche Bild der beiden Unternehmer im Spiegel der Karikatur. Die deutschen Satirezeitschriften präsentierten die Kanonen von Alfred Krupp anfangs als Sinnbild der Überlegenheit deutscher Rüstungstechnik. Von französischer Seite wurde Krupp als neuer, technokratischer Herrscher karikiert, dem sich nun Könige und Regenten unterwerfen müssen. Deutsche Zeitschriften reagierten erst später kritisch auf die hohen Militärausgaben. Im Nachfolger Friedrich Alfred Krupp sahen sie die typische Gestalt des Kapitalisten, der seine Waffen auch in gegnerische Länder exportierte und ein luxuriöses Leben führte. Mehr noch als sein Vater wurde er zur Zielscheibe des Spottes. Mit seinem Tod und der Umwandlung der Firma in eine Aktiengesellschaft verschwand jedoch die Möglichkeit der personalisierten satirischen Attacke gegen das Unternehmen. Leider kommt die Analyse des Bildprogramms angesichts der ausladenden Schilderung der Firmengeschichte etwas zu kurz.

Da die Karikatur in den Napoleonischen Kriegen ihre erste Blütezeit erlebte, überrascht es nicht, dass auch dieser Epoche ein Beitrag gewidmet ist. Während in der bisherigen Forschung meist die deutsche oder französische Perspektive überwiegt, wählt Elisabeth Cheauré jedoch den russischen Blickwinkel. Sie betrachtet die Schlacht bei Borodino (1812), die zu den blutigsten des 19. Jahrhunderts gehört und in der russischen Erinnerungskultur einen zentralen Stellenwert einnimmt. In rund 200 satirischen Bildern (*lubki*) wird der Konflikt aufgegriffen, man könne daher auch von einem »Krieg der Bilder« sprechen, den beide Seiten mit ihren satirischen Zeichnungen führten. Im Dienst der staatlichen Propaganda Russlands sollten die *lubki* die eigene Überlegenheit verkörpern und durch die Verspottung des Gegners die Kampfmoral der Bevölkerung steigern. Die Fokussierung auf Napoleon war jedoch ambivalent: Er galt als Feind schlechthin, wurde aber zugleich bewundert. Dass der ultimative Aggressor Napoleon nur durch Russland gestoppt werden konnte, war eine Deutung, die in den Kriegen des 19. und 20. Jahrhunderts immer wieder erfolgreich aktiviert wurde. In jüngster Zeit, so die Autorin, werde das Napoleon-Bild – beispielweise in Internetforen – auch satirisch gegen Russland bzw. die autoritäre Herrschaft Putins gewendet.

Lesly Milne richtet ihr Augenmerk auf den verbalen Schlagabtausch während des Ersten Weltkriegs und untersucht die Funktionsweise von Knittelversen in deutschen, französischen und englischen Satireblättern (*Simplicissimus*, *Le Rire* und *Punch*). Antimilitaristische Haltungen wurden mit Beginn des Ersten Weltkriegs rasch durch eine patriotische Perspektive verdrängt, die den Anderen als Aggressor darstellte, gegen den man sich verteidigen müsse. Wie aber kann man einen tendenziell überlegenen Feind wirkungsvoll verspotten? Die Autorin beschreibt mit den Witzduellen eine überraschende Strategie: Die Erzähler bestätigten zunächst vordergründig die Überlegenheit des Gegners, um die Bedeutung dieser Tatsache dann aber im zweiten Schritt mit einer witzigen Bemerkung abzuschwächen. Nach Milne kommt den Versen daher eine Funktion der Kriegsbewältigung und der Bekämpfung eigener Ängste zu; außerdem sollte der Humor in Kriegszeiten den sozialen Zusammenhalt stärken.

Louisa Reichstätter vergleicht die Satirezeitschriften der Zwischenkriegszeit in Deutschland, Frankreich und Spanien (*Ulk*, *Simplicissimus*, *Le Canard Enchaîné*, *Le Merle Blanc*, *La Esquella de la Torraxta*, *El Be Negre* und *Buen Humor*). Die satirischen Blätter erlebten in dieser Phase eine Blütezeit, gleichwohl mussten sie die republikanischen Werte, die den Freiraum ihrer Arbeit garantierten, ständig verteidigen. Die Autorin untersucht, in welcher Weise historische Beispiele für die Argumentation genutzt wurden. Herausragender positiver Bezugspunkt sei die Französische Revolution, die in den Karikaturen etwa durch die phrygische Mütze symbolisiert werde. Solche Zeichen stünden für die Verteidigung demokratischer und republikanischer Werte. Andere historische Verweise dienten als Negativfolie, in Deutschland etwa das wilhelminische Kaiserreich und die Monarchie. Bei der Reichspräsidentenwahl 1925, so Reichstätter, verfehlten Strategien wie die Schmähung Hindenburgs als Vertreter des vergangenen Kaiserreichs ihr Ziel, weil die Zeichner die Wirkmächtigkeit des Hindenburg-Mythos unterschätzten und positive demokratische Symbole fehlten.

Einen erfrischenden Blick auf den politischen Humor der frühen Stalinära wirft Jonathan Waterlow. Völlig zu Recht kritisiert er die einseitige Einordnung des politischen Humors als Widerstand und plädiert für eine differenzierte Wahrnehmung. Die Witzerzähler strebten in der Regel keine Veränderung des Systems an, sondern beklagten sich über die Widersprüche zwischen offiziellen Versprechungen und dem realen Alltag. Widerstand im Sinne eines bewussten, aktiven Handelns gegen die Regierung leisteten sie damit nicht. Die Verhaftungen erfolgten nicht selten Monate nach der »Tat«, sodass sich die Betroffenen oft keines Vergehens bewusst waren. Für sie war der Witz eine Bewältigungsstrategie, um mit der Willkür des Staates und dem Gefühl der Machtlosigkeit umzugehen. Waterlows Beitrag steht damit in einer Linie jüngerer Publikationen, die das einseitige Bild vom politischen Witz in autoritären Regimen hinterfragen. Substanz gewinnen seine Beobachtungen, weil sie sich nicht auf die Nacherzählung der Witze beschränken, sondern durch eine umfangreiche Analyse von geheimdienstlichen Stimmungsberichten und juristischen Anklagen der Erzählsituation und der Verfolgungspraxis nähern.

Der letzte Beitrag führt mit der Geschichte des Kampfes der Spartaner gegen die persische Armee zunächst in die Antike, landet dann aber mit der Kinoverfilmung *300* (Regie: Zack Snyder, USA 2007) schnell in der Gegenwart. Der martialisch inszenierte Schlachtenfilm, so Sabrina Feickert, habe aufgrund der Glorifizierung des spartanischen Kampfes und der einseitigen Klischees zu heftigen Kontroversen geführt. Während die heldenhaft kämpfenden und gut organisierten Spartaner ein heteronormatives Geschlechterbild verkörpern, erscheint die persische Armee in der ironiefreien Verfilmung als gesichtslose Masse, deren Andersheit unter anderem durch abweichende sexuelle Orientierungen visualisiert und abgewertet wird. Die Empörung über die im Film vermittelten Geschlechterrollen führte im Internet zu einer beachtlichen Welle von Parodien, in denen Homophobie und Heteronormativität auf satirische Weise hinterfragt wurden. Die Autorin interpretiert *300* als typisches Produkt der Ära Bush und sieht in der Rhetorik des Films auch Verbindungen zum »War on Terror«.

Es ist bemerkenswert, dass viele der Beiträge mit kriegerischen Auseinandersetzungen zu tun haben. Reduziert sich die Geschichte im Lachen wieder auf das alte Bild der Kriege und großen Persönlichkeiten? Es wäre sicher aufschlussreich, die in einigen Beiträgen aufgeworfene Frage nach den Akteurinnen und Akteuren weiter zu vertiefen. Wo werden Strukturen kritisiert, wann richten sich Karikaturen gegen Personen? Leider kommen in diesem Sammelband Betrachtungen zur Rezeption der satirischen Beiträge und die Analyse des Lachens als gesellschaftliche Praxis zu kurz. Positiv hervorzuheben ist, dass die Autorinnen und Autoren mit klassischen Interpretationen aufräumen, die Humor und Lachen einseitig einer kritischen oder widerständigen Haltung zuordnen. Denn nicht selten stand auch die Satire im Dienst des Staates oder des nationalistischen Patriotismus.

Eckart Schörle (Schwerin)

■ Yella Hertzka (1873–1948)

Corinna Oesch, Yella Hertzka (1873–1948). Vernetzungen und Handlungsräume in der österreichischen und internationalen Frauenbewegung, Innsbruck u. a. (Studienverlag) 2014, 304 S., 12 Abb., 34,90 €

Der Name Yella Hertzka ist in der österreichischen Erinnerungskultur wenig verankert. Warum konnte eine der bedeutendsten Frauenrechtlerinnen des 20. Jahrhunderts in Vergessenheit geraten? Mit dieser zentralen Ausgangsfrage fokussiert Corinna Oesch eine Akteurin der österreichischen und internationalen Frauenbewegung.

Mit Yella Hertzka behandelt die Autorin eine Frauenrechtlerin jüdischer Herkunft, deren Name einerseits mit wichtigen Wiener Frauenvereinen und Institutionen, andererseits mit der Internationalen Frauenliga für Frieden und Freiheit (IFFF) eng in Verbindung steht. Das Buch ist eine Pionierarbeit, denn erstmals wird das Wirken einer wichtigen österreichischen Frauenrechtlerin auf nationaler, vor allem aber internationaler Ebene analysiert.

Mit Blick auf die persönlichen Handlungsräume Hertzkas – ihre Einbindung in Frauen- und pazifistische Bewegungen, Sozialreform, die Musikszene Wiens sowie ihre Flucht und ihr Exil – fragt Oesch generell nach den Handlungsmöglichkeiten sowie Handlungskriterien und -strategien von Frauen in der ersten Frauenbewegung in westlichen Ländern.

Ziel ihrer Arbeit ist, das transnationale Agieren am Beispiel der Biografie Hertzkas aufzuzeigen und für Forschungen zu Frauen- bzw. sozialen Bewegungen nutzbar zu machen.

Die Autorin nähert sich Yella Hertzkas Biografie mit der Theorie der *auto/biography* (Liz

Stanley) an, um ihre These, dass »Beziehungen und spezifische Arten der Vergemeinschaftung für Aktivitäten grundlegend waren«, zu untermauern. Der Begriff »Vernetzung«, verstanden als Prozess des Interagierens und der Veränderlichkeit von Beziehungsnetzen, und »Handlungsraum« als Modell der Ordnung und Deutung dienen ihr dabei sowohl als biografischer als auch methodischer Zugang. Mit »Vernetzung« hebt Oesch wiederkehrende Handlungsmuster, die persönliche Vernetzungen förderten und u. a. aus Beziehungen und Verbindungen resultieren, hervor, um Strategien der persönlichen Vernetzungen zu erschließen (Synthese). Der Vorteil des Terminus sei, so die Autorin, dass er im Gegensatz zum Raum keine Begrenzung suggeriere. Das Konzept der Handlungsräume stehe wiederum für die Rekonstruktion von Handlungszusammenhängen und ihre diskursive Einbettung (Analyse). In der Anwendung dieser zwei – nach Oesch teils gegensätzlichen – analytischen Konzepten sieht die Autorin den Vorteil, dass »die Konstruktion von Handlungsräumen durch die Perspektive der Vernetzungen wieder aufgelöst [wird]«. Oesch bezieht sich in ihrer Arbeit insbesondere auf (weniger neue) Forschungen zu Kommunikationskultur und Beziehungsformen in Frauenbewegungen (Ulla Wischermann, Leila J. Rupp u. a.); nur punktuell geht sie auf Konzepte der sozialwissenschaftlichen Netzwerkforschung ein. Darüber hinaus verwendet sie den Begriff der Interdependenzen (*intersectionality*), »um jene interdependente Faktoren zu [...] beschreiben, die Machtdifferenzen und Hierarchien in Frauenbewegungen hervorbrachten«. Ihre Studie gliedert sich in zwei Teile.

Im ersten Teil nimmt Oesch die Vernetzungen Yella Hertzkas in den Blick. Hier erörtert sie die *pre-existing networks*, das Rekrutierungspotenzial und die Vernetzungsstrategien, um nicht nur Strukturen, sondern auch allgemeine Grundlagen von Vernetzungspraktiken der Protagonistin der ersten Frauenbewegung zu analysieren. Die strategischen Grundlagen der Vernetzungen definiert sie mit den Begriffen Reisen, *Rassemblements* (Kongresse, Konferenzen und Meetings), Korrespondenzen, Publikationen und Gastfreundschaft. Anhand dieser Strategien nimmt Oesch anschließend die Vielfalt der Vernetzungen Yella Hertzkas in den Blick.

Der erste Teil des Buches schließt mit Aspekten persönlicher Beziehungen der Frauenrechtlerin, die, so die Autorin, »in eine spezifische Form des politischen Handelns« in der internationalen Frauenfriedensbewegung während der Zwischenkriegszeit mündeten. Anhand der Vernetzungsstrategien Herztkas bestätigt Oesch die bereits in einschlägiger Forschung zu Frauenbewegungen hervorgehobene »politics of friendship«, zugleich verdeutlicht sie anhand der Protagonistin die enge Verflechtung von Privatem und Öffentlichem.

Im umfangreichen zweiten Teil des Buches werden dann die konkreten Handlungsräume analysiert. Hier rekonstruiert die Autorin fünf Tätigkeitsbereiche Yella Hertzkas: den Frauenklub in Wien, die erste Gartenbauschule für Frauen in Wien-Grinzing, die IFFF, Flucht und Exil sowie den Musikverlag *Universal Edition*. Diese Handlungsräume verkörpern nach Oesch sowohl den transnationalen Dialog als auch den Internationalismus im Wirken Hertzkas. Am umfassendsten geht sie dabei auf den Frauenklub in Wien sowie die IFFF ein. Interessant ist, dass die Autorin auch die Handlungsräume »Flucht« und »Exil« und den Musikverlag *Universal Edition* fokussiert. Einerseits, um das frauenpolitische Engagement und widerständige Handeln Hertzkas, die als Jüdin und Pazifistin im Nationalsozialismus verfolgt und diskriminiert wurde, zu reflektieren. Andererseits skizziert sie die wenig beachtete berufliche Tätigkeit der Frauenrechtlerin in dem männlich dominierten Musikverlag, in dem Hertzka gemeinsam mit ihrem Ehemann wirkte und nach dessen Tod die Position als Großaktionärin im Verwaltungsrat innehatte.

Die Untersuchung des Handlungsraumes der Frauen- und Friedensbewegung offenbart sich der Rezensentin als umfangreichstes und spannendstes Kapitel. Hier gelingt es Oesch überzeugend, Anspruch und Wirklichkeit der Internationalität innerhalb der IFFF darzulegen. So stellt sie nicht nur einen Antagonismus zwischen Gründungsmitgliedern und Liga-Aktivistinnen fest, sondern auch einen »Konflikt um die Inter/nationalität der Frauenliga, der mit der Konstruktion eines westlichen Internationalismus und östlichen Nationalismus einherging«.

Besondere Aufmerksamkeit schenkt Oesch den Anfängen der IFFF in Österreich und der Rolle Yella Hertzkas, die als erfolgreiche Lobbyistin und Vorsitzende der österreichischen Sektion zur führenden Vertreterin der Internationalen Frauenliga avancierte. Oeschs Untersuchung zeigt, wie Hertzka in der Organisation des dritten internationalen Kongresses der IFFF 1921 in Wien involviert war. Gemäß der angestrebten Internationalisierung der Organisation konnten dort bis dato nicht repräsentierte europäische und nichteuropäische Länder teilnehmen. Dank persönlicher Kontakte lancierte die österreichische Frauenrechtlerin unter anderem die Gründung einer ukrainischen und serbischen Sektion. Die Autorin weist insbesondere anhand der Einladungspolitik Hertzkas darauf hin, dass Arbeits- und Freundschaftsbeziehungen grundlegend für die »Aufrechterhaltung einer transnationalen Bewegungsgemeinschaft« waren. Hertzka empfing in ihrem Wiener Haus, »a center of internationalism«, wie Oesch es bezeichnet, regelmäßig ausländische Frauenrechtlerinnen und Pazifist*innen. Auch rekonstruiert die Autorin den Konflikt und die Spaltung innerhalb der österreichischen Sektion im Jahr 1922, ein Konflikt, der auf einem Führungsstreit in der Frauenliga beruhte und die Abwahl des Vorstandes und der Präsidentin nach sich zog. Der bis 1934 anhaltende Disput innerhalb der österreichischen Sektion gipfelte schließlich in Auseinandersetzungen um die Repräsentation der IFFF in Österreich und die Aufspaltung in unterschiedliche politische Gruppen mit divergierenden Auffassungen zum pazifistischen Engagement. Im Weiteren beleuchtet Oesch zudem die Arbeit Yella Hertzkas in der ökonomischen und osteuropäischen Kommission des IFFF.

Zusammenfassend sind der methodologische und analytische Zugang des Buches sowie die Auswertung umfangreicher Primärquellen durch die Autorin zu loben. Corinna Oesch gelingt es, das internationale Engagement Hertzkas und ihre persönlichen Beziehungen innerhalb der internationalen Frauenorganisation herauszuarbeiten sowie ihr lokales Engagement in der österreichischen Frauenbewegung in ein neues Licht zu rücken. Die Autorin kehrt zudem zu ihrer Ausgangsfrage zurück und begründet die fehlende Erinnerung an Yella Hertzka nicht nur mit der Vertreibung der Frauenrechtlerin durch die Nationalsozialist*en aus Österreich, sondern eben auch mit Hertzkas internationalen Aktivitäten, die einen institutionalisierten Gedächtnisort auf internationaler Ebene voraussetzen würden.

Ein detailreiches und lesenswertes Buch für Historiker*innen, die nicht nur an der Geschichte der österreichischen Frauenbewegung und Frauenbewegungsgeschichte interessiert sind. Es leistet einen wichtigen Beitrag sowohl zu Forschungen über Frauen- als auch über soziale Bewegungen und wirft zugleich weiterführende Fragen auf, so beispielsweise die Frage nach den Handlungsmöglichkeiten ostmittel- und südosteuropäischer Liga-Aktivistinnen angesichts des Konflikts um die Inter/nationalität der Frauenliga.

Angelique Leszczawski-Schwerk (Dresden)

Natur und Industrie im Sozialismus

Tobias Huff, Natur und Industrie im Sozialismus. Eine Umweltgeschichte der DDR (Umwelt und Gesellschaft; Bd. 13), Göttingen (Vandenhoeck & Ruprecht) 2015, 470 S., 9 Abb., 4 Karten, 1 Tab., 49,99 €

Es gebe in der DDR keine »sterbende[n] Wälder«, brüstete sich Erich Honecker in einem Interview mit der *ZEIT* im Januar 1986. Zu diesem Zeitpunkt hatte das »Waldsterben« in der Bundesrepublik bereits ein halbes Jahrzehnt lang heftigste Umweltdebatten entfacht. Die Trauerbilder der kahlen Fichten aus dem ostdeutschen Erzgebirge gehörten längst zum visuellen Standardrepertoire des siechenden Waldes. Sie hatten die DDR, der zuvor durchaus Respekt in Sachen Umweltschutz gezollt wurde, längst an die Spitze der Liste der Umweltsünder katapultiert. Auch wenn die Forschung den alarmistischen Grundton der Debatte enttarnt und die Realität des beklagten Niedergangs des »deutschen Waldes« in Frage gestellt hat, ist zutreffend, dass die »Waldsterbensdebatte« ein entscheidender Auslöser gesellschaftlichen und politischen Umweltengagements in der Bundesrepublik war.

Tobias Huff geht in seinem Buch der Frage nach, warum die beiden deutschen Staaten Waldschäden – vermeintliche und reale – so unterschiedlich verhandelten und sie in Gesellschaft und Politik so ungleich widerhallten. Das Buch ist eine weitere richtungsweisende Studie aus dem Freiburger DFG-Projekt »Und ewig sterben die Wälder«. Es leistet einen grundlegenden Beitrag zur noch immer in den Kinderschuhen steckenden Umweltzeitgeschichte des Realsozialismus und ergänzt die bisher insgesamt noch raren umwelthistorischen Forschungen zu Ost- und Ostmitteleuropa (Exemplarisch: Petr Jelicka, Paul R. Josephson, Zsuzsa Gille, Eagle Glassheim, Scott Moranda, Jonathan Oldfield Douglas Weiner). Darüber hinaus zeigt Huff, dass die DDR-Geschichte eben noch nicht »ausgeforscht« ist. Dabei geht es dem Autor ausdrücklich darum, mit dem vereinfachenden, meist teleologischen Narrativ vom »ökologischen Musterstaat« Bundesrepublik versus »ignorante, vertuschende DDR« zu brechen, ohne dabei dem realsozialistischen Umweltschutz zu lobhudeln. Als probate Mittel wählt er dafür einen akteurszentrierten Ansatz und eine mehrdimensionale Kontextualisierung – sowohl innerhalb der Wirtschafts- und Sozialgeschichte der DDR als auch einer deutsch-deutschen Verflechtungsgeschichte, die hin und wieder über die westlichen und östlichen Grenzen hinausblickt. Eigene Problemlösungsstrategien der DDR oder zumindest deren Ansätze werden dabei ebenso ernst genommen wie Transferprozesse von Wissen und Praktiken.

Jedem der vier Jahrzehnte DDR-Geschichte widmet Huff ein Kapitel. Dabei kreuzt sich diese auf den ersten Blick etwas schulbuchhafte Chronologie sehr gut mit den umwelthistorisch relevanten Eckdaten, die Huff als Zäsuren wählt. Bereits in den 1950er Jahren existierte auch in der DDR ein (akademisches) Bewusstsein für bedrohte Ökosysteme wie den Wald. Damit beschäftigt sich das erste Kapitel. Kernaussage ist die Existenz eines Spielraums für wissenschaftliche und politische Auseinandersetzungen um alternative Konzepte zum Landschaftsschutz – solange sie auf einem marxistisch-anthropozentrischen Umweltverständnis fußten. Huff verdeutlicht dies überzeugend am Wirken zweier Wissenschaftler, dem Landschaftsarchitekten Reinhold Lingner und dem Rauchschadensforscher Erich Zieger. Beide setzten sich mit Waldschäden durch Industrieabgase auseinander und entwickelten Lösungsstrategien, die Expertenkreise und Arbeitsgruppen eifrig diskutierten und die zumindest temporär politisch Gehör fanden. Im Gegensatz zum klassischen Naturschutz in der Bundesrepublik der 1950er Jahre schlossen sich Naturschutz und planmäßige Umgestaltung der Natur in der DDR und den anderen sozialistischen Ländern nicht aus. Das haben jüngst auch Klaus Gestwa und – ebenfalls am Beispiel des Waldes – Stephen Brain für die frühe Sowjetunion belegt.

Letztlich fehlte es jedoch nicht nur an politischem Willen, sondern auch an Geld, um diese weitreichenden Strategien umzusetzen – ein Dilemma, das die restlichen drei Jahrzehnte der DDR-Umweltgeschichte durchzog. Funkte nun noch der historische Zufall dazwischen, beispielsweise der plötzliche Tod Ziegers 1960, konnten ausgefeilte Projekte wie dessen Rauchschadensverordnung jahrelang in Schubladen verschwinden. Ziegers Nachfolger, der Pflanzenchemiker Hans-Günther Däßler, zentrale Figur des zweiten Kapitels, profitierte zumeist von den ambivalenten Entwicklungen der 1960er Jahre. Die starke Machtsicherung der SED durch Mauerbau, die Dritte Hochschulreform sowie Ulbrichts auf Effizienz zielende Wirtschaftsreform wirkten sich auch auf das

Naturverständnis aus. Wissenschaftliche (Umwelt-)Expertise war dabei in politischen Entscheidungsprozessen durchaus stärker gefragt als zuvor. Zumindest in Fachkreisen konnte die partielle Offenheit genutzt werden, um die Politik wegen der zunehmend wahrnehmbaren Waldschäden im Erzgebirge direkt anzuprangern und intensivierte Forschungen zu Entschwefelungstechniken zu fordern.

Einiges deutet darauf hin, dass die weltweite »ökologische Revolution« um 1970, die Joachim Radkau (Ära der Ökologie) identifizierte, nicht an den Grenzen der DDR Halt machte. Beide deutsche Staaten begannen, Ende der 1960er Jahre, Seite an Seite mit anderen Ländern, Umweltschutz auf Regierungsebene zu verankern. Dabei war die DDR oft einen Schritt voraus: 1972, 14 Jahre vor der Bundesrepublik, schuf sie ein Umweltministerium. Die »Entdeckung der Umwelt« durch die SED, auf die Huff im dritten Kapitel fokussiert, schlug sich in einem international fortschrittlichen Umweltrecht nieder. Allerdings nicht aus umweltrelevanten Beweggründen. Huff bestätigt letztlich die in der Forschung bisher nur oberflächlich belegte These, dass die DDR-Regierung Umweltschutz als außenpolitischen Joker einsetzte, um die internationale Anerkennung des Staates voranzutreiben. Nach erfolgter Anerkennung erlosch auch das letzte Interesse an ökologischen Fragen, die Umweltsituation verschlechterte sich rasant.

Der ereignisreichsten Phase der Umweltgeschichte der DDR, den 1980er Jahren, ist das umfangreichste Kapitel vorbehalten, was sowohl inhaltlich als auch aufgrund der Quellenlage Sinn hat. Mit dem internationalen Verfall der Erdölpreise, zuvor eine wichtige Deviseneinnahmequelle der DDR, stand ab 1985 immer weniger Geld für Umweltschutzinvestitionen zur Verfügung. Auch verliefen die Bemühungen, ökonomisch tragfähige und funktionierende Entschwefelungsverfahren zu entwickeln, im Sande. Wer nicht Augen und Nase verschloss, so Huff zutreffend, musste »zwangsläufig die Glaubwürdigkeit der SED in Zweifel ziehen«. Neben der Wissenschafts- und Regierungsebene treten nun auch die Bevölkerung und die erstarkende Umweltbewegung, sowohl die oppositionelle als auch die eilig von der SED im Kulturbund geschaffene, in Erscheinung. Als »Anfang vom Ende« der DDR macht Huff aus umwelthistorischer Perspektive den Überfall der Staatssicherheit auf die Berliner Umweltbibliothek im November 1987 aus – ein streitbarer Befund, weil eine Sensibilisierung und Politisierung der Bevölkerung schon nach der Katastrophe von Tschernobyl einsetzte. Einen tiefen Einschnitt im Verhältnis zwischen Staat und Gesellschaft markierte der Überfall indes in jedem Fall. Doch auch wenn mit der stickigen Luft nun ökologische Diskussionen bis in nahezu alle Ecken der DDR drangen, die Mehrheit der Bevölkerung erreichte der Umweltschutzgedanke nicht. Von der sozialen und politischen Sprengkraft, die er in der späten Sowjetunion entfaltete, wo er Massen mobilisierte, blieb er in der DDR weit entfernt. Huff schlussfolgert, dass diese verbreitete ökologische »Unbefangenheit« weniger auf Strukturmerkmalen der DDR basiert habe als vielmehr auf einem weitgehend ausgebliebenen Wertewandel. Dieser habe auch dazu geführt, dass die Bevölkerung ökologische Belange der Warenproduktion unterordnete. Mit einem vergleichenden Blick auf andere realsozialistische Länder kann dieser Befund vielleicht ausgeweitet und differenziert werden. Allerdings bedarf es dafür noch der Forschung.

Der akteurszentrierte Ansatz Huffs ist sehr aufschlussreich, weil er den Handlungsspielraum von Individuen offenbart. Auffällig ist allein der Mangel an Akteurinnen. Ist die Umweltgeschichte der DDR eine Geschichte der Männer? Zumindest in Bezug auf die Umweltbewegung, insbesondere die Basisarbeit, ist das stark anzuzweifeln. Wo sind Maria Nooke, Erika Drees, Hannelore Gilsenbach oder Erna Kretschmann, um nur einige zu nennen? Das Beispiel von Antje Wilde aus dem Arbeitskreis Ökologie der Domgemeinde Magdeburg hätte sich darüber hinaus angeboten, auch über die ambivalente Rolle des MfS zu reflektieren. Wilde agierte von 1986 bis 1988 in einer Doppelfunktion: sowohl als IM »Simone Pietsch« als auch als überzeugte Ökologin.

Insgesamt liefert Huff mit seinem dichten und sehr informierten Buch in der Tat, was er selbst einfordert: eine nüchterne und autonome Aufarbeitung. Sein sicherer und innovativer Umgang mit einer ganzen Reihe von Konzepten und Ansätzen aus Geschichts- und Sozialwissenschaften macht sie zudem methodisch äußerst anregend. Allein eine systematische Straffung – vor allem der ersten beiden Kapitel – hätte das Buch noch lesenswerter gemacht. Angesichts der erbrachten Leistung sowohl für die deutsch-deutsche als auch die Umweltzeitgeschichte ist diese Kritik allerdings vernachlässigbar: Für beide Forschungsbereiche ist das Buch ein wesentlicher und höchst überfälliger Beitrag.

Melanie Arndt (Regensburg)

Abstracts

Kobi Kabalek
Remembering through Failure. Unsuccessful Attempts to Rescue Jews in Postwar German Film and Literature, 1945–1960

Scholars studying representations of the Nazi period in postwar Germany tend to look for the deliberate failure of »the Germans« to remember difficult aspects of their past. In so doing, they often portray the 1950s as the peak of Germans' moral failure. Upon closer investigation, however, a more complex picture emerges. This article focuses on an aspect that many historians have viewed as repressed and silenced. It examines the connection of memory, failure, and morality in East and West German films and literary depictions between 1945 and 1960, based on the topos of the aid given to Jews during the Holocaust. It asks: why did the authors of most of these representations prefer to tell a story in which the attempts to save the lives of Jews fail? Do these descriptions of a failed rescue correspond with the scholarly assumptions on Germans' postwar failure to remember the rescue of Jews and the Holocaust? The article shows that the decision not to present a successful rescue did not necessarily (or solely) aim at exculpating the German population. Rather, the portrayal of failed rescues enabled the authors of these works to contribute to the re-education of the German society and to force a confrontation with the Nazi crimes.

Simon Karstens
Frobisher's False Gold and Cartier's False Diamonds. On the failure of transatlantic expansion projects in the 16th century

How did people in the sixteenth century react when a project of colonization did not meet the expectations of sailors, colonists, investors or the monarchs who gave the order to establish an outpost across the ocean? What ways did they have to describe and interpret such events? To answer these questions, two such projects, the third expeditions of Jacques Cartier and Martin Frobisher, will be analyzed in a comparative perspective. Both their projects commissioned respectively by the French and the English monarchs were designed to achieve the same goals: finding gold and establishing an outpost on the coast of North America and both of them – so it seems – failed to do so. The main argument focuses on contemporary reports and public debates on the two projects in order to identify similar or differing interpretations, which vary between accusations and heroifications. Before this background, the article examines the continuing careers of Cartier and Frobisher and the importance of their projects as points of reference in general debates on colonial policy in sixteenth century France and England. Finally, the possible impact of these interpretations on the development of historiographic traditions will be discussed.

Marietta Meier
Terminus. Failure in Psychiatry

Psychiatry hoped to heal ever more mental disorders, when at the beginning of the 20th century the »great physical treatments« were introduced. In the following decades many new therapies were developed without, however, always producing the desired effects. For some patients the psychiatric clinic became a terminal station – failure could be experienced in therapeutic measures, hopes, careers, livelihoods, and people. In psychiatry, too, failure came along with ideals, power relations, self-perceptions and those of others. First, the article analyzes the meanings of failure from the perspectives of various stakeholders in a particular case. By contextualizing the example, the article proceeds to demonstrate, how the conditions, forms of perception, and interpretation of patterns of failure changed over the decades. It makes the case that during the 20th century interpreting failure increasingly moved from a figure of the third to a practice of subjectification.

Felix Krämer
The Carter Case. The Failure of a US-President in TV News, 1975–1981

This article examines how Jimmy Carter came to be regarded as an unsuccessful president. Based on theoretical considerations on the meaning of failure in the United States the study takes television as a main source of examination. With reference to the TV-News of ABC, CBS, and NBC, I will trace how the 39th president was turned into an unfortunate political actor, especially with regard to the categories of masculinity and religion. Starting out as a potential savior in terms of good leadership after Watergate and Vietnam by the mid-seventies, TV-reports began to portray Carter as a weak leader belted by an untrustworthy staff throughout the years 1978 and 1979. Finally, the great defeat against Reagan in the 1980 election will be discussed in relation to Carter's media image. Carter did not live up to the conservative pattern of moral leadership which gained increasing importance in the economy of attention shaped by contemporary US media. The notion of a failing president Carter, presented by TV evening news to many households in the United States throughout the second half of his term in office opens up a perspective wherein political actors become discernable as deeply interwoven with the communication history of their particular period and public.

Natascha Vittorelli
In/Voluntary Failure. A Historian Takes Her Leave from Science and Its Institutionalized Practice

It is supposed to happen discreetly, and with as little ado as possible: Quitting academia, while an everyday phenomenon, still remains a taboo subject. After all, there seems to be the notion that if you are good you will make it, and if you quit you just haven't been good (enough). As a consequence, »dropping out« almost inevitably raises doubts as to the scholarly qualities of the one who is leaving the academic field. This piece is about ending a scholarly career. It is responding to the silence that surrounds academic failure by describing a concrete experience of failure. In so doing, it seeks to bring to light the intricate interplay of scholarly, institutional, personal, private, social and structural circumstances within which processes of failure unfold. Amid all that, »failure« manifests itself as a process of searching and learning made up of distinct factors of failure; these include – more or less conscious – decisions, potential refusal, resistance or recalcitrance. Assuming such moments (of decision-making), we may perceive failure within the field of tension between voluntariness and involuntariness and alter common place interpretations of academic failure.

Bernhard Groß
Effect and Perception in Alessandro Blasetti's Film *1860* (Italy 1934)

My review of Alessandro Blasetti's *1860* (Italy 1934) can be placed within an area of tension which I use in order to explain a specific film theoretical approach. The aim is to describe the relation between film and history. My review works with the historical circumstances represented by the film (the unification movement in Italy around 1860) as well as the conditions of its production as a propaganda film in fascist Italy in the 1930s. It also incorporates an analysis of the mode of addressing its spectators. While the first two sections pick up on common methods of historiography, the last complex enquires into the production of filmic perception and its own historical variability. Seen from this last point of view it is possible to outline the aesthetics of perception within Blasetti's film. These aesthetics are an indication of the democratic mode of addressing the spectator which defined Italian neorealism in the 1940s.

AUTORINNEN UND AUTOREN

Kobi Kabalek
ist Historiker, Postdoctoral Fellow an der Hebräischen Universität in Jerusalem im ERC-Projekt »Experience, Judgment and Representation of WWII in an Age of Globalization«. Er unterrichtet am MA Program for Holocaust Studies an der Universität Haifa. 2013 promovierte er der University of Virginia. Kabalek forscht zur Erinnerungs- und Kulturgeschichte in Deutschland und Israel.
E-Mail: kabalek@bgu.ac.il

Simon Karstens
ist wissenschaftlicher Mitarbeiter am Lehrstuhl für Geschichte der Frühen Neuzeit in Trier. Nach seiner Dissertation zu Staatsreformen in der Habsburgermonarchie um 1800 und der mehrjährigen Mitarbeit in einem DFG-Projekt zu Herrschaftswechseln in Mitteleuropa um 1700 widmet er sich in seinem Habilitationsprojekt gescheiterten transatlantischen Kolonialprojekten des 16. und frühen 17. Jahrhunderts.
E-Mail: karstens@uni-trier.de

Felix Krämer
studierte Geschichte, Politik und Gender Studies an der Universität Hamburg. Er war als wissenschaftlicher Mitarbeiter im Exzellenzcluster Religion und Politik in Münster angestellt und hat dort mit einer Arbeit zu Männlichkeit und Evangelikalismus in der Zeitgeschichte der USA promoviert, die unter dem Titel »Moral Leaders« erschienen ist. Danach war er Postdoktorand am Graduiertenkolleg Dynamiken von Raum und Geschlecht in Kassel und Göttingen und arbeitet nun an der Universität Erfurt an einem Projekt zur Ernährungsgeschichte der USA.
E-Mail: felix.kraemer@uni-erfurt.de

Marietta Meier
ist Historikerin. Die Privatdozentin arbeitet als wissenschaftliche Mitarbeiterin an der Universität Zürich, wo sie ein Forschungsprojekt zur Geschichte der Psychopharmakaforschung leitet. Aktuelle Forschungsschwerpunkte sind: Psychiatrie-, Wissenschafts- und Emotionsgeschichte.
E-Mail: marmeier@hist.uzh.ch.

Natascha Vittorelli
war zuletzt als APART-Stipendiatin der Österreichischen Akademie der Wissenschaften sowie als Projektassistentin am Institut für Zeitgeschichte der Universität Wien tätig. Mittlerweile verfolgt sie Plan B.
E-Mail: natascha.vittorelli@univie.ac.at

Bernhard Groß
ist Filmwissenschaftler und seit 2015 Professor für Filmwissenschaft an der FU Berlin.
E-Mail: bernhard.gross@fu-berlin.de